Geri Keller

Prophetische Botschaften

aus der Offenbarung des Johannes

Geri Keller

Prophetische Botschaften

aus der Offenbarung des Johannes

Schleife Verlag, CH-Winterthur

1. Auflage Oktober 2003
© Schleife Verlag, Pflanzschulstrasse 17,
Postfach 85, CH-8411 Winterthur, Switzerland.
Tel. +41 (0) 52 2322424 Fax. +41 (0) 52 2336082
Email: publications@schleife.ch • www.schleife.ch
ISBN 3-907827-28-7

Vertriebspartner Deutschland und Österreich: Gerth Medien, Asslar
Schweiz: Gerth Medien AG, CH Rothrist
ISBN Gerth Medien 3-89490-514-X

Die Bibelzitate in diesem Buch sind, wenn nicht anders angegeben,
der Zürcher Bibel (1993) entnommen.

Lektorat: Michael Herwig, Judith Petri
Tonbandnachschriften: Sylvia von Waldkirch Guhl
Umschlaggestaltung: Hanna Koller

Satz und Druck: Schönbach-Druck GmbH, D-Erzhausen

Inhaltsverzeichnis

Vorwort

Nach dem *„Vater-Buch"* von Geri Keller, das seinen Weg in eine grosse Leserschaft im deutschsprachigen Raum gefunden hat, veröffentlichen wir nun diese *Prophetischen Botschaften.* Ist das erste Buch vor allem ein Blick in das Vaterherz Gottes, so führt uns Geri Keller hier an einen ganz besonderen Ort: *vor den Thron Gottes und des Lammes*, wie er uns in der Offenbarung des Johannes beschrieben wird. Und so wie Johannes eine „offene Tür im Himmel" sieht und aufgefordert wird, „heraufzusteigen" (Off. 4,1), so werden auch wir in diesen *Prophetischen Botschaften* eingeladen, „heraufzusteigen" und diesen Platz vor dem Thron Gottes einzunehmen.

Die himmlische Schau

Es ist der Ort der Anbetung des Lammes. Und während wir anbetend vor dem Lamm stehen, eröffnet sich uns aus der himmlischen Perspektive eine gewaltige *prophetische Schau.* Das Lamm bricht die Siegel des Buches, in dem der Weltplan Gottes steht. Wir bekommen plötzlich eine Ahnung davon, was in der Welt wirklich vor sich geht – sowohl in der sichtbaren, wie wir sie täglich aus den Medien erfahren, als auch in der unsichtbaren, wie wir sie im Geist wahrnehmen. Auf die blutigen Rätsel der Menschheitsgeschichte, die uns so viel Not machen, fällt auf einmal ein neues Licht. Wir beginnen, die Erschütterungen, welche immer wieder in Wellen die Menschen erfassen, mit anderen Augen zu sehen, und die ernsten Gerichte, die über die Erde hinwegziehen, als Geburtswehen einer neuen Zeit zu begreifen. Auch unsere persönlichen Fragen und Zweifel, die uns so oft quälen, kommen im Blick auf das Lamm zur Ruhe.

Bei allen Katastrophen und Verfolgungen, von denen in diesem Buch der Offenbarung die Rede ist, ist es zutiefst ein *Buch der Hoffnung und des Trostes*: Am Ende der Geschichte ist Satan endgültig entmachtet. Ein himmlisches Fest wartet auf uns. Die Tränen werden abgewischt. Gott wird bei uns wohnen. Eine neue Stadt, ein neuer Himmel und eine neue Erde sind uns verheissen; dazu ein Lebensstrom zur Heilung der Völker, der vom Thron Gottes fliesst. *„Siehe, ich mache alles neu." (Off. 21,5)*

Der heilige Ruf

Für uns gilt es heute, vom Thron Gottes den *heiligen Ruf* zu hören: auf Jesus zu schauen und *„dem Lamm zu folgen, wohin es auch geht" (Off. 14,4)*.

Wie das erste Buch von Geri Keller sind auch diese *Prophetischen Botschaften* eine Zusammenstellung von aktuellen Ansprachen. Diesmal sind es *Predigten*, die Geri Keller während der letzten zwei Jahre in den allmonatlichen *Reithalle-Gottesdiensten* in Winterthur über das Buch der Offenbarung gehalten hat. Der *Redestil* ist im Wesentlichen beibehalten, wenngleich er für den Druck überarbeitet wurde. Die *Gebete* entsprechen weitgehend den originalen Gebeten in den Gottesdiensten. Die *kursiven Zitate* sind der Bibel entnommen, in der Regel (wenn nicht anders angegeben) der *Zürcher* Bibelübersetzung. Wo sie nicht wörtlich sind, sondern im Rahmen der Rede aktualisiert wurden, sind sie mit *„nach+Bibelstelle*" gekennzeichnet.

„Könige und Priester"

Viele von uns, die das Vorrecht hatten, regelmässig bei den *Reithalle-Gottesdiensten* dabei zu sein, sind durch diese Predigten von Geri Keller über die Offenbarung tief in ihrem Wesen berührt und verändert worden: Das Glaubensfundament wurde unerschütterlicher, die Hingabe an Jesus klarer, die Liebe reiner. Es ist daher unser Wunsch, dass diese *Prophetischen Botschaften* durch ihre Veröffentlichung über den aktuellen Rahmen hinaus noch viele Menschen erreichen und auch in ihren Herzen ein *lebensveränderndes Echo* hervorrufen.

Es ist zugleich unsere Hoffnung, dass diese Botschaften dazu beitragen, uns als geamtes Volk Gottes in unseren Ländern zu den *„Königen und Priestern" (Off. 1,6; 5,10)* werden zu lassen, zu denen wir berufen sind.

Für den Schleife Verlag
Michael Herwig

Einführung

„*Mein Herr, du weisst es.*“
Vom Umgang mit dem Buch der Offenbarung

Was kommt auf uns zu? Welches sind die Szenarien einer globalen Machtkonzentration? Ist die wirtschaftliche Talfahrt noch zu stoppen? Wird es den terroristischen Brandstiftern gelingen, einen Dritten Weltkrieg zu entfachen? Wann gerät das angeschlagene ökologische Gleichgewicht vollends ausser Kontrolle? Was, wenn dieser ätzende Wertezerfall weiter um sich frisst? Steuern wir auf einen Weltuntergang zu?

Das sind Fragen und Ängste, die unter der Oberfläche von Routine und Arroganz allgegenwärtig sind. Kein Wunder boomen Esoterik, Mystery Parks und Zukunftsforschung. Sogar die gute alte Johannesapokalypse kommt wieder zu Ehren. In den USA gibt es darüber eine Endzeit-Thriller-Serie „Finale“, die es auf die Bestseller-Liste christlicher Buchverlage schaffte und in Millionenhöhe verkauft wird.

Gibt das Buch der Offenbarung die Antwort auf unsere Fragen?

Gewiss, aber nicht in der Art eines Reader‘s-Digest-Nachschlagewerkes. Auch am Eingang zu diesem letzten Buch der Bibel stehen jene beiden Bäume: der Baum der Erkenntnis und der Baum des Lebens. Nur allzu schnell gelüstet es einen, nach der verlockenden Frucht des ersteren zu greifen. So werden die Visionen oder Schauungen des Johannes entweder zu einer Art Malbüchlein, wo die menschliche Phantasie die vorgezeichneten Bilder möglichst spektakulär ausmalt, oder man versucht, das

Ganze in ein System klar gegliederter Abläufe zu pressen, also so etwas wie einen Endzeit-Fahrplan zu erstellen. Keine Auslegung, auch nicht die hier vorliegende, ist vor solchen Sackgassen gefeit. Die Zukunftsenthüllungen des Johannes dürfen aber niemals zum Spatz in unserer Hand werden, wo wir's dann ein für alle Mal wissen, wie's gehen wird. Was uns die Offenbarung vermittelt, ist zuerst *Leben, das als kristallener Strom vom Throne Gottes und des Lammes ausgeht,* und erst in zweiter Linie Wissen.

Die Fundamente, auf denen die Offenbarung aufbaut

1. Die absolute Souveränität Gottes, des Schöpfers von Himmel und Erde. Er ist *der Erste und der Letzte,* der da war, der ist und der kommt. Als Johannes den Himmel betritt, sieht er als Erstes den gewaltigen Thron als Ausdruck der Herrschaft Gottes, umgeben von den 24 Thronen der mitregierenden Ältesten; und wenn die irdische Menschheitsgeschichte zu ihrem Ende kommt, steht wieder ein Thron da, diesmal ein weisser für den Weltenrichter. Der alte, schlingernde Planet Erde gerät also keinen Augenblick aus der Hand seines Schöpfers. „Es wird regiert" (Karl Barth).

2. Sozusagen als Gegenüber zu dem Allmächtigen, der auf dem Thron sitzt, steht *„das Lamm, wie geschlachtet"*. Einen grösseren Kontrast kann man sich kaum vorstellen. Diese beiden Pole, der absolut souveräne Gott und „das Lamm, wie geschlachtet" halten das ganze Offenbarungsgeschehen zusammen. Niemand ausser diesem Lamm darf die Siegel der Gerichte Gottes öffnen. Was fortan in jenem atemraubenden Crescendo von Gewalt, Naturkatastrophen und Verführung von Menschen geschieht, kann nur noch durch das Bild dieses Lammes hindurch gesehen werden. In allen Visionen des Schreckens finden wir immer auch sein geheimnisvolles Spiegelbild, bis es dann einmal die alleinige Leuchte der neuen Schöpfung sein wird.

3. *Die Wiederkunft Jesu Christi auf Erden.* Diese zentrale urchristliche Hoffnung wurde immer mehr zurückgedrängt, bis schliesslich nur noch die Einbahnstrasse zum Himmel blieb. Deshalb sagten die Engel zu den Aposteln am Tag der Himmelfahrt: „Ihr galiläischen Männer, was steht ihr da *und blickt zum Himmel auf?* Dieser Jesus, der von euch weg in den Himmel emporgehoben worden ist, *wird so kommen, wie ihr ihn habt in den Himmel fahren sehen*" (Apostelgeschichte 1,11). Darum steht schon am Eingang der Offenbarung gleichsam wie eine Überschrift: *„Siehe, er kommt mit den Wolken, und sehen wird ihn jedes Auge ..." (Off. 1,7)*. Natürlich betont die Offenbarung in erster Linie das **„Hinauf"**, dahin, wo unser Leben mit Christus verborgen ist; doch sie spricht ebenso eindeutig und klar auch vom **„Herab"**. So wird in Kapitel 20 jenes tausendjährige Friedensreich auf Erden beschrieben, wo Christus zusammen mit den Märtyrern aller Zeiten in Jerusalem herrschen wird. Und später sieht Johannes zweimal das neue Jerusalem *„von Gott her aus dem Himmel herabkommen" (Off. 21,2.10)*. Wie um diese Erwartung auf die reale Wiederkunft Jesu wach zu halten, wird der Gemeinde immer wieder eingeprägt: „Ja, ich komme *bald!*" So hallt es wie ein Echo durch die Himmel und durch die Menschheitsgeschichte: Bald! Bald! Bald!

4. An der Herrschaft Gottes im Himmel und auf Erden sind *seine Engelheere und die Braut des Lammes* wesentlich mitbeteiligt. Diese Braut, bestehend aus Juden und Nicht-Juden, wurde durch das Blut des Lammes erkauft und zu einer königlichen Priesterschaft für Gott gemacht. Wie in Geburtsschmerzen wandelt der erhöhte Christus unter den goldenen Leuchtern – ein Bild für seine Gemeinde auf Erden – und hält in seiner Hand die sieben Sterne, das heisst die Engel seiner Gemeinde, umschlossen. Die Offenbarung bringt die höchste Berufung der Söhne und Töchter Gottes auf den Punkt: Gott und das Lamm anzubeten und zusammen mit Jesus auf Erden zu herrschen. Sie verschweigt aber auch nicht, dass die Zeugenschaft für Jesus und sein Reich mit Verfolgung, Leiden und Tod bezahlt werden muss.

5. *Das Böse in all seinen Gestalten ist an kurzer Leine.* Es lebt aus einer zeitlich klar befristeten Zulassung Gottes und muss letztlich den Absichten und Plänen Gottes dienen. Der Zauber des Bösen und die Kraft seiner Verführung fliesst aus der Nachäffung und Kopie des Echten, Göttlichen. Am Ende der Zeiten steht nicht die Allversöhnung, so sehr die Träume von Christen durch die ganze Kirchengeschichte hindurch immer wieder um diese Heimholung des Bösen kreisen, sondern neben dem neuen Lied ertönen ebenso die schrillen Dissonanzen einer unerbittlichen Rebellion Satans und eines Teils der Menschheit dem Angebot der Gnade gegenüber.

Wie wichtig sind die Details und Zeitangaben?

Natürlich sollte man im Wort Gottes nicht von vornherein zwischen wichtig und weniger wichtig unterscheiden. Sein Wort ist *sein* Wort. Doch zeigt gerade die Geschichte der Offenbarung, wie die Beschäftigung mit Zahlen oder Details dazu führen kann, dass Menschen sich verrennen in der fleischlichen Hoffnung, doch noch den Jackpot der grossen Erleuchtung oder eines konkreten Datums zu knacken. So kann es auch nicht verwundern, dass es eine grosse Bandbreite verschiedenster Auslegungen unseres Buches gibt. Es seien nur zwei Beispiele genannt. Da ist einmal die Hochzeit des Lammes. Für manche Ausleger gehören zur Braut nur die Erstlinge (siehe Off. 14,4), während die später Dazukommenden im besten Fall Gäste an dieser Hochzeit sein werden. Wir wissen, dass der Himmel nicht auf dem Prinzip der Gleichheit aufgebaut ist und dass sich Gott die Freiheit nimmt, mit dem Seinigen zu tun und es auszuteilen, wie *er* will. Aber nach meiner Überzeugung sagt das Evangelium ebenso klar, dass es nur *einen Leib und nur eine Braut* geben wird. Wenn Hochzeit des Lammes, dann kann sich Jesus nicht nur mit einem Teil seines Leibes vermählen, während der andere Teil lediglich Spalier stehen darf.

Ähnlich ist es mit der ganzen Diskussion, ob die Entrückung

noch vor der „grossen Trübsal“ stattfinden werde oder erst später, sodass im Extremfall die Brautgemeinde schon ab Kapitel 5 nicht mehr auf Erden wäre. Auch hier gilt: Man kann die fraglichen Texte verschieden interpretieren; aber weshalb dieser Frage allen Ernstes so viel Bedeutung zugemessen wird, ist auf dem Hintergrund der Gesamtbotschaft der Offenbarung schwer einsichtig. Als Zeugen des Evangeliums *müssen* wir ohnehin „durch viel Trübsal in das Reich Gottes eingehen“, und wir haben die Zusage unseres Herrn, dass er bei uns ist bis ans Ende der Welt und dass kein Haar von unserm Haupt fallen wird ohne seinen Willen. Oder um mit Paulus zu sprechen: Zum Besten unserer (noch nicht geretteten) Brüder nach dem Fleisch könnte es ja auch gut sein, hier noch eine Weile auszuharren, so sehr wir uns wünschten, bei Jesus zu sein.

Ich vermute, dass sich manche dieser Auslegungsprobleme von selbst lösen würden, wenn wir diesem Buch nicht mehr länger Gewalt antun, nur weil wir glauben, alles erklären und auf eine logisch einsichtige Reihe kriegen zu müssen. Ja, Gott ist kein Gott der Unordnung, aber er ist *Leben* und lässt sich nie und nimmer in Tabellen und Grafiken einfangen und festlegen. Letztlich haben wir uns unter seine gewaltige Hand und auch unter jenen exegetischen Rest, der unserem Empfinden nach nicht aufgeht, zu beugen. Auch das ist Anbetung: Dass wir, wenn wir die Arbeit der Auslegung getan haben, vor den gewaltigen Bildern der Offenbarung einen Schritt zurücktreten, unsere Schuhe ausziehen und wie Johannes dem Engel gegenüber bekennen: *„Mein Herr, du (allein) weisst es!“*

Der Stationen-Weg der Visionen in der Offenbarung

Ein Grund, weshalb man bei der Offenbarung so leicht in die Falle gerät, ihre Aussagen in ein Schema oder System hineinpressen zu wollen, liegt im Buch selber. Es ist klar gegliedert und aufgebaut. Man könnte geradezu von einer kunstvollen Komposition sprechen. Das sieht man z. B. bei den drei Siebner-

Gerichtsreihen (Siegel/Trompeten/Zornschalen), von denen sich jede aus der vorhergehenden zu entwickeln scheint. Wie das Geschehen zwischen den beiden Bühnen von Himmel und Erde hin- und herwogt, ist wirklich göttliche Dramaturgie. Bevor uns ein Blick hinein in das unvorstellbare Leiden der kommenden Gerichte gestattet wird, findet die aufgescheuchte Seele zuerst einen Halte- und Ruhepunkt im Himmel. Doch bei näherem Zusehen ist es keineswegs so, dass – wie bei einem Bau – fugenlos Stein um Stein aufeinander geschichtet wird. Fast jede der von Johannes übermittelten Visionen steht auch für sich selber und enthält doch in ihrem Kern das Ganze, vielleicht ähnlich wie beim Wachstum von Lebewesen: Das Gesamte der äusseren Erscheinung ist gegeben; es kann sich nur noch entwickeln in seine äussere und innere Reife.

Deshalb glaube ich, dass man sich der Offenbarung mit einer mehr *betrachtenden* Auslegung nähern sollte. Wir kennen doch die schöne Tradition der Stationen-Wege, die zu einer Kirche oder einem Wallfahrtsort führen. Es ist immer wieder ein Innehalten, ein sich Hineinversenken und Verinnerlichen eines besonderen Aspekts des Leidens Jesu und so auch eine Vorbereitung auf die Begegnung mit unserm Herrn am Ende des Weges. Ich empfinde ganz stark, dass es sich mit den Bildern, die Johannes schauen durfte, ähnlich verhält. Diesen Bildern entlang können wir getrost durch die Rätsel und Irrsale dieser Welt gehen, seien es nun die blutigen Wellen von Verfolgungen im Römischen Reich, der geöffnete Höllenschlund der beiden letzten Weltkriege oder der 11. September 2001. Die Botschaften der Offenbarung sind für jede und jeden Stecken und Stab und ein Licht auf dem Weg.

So wie Fresken mit ihren leuchtenden Farben die leeren Kalkwände eines Kirchenraums bedecken, so werden mit der Zeit die Bilder des Johannes die Wände unseres Geistes und unserer Seele bedecken und erfüllen und die unerschütterliche Gewissheit immer tiefer in uns hineintreiben, dass nichts, aber auch gar nichts, uns zu scheiden vermag von der Liebe Gottes, die in Christus Jesus ist. Gäbe es denn einen tröstlicheren Zuspruch als den, der dem Johannes von seinem Herrn zuteil wurde, bevor er mitgenommen wurde auf diese Achterbahn von Himmel und Hölle: *„Und er legte seine rechte Hand auf mich und sprach: Fürchte dich nicht! Ich bin der Erste und der Letzte und der Lebendige, und ich war tot, und siehe, ich bin lebendig in alle Ewigkeit und habe die Schlüssel des Todes und des Totenreiches." (1,17.18)*

Ein persönliches Wort zu diesem Predigtband

Die Offenbarung hat in der Geschichte der Kirche zu oft nur die Rolle des Schlusslichts gespielt. Vor allem in Zeiten von relativer Ruhe oder Wohlergehen erlahmte das Interesse an diesem Buch. Heute erfüllt sich das Wort Jesu an ihm, dass Letzte einmal Erste sein werden. Wie anders wäre es sonst zu erklären, dass sich ein so gemischtes Publikum auf den harten Bänken der Reithalle während so langer Zeit dieser Botschaft ausgesetzt hätte!? Deshalb habe ich auch diese Predigten freigegeben, so wie sie im Gegenüber und im Miteinander mit der Hörergemeinde in der Reithalle entstanden sind. Ich bin ja seit Kindesbeinen mit der Offenbarung vertraut und habe gerade deshalb auch die vielen Nöte, Ängste, Zwänge, ja Albträume, welche Deutungen dieses Buches auslösen können, bei anderen und an mir selber erfahren. So waren diese Predigten für mich in doppelter Weise eigentliche *Geburtsprozesse.* Doch ich glaube, sie haben uns durch die Gnade Gottes in die Freiheit und nicht wieder unter ein falsches Joch von Angst oder Druck geführt. Denn *„Furcht ist nicht in der Liebe, sondern die vollkommene Liebe treibt die Furcht aus" (1. Joh. 4,18)*. Zu solcher Freiheit gehört es für mich nun auch, diese Botschaften als Stückwerk zu belassen, im Vertrauen, dass das Leben in ihnen stark genug ist, um durch Weizen und Spreu hindurch auf den EINEN und EINZIGEN, Jesus, das Lamm, wie geschlachtet, hinzuweisen.

In grosser Dankbarkeit widme ich diesen Band all meinen Freunden vom Reithalle-Team sowie den vielen unbekannten und bekannten Besucherinnen und Besuchern der Reithalle-Gottesdienste, die durch ihre Erwartungen, ihren Glauben, ihre Treue und ihre Gebete diese Botschaften entscheidend mitgeprägt haben.

Geri Keller

Das Gesicht des Johannes (Offenbarung Kap. 1), Ikone aus dem 16. Jahrhundert

Kapitel 1

Vor dem Thron Gottes

Das Lamm ist würdig, die Siegel zu brechen
Offenbarung 5

Unsere Geschichte geht auf ein Ende zu. So ist sie angelegt. Aber dieses Ende, auf das wir zugehen, ist nicht ein Abgrund, sondern die Begegnung mit dem Anfang aller Anfänge, dem lebendigen Gott.

Es wird alles immer klarer

Je mehr wir uns dem Ende nähern, desto mehr klären sich die Dinge. Nach aussen hin scheint es immer verwirrender und undurchdringlicher. Aber eigentlich ist es ganz klar: „Ja" ist wieder „Ja", und „Nein" ist wieder „Nein". Licht ist wieder Licht, und Finsternis ist wieder Finsternis. Gott ist wieder Gott, und Mammon ist Mammon. Leben ist Leben, und Tod ist Tod. Da ist Jesus – und da ist Beelzebub, der „Gott der Fliegen", der sich an den Wunden nährt, Luzifer, der Widersacher. Hat es bis jetzt viele, viele Grautöne gegeben, so wird es nun wieder sehr klar und sehr einfach; manchmal so einfach, dass wir den Eindruck haben, so einfach könne es doch gar nicht sein. Aber dieses Einfache ist das Geheimnis, das alles enthält, von dem wir ausgehen: Gott und Mensch, Brot und Wein, der Vater, der Bruder, das Lamm; er das Haupt und wir der Leib, er der Hirte und wir die Schafe, das Licht für die Welt – das ist das Geheimnis der Einfachheit.

Die Klarheit, für die es sich lohnt, zu leben und zu sterben

Es bestätigt sich immer mehr, dass gerade die junge Generation wieder diese Klarheit sucht, für die es sich zu leben und zu sterben lohnt. Das hat nichts mit „Fundamentalismus" zu tun, schon gar nichts mit „sektiererisch", mit verbohrt, mit engstirnig, überhaupt nichts mit Gesetz. Es hat vielmehr mit der Klarheit und Eindeutigkeit dessen zu tun, der das Licht ist, mit der Klarheit und Eindeutigkeit dieses Gottes, der das Leben ist und der diesen Kosmos und seine Ordnungen geschaffen hat. Er hat das Siebengestirn zusammengebunden. Er hat den Orion, den Grossen und den Kleinen Bären an den Himmel gesetzt. Er hat diese Planetenbahnen festgelegt, dazu die Jahreszeiten, Ebbe und Flut, dieses Kommen und Gehen. Das ist unser Gott. In der Offenbarung des Johannes werden wir hinaufgenommen vor seinen Thron.

Der Löwe und das Lamm

> *Und ich* (Johannes) *sah in der Rechten dessen, der auf dem Throne sass, ein Buch, innen und auf der Rückseite beschrieben, mit sieben Siegeln versiegelt. Und ich sah einen starken Engel, der verkündete mit lauter Stimme: Wer ist würdig, das Buch zu öffnen und seine Siegel zu lösen? Und niemand im Himmel und auf Erden und unter der Erde vermochte das Buch zu öffnen noch hineinzublicken. Und ich weinte sehr, dass niemand würdig erfunden wurde, das Buch zu öffnen noch hineinzublicken. Und einer von den Ältesten sagte zu mir: Weine nicht! Siehe, überwunden hat der Löwe aus dem Stamm Juda, der Wurzelspross Davids, und er kann das Buch und seine sieben Siegel öffnen.*
>
> *Und ich sah mitten zwischen dem Thron mit den vier Wesen und den Ältesten ein Lamm stehen wie geschlachtet, mit sieben Hörnern und sieben Augen,*

welche die sieben Geister Gottes bedeuten, die ausgesandt sind auf die ganze Erde. Und es kam und nahm [das Buch] aus der Rechten dessen, der auf dem Throne sass. Und als es das Buch genommen hatte, warfen sich die vier Wesen und die 24 Ältesten vor dem Lamm nieder, und sie hatten jeder eine Harfe und goldene Schalen voll Räucherwerk, das die Gebete der Heiligen bedeutet. Und sie sangen ein neues Lied: „Würdig bist du, das Buch zu nehmen und seine Siegel zu öffnen; denn du bist geschlachtet worden und hast für Gott durch dein Blut [Menschen] erkauft aus allen Stämmen und Sprachen und Völkern und Nationen, und hast sie für unsern Gott zu einem Königreich und zu Priestern gemacht, und sie werden herrschen auf Erden."

Und ich schaute auf, und ich hörte eine Stimme von vielen Engeln rings um den Thron und um die Wesen und die Ältesten – und ihre Zahl war zehntausendmal zehntausend und tausendmal tausend – die mit lauter Stimme sprachen: „Würdig ist das Lamm, das geschlachtet ist, zu empfangen die Macht und Reichtum und Weisheit und Stärke und Ehre und Ruhm und Lob." Und jedes Geschöpf, das im Himmel und auf Erden und unter der Erde und auf dem Meer ist, und alles, was in ihnen lebt, hörte ich sagen: „Dem, der auf dem Throne sitzt, und dem Lamm gebührt das Lob und die Ehre und der Ruhm und die Macht in alle Ewigkeit." Und die vier Wesen sprachen: Amen, und die Ältesten warfen sich nieder und beteten an. (Off. 5)

Was ist das für ein „Buch mit sieben Siegeln"?

Johannes sieht ein Buch in der rechten Hand dessen, der auf dem Thron sitzt, innen und auf der Rückseite beschrieben; und dieses

Buch, obwohl es in der Hand Gottes ist – im Himmel, wo alles licht ist, transparent und klar –, ist *mit sieben Siegeln versiegelt.* In der alten Zeit wurden nur Testamente sowie ganz kostbare und wichtige Urkunden siebenfach versiegelt; und es bedurfte einer besonderen Autorität, diese Siegel aufzubrechen. Was ist das für ein Buch? Was enthält es? Es wird noch merkwürdiger, wenn wir hören, dass ein starker Engel mit lauter Stimme aufruft: *„Wer ist würdig, das Buch zu öffnen und seine Siegel zu lösen?“*

Offenbar geht es um einen besonderen Moment in der Geschichte des Himmels und der Erde, eine Wendezeit! Jetzt müssen diese Siegel gebrochen und dieses Buch geöffnet werden. Jetzt muss sein Inhalt offenbar werden. Darum die dringliche, laute Stimme, welche durch alle Räume hindurchhallt: „Wer ist würdig, das Buch“ – von dem offenbar so vieles abhängt und das entscheidende Botschaften enthält – „zu öffnen und seine Siegel zu lösen?“ Und wir lesen, dass niemand – weder im Himmel unter den Engeln und Cherubim, unter diesen Heerscharen, auch keines von den vier Wesen, die um den Thron Gottes stehen, auch niemand auf Erden oder unter der Erde –, niemand fähig war, das Buch zu öffnen, geschweige denn hineinzublicken.

Weine nicht!

Johannes beginnt zu weinen. Hemmungslos bricht es aus ihm heraus: „Wie kommt es, dass es weder im Himmel noch auf der Erde, noch unter der Erde, in diesem ganzen Universum keinen gibt – keine Kreatur, kein Geschöpf, keinen Engel, keinen Cherub –, der fähig wäre, die Siegel zu lösen, dieses entscheidende Buch zu öffnen und hineinzublicken?“ Darauf sagt einer von den Ältesten zu ihm: „Weine nicht, einer ist da: der Löwe aus dem Stamme Juda, der Wurzelspross Davids! Der kann das Buch und seine sieben Siegel öffnen!“

Was ist das für ein Offenbarungs-Buch? Wir wissen um die Existenz vieler Dokumente hinter verschlossenen Türen – sei es im Oval Office des Weissen Hauses, im Kreml, in China oder an anderen Orten, wo in diesen „Küchen", diesen Labyrinthen der Diplomatie, der Politik, der Weltveränderung, das so genannte Weltethos und die Welteinheit gebraut werden sollen. Da lagern solche Bücher, versiegelt. Aber weit über all diesen Dokumenten, allen Plänen, Gedanken, Anschlägen, Visionen steht dieses eine Buch; dies Buch ist allein in der Hand des lebendigen Gottes! Und wie gut ist es zu wissen, dass keine Macht dieser Welt, kein Weiser, kein Genie, keine Lobby Einfluss nehmen kann auf das, was in diesem Buch steht. Dieser Inhalt, diese Pläne, diese Ratschläge Gottes sind in seiner Hand und jedem menschlichen Zugriff entzogen! Das Einzige, was von Menschen kommt und dieses Buch umgibt, sind die Gebete der Heiligen und der Lobpreis, der aufsteigt und sich mit dem Lobpreis des Himmels vereint.

Die Zukunft der Welt liegt in der Hand des gewaltigen Gottes

Da ist gute Nachricht. Die Zukunft dieser Welt wird nicht in den Hinterhöfen von Despoten entschieden, von deren Machtkalkül, wo Menschenleben nicht mehr zählen, Millionen nicht mehr zählen, sondern wo man über Völker hinweggeht, mit atomaren und chemischen Waffen spielt und diese Dinge wie Spielzeuge verschachert. Die Zukunft dieser Welt liegt auch nicht in den Dunkelkammern der Mafia. Sondern die Zukunft dieser Welt liegt in der rechten Hand dieses gewaltigen Gottes. Was immer auch geschieht, wo immer Menschenleben noch durch Blut geschleift werden, wo gespielt wird mit Vernichtungswaffen, mit wirtschaftlicher Macht, mit Finanzen, mit Börsen – über all diesem Spiel ist einer, von dem in Psalm 2 gesagt wird: *„Der im Himmel thronet, lacht, der Herr spottet ihrer." (Vers 4)*

Gott hat *einen* gesalbt, hat ihn in diese Welt geschickt als Retter, Erlöser und als denjenigen, der einmal die Siegel brechen wird. Er hat ihn auserwählt, wenn er bewährt ist, geläutert in deinem und meinem Fleisch und Blut, wenn er all deine und meine Wege gegangen ist, die Wege dieses Menschengeschlechts hier auf Erden, in diesem Winkel von Israel, all diese entsetzlichen und schrecklichen Wege seines Leidens am Kreuz und schliesslich die Wege in der Hölle und im Totenreich, die Wege durch alle Mächte und Kräfte hindurch, durch alles, was Dämonen heisst, Angst, Schrecken, Gewalt, Hass, Schändung – wenn er all diese Wege gegangen und dann mit seinen Wundmalen und seinem Blut zurückgekommen ist zu seinem Vater!

Das „Lamm, wie geschlachtet"

Und nun schaut Johannes plötzlich, was er bis jetzt überhaupt nicht gesehen hat in all dieser Herrlichkeit von Macht – in dieser Herrlichkeit von Millionen von Engeln und Cherubim, von diesen vier Wesen, von diesem gewaltigen Rauschen des Lobpreises gleich dem Tosen vieler, vieler Wasserfälle, in diesem Blitzen und Donnern, in diesen Harfenklängen, in diesen Wolken von Weihrauch der Heiligengebete, diesen Wellen von Lobpreis, die anrollen und wieder gehen und sich brechen an diesem heiligen, heiligen, heiligen Gott.

Nun sieht er zwischen dem Thron ein Lamm stehen „wie geschlachtet" – ein Lamm! Und dieses Lamm kommt zu Gott, diesem „Ich bin, der ich bin", zu diesem Schöpfer von Himmel und Erde. Und das Lamm nimmt aus der Hand Gottes das Buch, das alles entscheiden wird, dieses Buch mit den sieben Siegeln, welches das Herz Gottes in einer neuen Weise offenbaren wird. Gott hat uns sein Herz ja schon offenbart – in seinem Sohn Jesus Christus, am Kreuz, in dem Buch der Bibel. Aber die Länge, Breite, Höhe und Tiefe seines Erbarmens, seiner Leidenschaft für seine Schöpfung, für seine Kreatur, dieses volle Mass seiner Weisheit, seiner Erkenntnis, seines Sinnes, dieses Meer seiner Kraft, diese Meere seiner Schöpferkraft, dieser Spiegel seiner Wahrheit, diese Zukunft mit solch einem Gott – das liegt verschlossen unter den sieben Siegeln.

Dabei verstehen wir: Wenn das *Lamm* angebetet wird, dann ist dies ein Bild. Wir beten Jesus an, den Spross Davids. Aber als Johannes der Täufer am Jordan diesen Unbekannten, Namenlosen auf sich zukommen sah, da brach es aus ihm heraus: *„Siehe, das Lamm Gottes, das die Sünde der Welt hinwegnimmt!"(Joh. 1,29)* Und am folgenden Tage sieht er ihn unter den Menschen umhergehen, und wieder sagt er: *„Siehe, das Lamm Gottes!" (Joh. 1,36)* Was heisst das?

Gottes Wort – geschrieben mit Blut

Gott ist ein Gott, der spricht. Er sprach bei der Schöpfung und es geschah, er spricht heute und es geschieht, und er wird sprechen und es wird geschehen. Er ruft durch sein Wort ins Dasein, und sein Wort ist Wahrheit. Er ist darum immer wieder dieser Bundes-Gott. Er schreibt sein Wort auf steinerne Tafeln, durch seine Schreiber und Propheten auf Pergament und Papyrus, mit seinem Finger an die Wand eines Königspalastes. Er schreibt sein Wort hinein in Menschenleben, in die Geschicke von Völkern, in das Leben von Aposteln und Propheten, in die Augen von Kindern, in ihr Lachen, in ihr Lallen, in ihr Singen. Er schreibt sein Wort hinein in das Sterben von Menschen, in das Schreien von Menschen, in alle Gerichte, die jetzt über die Erde gehen!

Vor allem aber hat er sein Wort hineingeschrieben in den Menschensohn Jesus von Nazareth, das einzige lebendige Wort. Ein Wort, geschrieben nicht mehr mit dem Finger oder mit Tinte, nicht mehr hineingemeisselt in Stein, sondern ein Wort, geschrieben mit Tränen, mit Schweiss, mit Blut, mit Lachen, mit Weinen, mit Hunger, mit Durst, mit Stöhnen, mit Angst, mit Glauben, unauslöschbar in diese Welt hineingeschrieben, damals in die Herzen der Ehebrecher, der Sünder, der Zöllner, hineingeschrieben in das Herz eines Pilatus, in das Herz jenes Schächers.

Das ist dieser Gott; und er ist nicht ein Gott, der sich bequem auf seinem Thron zurücklehnt und dann mit dem Finger schnipst und uns Forderungen stellt. Dieser Gott ist unser Gegenüber, unser Partner; auch wenn er der Gott ist, unter dem wir als seine Geschöpfe stehen. Aber er schliesst immer wieder diesen Bund mit uns und sagt: „Ich stehe zu meinem Wort und ich halte das, was ich euch verheissen und versprochen und geschworen habe."

Das Lamm Gottes – Ende aller Opfer

Gott hat angeordnet, dass Menschen Lämmer bringen, auch andere Tiere wie Stiere, Rinder, Tauben, dazu auch Erstlingsfrüchte und Weihrauch. Das alles diente zur Auslösung von Schuld, von Tod, von Blutrache, zur Auslösung der Erstgeburt. Und da haben sie geschlachtet und geschlachtet und geschlachtet. Aber Gott sass nicht im Himmel und hat sich dieses Schlachten einfach angesehen. Durch die Propheten hat er gesagt: „Meint ihr, dass mir diese Schlachterei Spass macht? Meint ihr, es macht mir Spass, dass ihr sündigt und sündigt und sündigt und ich die Gemeinschaft mit euch immer wieder dadurch erkaufen muss, dass ich euch den Spiegel eurer Sünde vorhalte, indem ihr unschuldiges Leben von Tieren opfert?" Und dann hat Gott diesem Morden und Schlachten ein Ende gesetzt und gesagt: „Auch ich nehme jetzt ein Lamm, wie ich euch befohlen habe, Lämmer zu nehmen." Und das ist das Lamm Gottes, sein Sohn.

So wie die Juden ein Lamm nehmen mussten, um es zu schlachten und sein Blut an die Türpfosten zu streichen – vier Tage vor dem Passahfest hatten sie es in ihr Haus nehmen müssen, um mit ihm vertraut zu werden, seine Augen zu sehen, seine Wärme und Nähe zu spüren –, so hat Gott sich dieses Lamm ersehen, sein Lamm für unsere Befreiung! Es waren nicht nur vier Tage, die er mit diesem Lamm verbrachte, sondern es waren Äonen und Äonen, die er mit seinem Sohn zusammen war, während dieser Sohn vor ihm gespielt und er mit diesem Sohn diese gewaltige Schöpfung ins Leben gerufen hat.

Dieses Blut ist gestrichen an die Türpfosten der Nationen

Dieses Lamm hat Gott schlachten lassen: sein Lamm, das Lamm Gottes, das er sich ersehen und vom Herzen gerissen hat, nachdem er durch Äonen hindurch in dieser Nähe, in dieser Gemeinschaft der Herzen mit diesem seinem Sohn gelebt hatte. Dieser Gott, der das Buch mit den sieben Siegeln in der Hand hat, ist dein und mein Gott! Seitdem ist das Blut dieses Lammes an die Türpfosten der Nationen, an die Oberschwelle aller Regierungszentren gestrichen worden, an die Eingänge aller Städte und Dörfer, an die Krankenhäuser, Pflegeheime, Gefängnisse, an unsere Häuser, Wohnungen, die Obdachlosenheime, Asylantenunterkünfte, Sammelstellen, Ghettos und Arbeitslager. Es ist das Lamm Gottes!

Und jetzt verstehen wir: Nur dieses Lamm hat die Würde, das Buch zu öffnen, die Siegel zu brechen und hineinzublicken. Darum wirft sich alles vor dem Lamm nieder und betet an.

Wie können wir angesichts verhungernder Kinder anbeten?

Manchmal beschleichen uns auch die Fragen: „Wie können wir in den Lobpreis hineingehen angesichts von Kindern, die verhungern, Strassenkindern, die abgeknallt werden wie die Tauben in Venedig oder auf dem Piazza vor dem Mailänder Dom? Wie kann man loben, tanzen und jauchzen, wo es so viel Behinderung, so viele Aidskranke und Prostituierte gibt? Wo so viel Arbeitslosigkeit, Existenzbedrohung, Sucht in jeder Form, Elend in den Beziehungen zwischen Mann und Frau sowie Ungeborgenheit unter den Kindern herrscht?

Wir beten im Geist und in der Wahrheit an. In der Anbetung wird nichts ausgeblendet. Wer Gott anbetet, betet ihn an als ein Mensch, der immer mehr zerbrochen wird. Diejenigen, die Gott anbeten, wissen, was Tränen sind. Sie wissen um die Höhen und

Tiefen eines Menschenlebens. Sie wissen, was Weinen und was Schreien ist. Sie kennen Dunkelheit und Ängste.

Manchmal haben wir so humanistische, idyllische Vorstellungen, dass sich im Himmel, in dem absolute Harmonie und Seligkeit herrschen, nichts findet, was auch nur im Entferntesten an das Leid erinnern könnte. Aber im Himmel ist das nicht ausgeblendet. Direkt vor dem Thron Gottes steht als Bild das *„Lamm, wie geschlachtet"*. Und dort wird Tag und Nacht angebetet und angebetet und angebetet – bis auf die Stille, von der wir in der Offenbarung lesen, die einmal sein wird.

Alles Leiden ist im Lamm gegenwärtig

Ahnen wir etwas davon? Im Himmel ist deine und meine Wahrheit in diesem Lamm gegenwärtig, deine und meine Not, dein und mein verborgenes Leid, die Leiden unserer Nationen – alles ist in diesem Lamm gegenwärtig. Da wird nichts ausgeblendet, es ist alles vor Gott. So wenig dieses Bild für unseren Verstand stimmen kann, dass so etwas im Himmel ist, ja dass so etwas Gott ist – ein *„Lamm, wie geschlachtet"*, wehrlos, mit sieben Hörnern, sieben Augen –, so genau wissen wir doch, dass alles in diesem Lamm liegt: alle Macht, alle Kraft, aller Reichtum, alle Ehre, aller Ruhm, aller Lobpreis. Nur einer ist würdig: Jesus!

Und jetzt verstehen wir, dass die Jünger von allem reden durften; es wurde ihnen nur verboten, von Jesus zu sprechen. Auch heute darf man von allem sprechen, auch von Gott, und man kann alles schön in mancherlei Bilder einkleiden, doch wenn du Jesus erwähnst, dann gehörst du zu den „Fundis". Aber, Freunde, wir haben von Jesus zu sprechen, von niemand anderem; denn es ist keiner im Himmel und auf Erden und unter der Erde, der diese Siegel brechen kann! Wir brauchen uns dieses Jesus nicht zu schämen, sondern wir werden heute gefragt, ob wir aufstehen und diesem Jesus im Lobpreis sagen wollen: „Würdig bist du, würdig, die Siegel zu brechen, du allein. Du allein hast die Macht, Jesus, der du am Kreuz gehangen hast. Du, dieser von

Philosophie und Wissenschaft und Religion Angespeite, auch von uns Christen Angespeite, dem wir immer und immer wieder diese Dornenkrone aufs Haupt drücken, weil du für uns zu wenig salonfähig bist, zu närrisch, zu ‚foolish'."

Dabei geht es nicht um das „Herr-Herr-Sagen", das „Jesus-Jesus-Sagen". Es geht auch nicht um einen Jesus „von der Stange" für meine privaten Bedürfnisse, sondern es geht um Jesus, der als Einziger im ganzen Universum die Siegel brechen kann, um den Jesus, der in dieses Buch hineinblickt.

Die Anbetung des Lammes mit brennendem Herzen

Darum beten wir auch Jesus an. Darum beten wir mit einem brennenden Herzen und mit Leidenschaft, weil wir wissen: Diese Gebete erreichen Jesus, diese Gebete erreichen unseren Vater, und diese Gebete werden mithelfen, den Inhalt dieses Buches, die Pläne, die Weisheit, den Ratschluss Gottes in Kraft zu setzen. Wir sind *sein Königtum und seine Priester,* und wir sind berufen, durch das Blut des Lammes hier auf Erden zu herrschen. Darum können wir nie genug singen: „Du, Gott, du, Lamm Gottes, du, Jesus, bist würdig zu empfangen Kraft, Stärke, Reichtum, Ehre, Lobpreis."

Aber wir müssen es singen als Gemeinde, die unterwegs ist, als Gemeinde in Bedrängnis, als Gemeinde, die durch Trübsal ins Reich Gottes hineindrängt, als Gemeinde, die mitleidet mit den Leiden Jesu Christi, und als Gemeinde, die hungert und dürstet nach der Gerechtigkeit Gottes.

Diese Anbetung geschieht in drei Wellen: Zuerst kommen die *Ältesten,* dann kommen die Millionen von *Engeln*, und dann kommt diese letzte Welle der *ganzen Kreatur* – von allem, was je geschaffen worden ist – und sagt: „Würdig bist du, würdig bist du, würdig bist du."

Merken wir, was es für ein Vorrecht ist, diesen Jesus, diesen Gott in unseren Gottesdiensten anzubeten? Das ist nicht Vorspann, das ist nicht Unterhaltung, das ist nicht einfach das Singen von Liedern, sondern das ist etwas, was wir mit unserem ganzen Wesen tun.

Die Anbetung des Lammes mit unserem ganzen Wesen

Manchmal schweigen wir in der Anbetung, weil wir überwältigt sind und nur noch weinen können über dieses Liebeszeichen Gottes, dieses „Lamm, wie geschlachtet". Manchmal springen wir und jauchzen wir und sind ausser uns aus Liebe zu diesem Gott, zu diesem Lamm. Wir sind nicht mehr zu halten, weil wir wissen: Das Buch ist in der Hand des Lammes, es kann die Siegel brechen! Es hat jetzt dieses Buch und kann hineinblicken. Manchmal können wir innerlich nur summen, wo wir einfach mit unserem Herzen mitsingen, als wäre es ein Wiegengesang; wo wir dieses Lamm noch einmal in Gedanken halten und singen und wiegen, ihm nochmals unsere Liebe aus innerstem Herzen heraus schenken – nicht laut, einfach jeder für sich. Manchmal drängt es uns, auf die Knie zu gehen; manchmal drängt es uns zu tanzen; und manchmal drängt es uns, ihm die Hände entgegenzustrecken und zu sagen: „Gott, ich gehöre dir ganz! Nichts mehr gehört mir."

In dem „ewigen Evangelium", von dem in der Offenbarung die Rede ist, heisst es im Aufruf an die Völker und Nationen: *„Gebt Gott die Ehre und betet ihn an!" (nach Off. 14,7)* Diese Anbetung wird im Himmel fortdauern. Es wird alles Anbetung sein, alles! Auch wenn wir dort in einem neuen Himmel, einer neuen Erde schöpferisch tätig sein werden; wenn wir priesterlich, königlich mit unserem Jesus herrschen werden; wenn alle seine Pläne enthüllt werden; wenn wir die Länge, die Breite, die Höhe, die Tiefe seiner Leidenschaft, seines Erbarmens, seiner Liebe, seiner Kraft, seiner Schönheit, seines Lachens, seiner Freude, seines Lebens überhaupt erst einmal schmecken werden.

Es wird alles Anbetung sein, so wie es jetzt schon beginnt. Deshalb heisst es: *„Alles, was ihr tut mit Wort oder mit Werk, das* *tut alles für euren Herrn Jesus!" (nach Kol. 3,17)* Und darum war ein Freund von mir, ein Musiker, so getroffen, als Gott plötzlich den Finger auf sein Leben legte und sagte: „Du betest mich an in der Band, du betest mich an in der Gemeinschaft, du betest mich an in deinem persönlichen Übungsraum – aber du betest mich nicht an mit deinen Kindern."

Jesus, Jesus, Jesus

Im Himmel gibt es keine speziellen Anbetungszeiten. Im Himmel ist alles Anbetung! Alles ist Ton, alles ist Anbetung, alles schwingt mit in dieser Liebe. Diese Schwingungen der Liebe, diese Schwingungen der Dankbarkeit, diese Schwingungen, wenn wir unseren Gott ehren, diese Schwingungen einer tiefen, tiefen Zuwendung – das ist Anbetung. Anbetung ist jetzt, Anbetung ist heute Nacht, Anbetung ist morgen den ganzen Tag – auch wenn wir mit allem Möglichen beschäftigt sind. Alles in dir ist Anbetung, und je tiefer du hineingehst, desto mehr wird das Anbeten zu einem Bedürfnis: Jesus, Jesus, Jesus.

Ich glaube, dass wir uns wieder neu entscheiden müssen, bewusster in diese Anbetung einzusteigen, weil sie Türen öffnen und Bollwerke schleifen wird und uns einübt auf das, was eine Ewigkeit dauern wird. Alles beginnt mit einem kleinen Schritt, einem Entschluss in Schwachheit, einem einfachen Gebet: „Geist Gottes, bringe in mir diese Anbetung hervor, lass sie mir zum Bedürfnis werden wie das Atmen, das Ein- und Ausatmen, wie das Schlagen des Herzens, das mein Blut befördert. Lass diese Anbetung in mir zu einem Bedürfnis werden." Und zu solch einer Entscheidung gehört mit hinein, dass wir all jene, die Gott ausgesondert hat, uns im Lobpreis an diesen Thron Gottes zu führen, in besonderer Art und Weise unterstützen, ihnen unsere Liebe entgegenbringen, Schwachheit zudecken, sie ermutigen, fördern, aufbauen und vor allem im Gebet tragen, so dass eine mächtige Gebetsmauer um diese Frauen und Männer gebildet wird.

Die Kraft des Lammes

Ein Lamm ist der Inbegriff von Schwachheit, Ohnmacht und Wehrlosigkeit. Jesus hat ganz klar gesagt: *„Siehe, ich sende euch wie Lämmer mitten unter die Wölfe." (Luk. 10,3)* Wenn wir als Christen zu Wölfen werden, dann ist die Schlacht verloren. Die einzige Kraft, die wir haben, ist nur die Ohnmacht, weil der alte Mensch gestorben ist. Hörner symbolisieren Kraft. Sieben Hörner symbolisieren die vollkommene Kraft, und diese vollkommene Kraft wohnt in der Schwachheit, sie wohnt im Kreuz. Und das Kreuz ist das Zeichen der Zerbrochenheit!

Für uns Christen ist das immer wieder ein Paradox, ein Widerspruch: Vom Fleisch her gesehen sind wir ohnmächtig, wehrlos, schwach; aber in dieser Schwachheit wohnt eine unzerstörbare Kraft, die wächst und wächst und wächst. Vom Fleisch her gesehen ist das Kreuz eine Torheit und der Ort der Niederlage und Kapitulation; aber vom Geist her gesehen ist das Kreuz die grösste Kraft, die diese Welt bis zum heutigen Tag gesehen hat, und durch diese Kraft wird die Welt erschüttert. Darum sagt Paulus: *„Wir sind solche, die niedergestreckt sind und doch nicht ersterben; wir sind traurig, aber wir sind allzeit fröhlich; wir sind solche, die nichts haben und doch alles haben; wir sind solche, die arm sind und viele reich machen." (nach 2. Kor. 6,9+10)* Das ist die Kraft des Lammes!

Je zerbrochener, desto vollmächtiger

Im Psalm 84 heisst es: *„Wenn wir* (die wir um die Auferstehungskraft wissen) *durch das Bakatal ziehen, macht der Herr es zum Quellort." (nach Vers 7)* Das heisst: An den Orten der Tränen, der Niederlagen, der Kapitulation, an den Orten, wo Lebensträume in Trümmern liegen, da entstehen Brunnen; und diese Brunnen bringen lebendiges, frisches Wasser! Darum sagt auch der Prophet Jesaja dieses ermutigende Wort: *„Er gibt dem Müden Kraft und dem Ohnmächtigen mehrt er die Stärke." (Jesaja 40,29)*

Unsere Kraft lebt nicht in den Gefühlen. „Ich bin heute gut drauf", das ist der alte Mensch. „Ich fühle mich heute fit", das ist der alte Mensch. „Ich bin in guter Kondition", das ist alles alter Mensch. Aber wenn ich sage: „Ich fühle mich so schwach, ich fühle mich müde, ich bin ohnmächtig, ich mag nicht mehr", dann weiss ich: „In dieser Schwachheit ist die Kraft der Auferstehung." Und da, wo diese Schwäche ist, lässt sich die Kraft nieder und bricht durch. Alles Leben von uns Christen ist immer Auferstehung von den Toten, ist Auferstehungskraft, weil es nicht unsere Kraft ist. Jesus sagte seinen Jüngern: *„Bleibet in der Stadt, bis ihr angetan sein werdet mit Kraft aus der Höhe!" (Luk. 24,49)* Das ist diese Salbung, die durch Jesus in uns ist; durch Jesus, der durch den Glauben in uns wohnt. Wenn diese Auferstehungskraft kommt, dann ergreift eine Kraft von uns Besitz; und das ist eine Kraft, die mit dem Fleisch nichts mehr zu tun hat. Nachher wissen wir nicht einmal mehr, was wir getan haben.

Je zerbrochener du bist, desto vollmächtiger wirst du sein. Je zerbrochener du bist, desto ausdauernder wirst du sein. Je zerbrochener du bist, desto weniger wirst du laufen und dabei den Eindruck haben: „Ich mag nicht mehr", sondern es heisst: *„Ihr werdet laufen, ohne matt zu werden" (nach Jesaja 40,31).* „Anointing", Salbung, ist diese Nahrung, die Elia bekam, worauf er vierzig Tage und vierzig Nächte laufen konnte, ohne müde zu werden.

Wenn wir anbetend vor dem Thron Gottes stehen, bekommen wir in aller Zerbrochenheit Anteil an der Kraft dieses Lammes, das „allein würdig ist, die Siegel zu brechen".

Gebet

Jesus, wir stehen nicht vor Menschen, wir stehen vor dir, dem Lamm; und wir sagen dir: „Du allein bist würdig, den ganzen Lobpreis meines Lebens zu bekommen." Ich sage es meiner Seele, die oft so unschlüssig ist. Ich sage es meinen Tiefen, auch meinem Geist: „Auf, Geist, lobe den Herrn, auf, Seele, lobe den Herrn, vergiss nicht, was er dir Gutes getan hat!“

Komm, Heiliger Geist, pflanze in unsere Herzen dieses tiefe Verlangen, dich anzubeten und es dir immer wieder neu zu sagen, wie Kinder, die nie genug bekommen können: „Abba, Vater - Jesus, Bruder, Lamm, Freund, Erlöser, Heiland, du allein bist würdig.“ Amen

Kapitel 2

Wunder inmitten von Krisen

Die apokalyptischen Reiter
Offenbarung 6,1-8

Ich schaute auf, als das Lamm eins von den sieben Siegeln öffnete, und ich hörte eins von den vier Wesen wie mit Donnerstimme sagen: Komm! Und ich schaute auf, und siehe da, ein weisses Pferd, und der darauf sass, hatte einen Bogen; und ihm wurde ein Kranz gegeben, und er zog aus als Sieger und um zu siegen.

Und als das Lamm das zweite Siegel öffnete, hörte ich das zweite Wesen sagen: Komm! Und ein anderes Pferd kam hervor, ein feuerrotes, und dem, der darauf sass, wurde Macht gegeben, den Frieden von der Erde hinwegzunehmen und zu bewirken, dass sie einander hinschlachten sollten; und es wurde ihm ein grosses Schwert gegeben.

Und als es das dritte Siegel öffnete, hörte ich das dritte Wesen sagen: Komm! Und ich schaute auf, und siehe da, ein schwarzes Pferd, und der darauf sass, hatte eine Waage in der Hand. Und ich hörte etwas wie eine Stimme inmitten der vier Wesen, die sprach: Zwei Pfund Weizen für einen Denar und sechs Pfund Gerste für einen Denar! Und dem Öl und dem Wein füge keinen Schaden zu!

Und als es das vierte Siegel öffnete, hörte ich die

Stimme des vierten Wesens, das sagte: Komm! Und ich schaute auf, und siehe da, ein fahles Pferd, und der darauf sass, dessen Name ist „Der Tod"; und der Herrscher des Totenreiches folgte ihm nach. Und es wurde ihm Macht gegeben über den vierten Teil der Erde, zu töten mit dem Schwert und mit Hunger, mit Pest und durch die wilden Tiere der Erde. (Off. 6,1-8)

Geschichte wird im Himmel gemacht

Wir Christen tun uns ab und zu schwer, der Realität solch einer Offenbarung in die Augen zu schauen. Warum lesen wir überhaupt solche prophetischen Worte?

Als Söhne und Töchter Gottes müssen wir wissen, wohin es mit dieser Welt und der Menschheitsgeschichte geht. Wir stolpern nicht einfach blindlings in die Zukunft oder sind abhängig von dem, was im Weissen Haus, im Kreml oder in China geschieht. Wir müssen wissen: Die Geschichte wird im Himmel gemacht. Es ist Jesus, der *„mit eisernem Stab" (Off. 19,15)* die Völker regiert, auch wenn es oft so aussehen mag, als würden wir Geschichte machen oder Völker regieren.

Dabei hat Jesus den Jüngern ganz klar vorausgesagt, was auf sie zukommt, und dazu erklärt: *„Von jetzt an sage ich es euch, bevor es geschieht, damit ihr, wenn es geschieht, glaubt, dass ich es bin" (Joh. 13,19),* d.h. damit ihr von den Ereignissen nicht überrascht werdet. Es gehört nämlich zu unserem Stand als Söhne und Töchter Gottes, dass wir nicht zu den Überraschten und Überrumpelten gehören, wenn die Dinge dann eintreffen. Aber das erfordert ein Training.

Training

Als ich meine Rekrutenschule bei der Infanterie absolvierte, da haben wir Tage und Wochen nichts anderes gemacht, als an unseren Gewehren und dann später an den Maschinengewehren zu „riegeln". Das hing uns alles zum Hals heraus, weil wir längst wussten, wie diese paar Handgriffe funktionieren. Als der „Kadi" diese ganze Stimmung spürte, hat er uns erklärt: „Hört mal, Leute, was wir machen, das ist nicht einfach Unsinn. Die Realität ist, dass im Ernstfall nur ein Drittel der Soldaten überhaupt schiessen kann, weil zwei Drittel nicht mehr fähig sind, sich an die einfachsten Handbewegungen zu erinnern." Warum trainiert man beispielsweise die Evakuierung aus einem Schulhaus oder ähnliche Dinge? Damit es eingeübt ist.

Warum hat Jesus während zweier Jahrzehnte den Zimmermannsberuf erlernt? Damit er diese Balken bereits in seiner Hand hatte und schon einmal „eingeübt" hat, an einem solchen Balken angenagelt zu sein. Das war nicht nur Broterwerb, das war Einübung. Wir dürfen nicht denken, Jesus hätte in seinem Geist und in seinem Herzen nicht genau gewusst, wohin es geht. Er war zu sehr verbunden mit seinem Vater, als dass der Vater das vor ihm verborgen hätte. Wir dürfen auch nicht glauben, dass Jesus an den Jordan gegangen wäre und sich dort – zusammen mit den Sündern und Zöllnern – auf den Tod hätte taufen lassen, wenn er nicht genau gewusst hätte, dass er einmal die Sünde dieser Menschen hinauftragen würde an diesen Balken, an das Fluchholz. Jesus, der Zimmermann, der mit diesem Holz gearbeitet und diese Balken behauen hatte, der wusste: „An einem solchen Balken werde ich einmal hängen." Deshalb hat Jesus auch gesagt: *„Wer nicht sein Kreuz trägt und mit mir geht, kann nicht mein Jünger sein." (Luk. 14,27)* Das muss man einüben. Es ist dann keine Panne oder höhere Gewalt, wenn's uns schliesslich trifft, sondern wir sind eingeübt, vorbereitet. Dann reiben wir uns nicht die Augen und sagen: „Wie kann so was geschehen, wo ist denn jetzt Gott?"

Auch Christen gehen durch Krisen

Gott hat uns klar gesagt, worum es geht. Aber wir haben lange genug gemeint, Christsein sei eine Lebensversicherung gegen

Wasser, Feuer, Diebstahl und alles andere. Aber auch Christen werden bestohlen, auch in die Keller von Christen läuft das Wasser. Auch Christen erleiden Verkehrsunfälle, auch Christen können im Rollstuhl sitzen. Auch Christen können durch Krebs hinweggerafft werden; und gerade auch Christen können Verfolgung erleiden. Die Geschichte der Kirche hat das über die beiden Jahrtausende genug gezeigt, vor allem die Geschichte der Juden!

Es ist uns ganz deutlich gesagt: Wenn die Endzeit kommt, wenn wir dem Ziel entgegengehen, nämlich der Hochzeit des Lammes und der Wiederherstellung von allem, wenn – wie es in der Offenbarung heisst – Jesus Christus mit den Märtyrern noch einmal die Völker regieren und der Satan gebunden sein wird, dann wird dies durch Wehen und Trübsal hindurchgehen, durch Leiden und Ströme von Blut. Und es ist ganz wichtig, dass wir das, was heute geschieht, in diesem grossen Zusammenhang sehen.

Auch die Schweiz ist nicht mehr sicher

Damals, als die Intifada erneut begann, waren wir gerade in Israel. Aber da konnte man sich noch auf dem Flughafen Ben Gurion in die Maschine setzen und in die sichere Schweiz zurückfliegen. Das ist in uns Schweizern ja auch drin. Wir sind traditionell nicht das Land der Erdbeben. Wir sind nicht das Land der blutigen Auseinandersetzungen ethnischer Art, nicht das Land der Hungersnot. Die Schweiz war immer eine Insel des Schutzes und Behütetseins, und diese Insel hat sich auch in den Weltkriegen durch Gottes Gnade als eine Insel der Zuflucht erwiesen. Aber wir spüren, auch dafür gibt es keine Garantie mehr!

Wir müssen ganz klar sehen: Die Siegel der Weltgeschichte öffnet das Lamm. Es sind nicht „die bösen Palästinenser“. Es sind auch nicht – wie in der Presse immer wieder dargestellt – die Israelis, die mit ihrem Stiefel die Unschuldigen zertreten; wir konnten uns an Ort und Stelle davon überzeugen. Es sind nicht die Chinesen, es sind nicht die Russen, und es sind auch nicht

Saddam Hussein und all diese Gesellen. Das Lamm selbst öffnet die Siegel.

Immer wieder müssen wir wissen: Wir sind nicht einem blinden Schicksal ausgeliefert, sondern wir gehen auf einem vorgezeichneten Weg in die Zukunft; und dieser Weg in die Zukunft ist abgesteckt nach den Ordnungen Gottes! Es gibt kein Chaos, sondern es geschieht alles schön der Reihe nach. Das erste Wesen sagt: „Komm!“ , das zweite Wesen sagt: „Komm!“, das dritte Wesen sagt: „Komm!“, und das vierte Wesen sagt: „Komm!“ – und es ist immer das Lamm, das die Siegel öffnet. Dies zu verstehen führt uns in eine tiefe Ruhe.

Wir alle, auch wir Schweizer, machen neue Erfahrungen. Heute kostet Christsein einen Preis. Die Zeiten sind vorbei, wo man einfach „so ein bisschen Christ“ sein konnte – am Sonntag eine Stunde und noch etwas Zeit für einen Hauskreis oder eine Bibelstunde. Wenn du wirklich dein Christsein leben willst, hat dies heute einen Preis.

Die Wehen

Du kannst auch kein Kind gebären ohne einen Preis. Der Preis ist die Schwangerschaft; der Preis ist manchmal Übelkeit; der Preis sind die Presswehen, bei denen neben dir eine Hebamme steht und sagt: „Durchhalten, durchhalten, noch mehr, noch mehr, noch mehr!“ Und du sagst: „Ich kann nicht mehr, ich kann nicht mehr!“ Und die Hebamme redet weiter: „Und jetzt geht's nochmal, und jetzt geht's nochmal!“ Ich weiss noch, als meine Frau das erste Kind mit 4 Kilogramm zur Welt brachte. Das war wirklich mit Schmerzen verbunden. Und da war auch noch der Arzt, welcher mit schneidender Schärfe hineinsprach, um die Presswehen neu anzufachen – so wie in einem Kampf, in dem man einen Befehl hineingibt, damit die letzten Reserven mobilisiert werden. Und dann war der Junge da.

Jetzt gilt es für uns als Gemeinde, etwas in dieser Welt zu gebären – nicht nur nette Gemeinden zu haben, in denen wir am

Sonntag einen schönen „Worship" und eine gute Verkündigung erleben, und in denen die Kinder anständig betreut sind, damit man weiss, dass sie dann zu guten Christen werden. Es ist die Zeit, wo wir Christen wieder gebären. Es soll noch einmal etwas Neues zur Geburt kommen.

Heute war ein Pfarrbruder bei mir und erzählte von seinem Sohn. Da kommt doch dieser junge Teenie und sagt in irgendeinem Zusammenhang: „Ich hab geträumt, dass viele Menschen zu Christus kommen werden; und ich hab geträumt, dass ihr, die Eltern, und ich zusammen umherziehen und Menschen zu Jesus führen." Hey, es wird geboren! Nicht nur das Gärtlein pflegen und den Rasen mähen in der eigenen Gemeinde. Sondern heute wird nochmals geboren, und diese Geburt ist verbunden mit Schmerz. Wie eine Schwangerschaft beinhaltet das Warten und Harren. Und manchmal wird es uns buchstäblich schlecht und wir haben auch körperlich Schmerzen; aber das sind keine medizinischen Schmerzen, sondern das hat etwas mit den Presswehen zu tun.

Da kommen die Kinder und haben so gewaltige Träume! Dies ist doch so eine Ermutigung für uns. Dann schauen wir nicht auf die Schmerzen, sondern auf das, was geboren wird. Sogar Jesus sagte: *„Die Frau hat Traurigkeit, bevor es soweit ist, aber wenn sie dann geboren hat und endlich dieses Häuflein in den Armen halten darf, dann ist es doch Freude!" (nach Joh. 16,21)* Was für ein Jubel!

Ist es nicht wunderbar zu hören, dass die vier Wesen mit dem Lamm zusammen jetzt die ersten Siegel brechen! Die vier Wesen: das sind der Löwe, der Stier, das menschenähnliche Wesen und der Adler. Diese vier Wesen sind um den Thron Gottes. Sie sind zugleich ja auch die Sinnbilder oder Symbole der vier Evangelien – dieser vier gewaltigen Evangelien, aus denen ein Strom von Kraft, Erbarmen Gottes, Gnade und Busse in diese Welt ausgegangen ist.

Das erste Siegel: das weisse Pferd

Und nachdem die vier Wesen Gott angebet haben *(„Heilig, Heilig, Heilig!“)*, dürfen sie jetzt mithelfen, den Gang der Geschichte freizusetzen. Das erste Wesen – meiner Meinung nach ist es der *Löwe,* das Sinnbild für *Markus* – sagt: „*Komm! Und ich schaute auf, und siehe da, ein weisses Pferd, und der darauf sass, hatte einen Bogen; und es wurde ihm ein Kranz gegeben, und er zog aus als Sieger und um zu siegen.“*

Wir müssen uns damit abfinden, dass die Offenbarung viele Auslegungen hat; und ich würde mich nie vermessen zu sagen, dass meine Auslegung die einzig richtige sei. Wir können immer nur sagen: „Nach dem Mass meiner jetzigen Erkenntnis.“

Viele Ausleger meinen, dass der erste Reiter auf dem weissen Pferd, der einen Bogen hat, dem ein Siegeskranz gegeben wird und der als Sieger auszieht, ein Sinnbild für das kriegerische Volk der Parther ist; ein Volk, das wie ein Wirbelwind die anderen Völker einfach überrannt hat. Später waren es die Skythen, die Hunnen, die auch auf ihren Pferden gekommen sind und alles überrannt haben. Andere Ausleger sagen sogar, hier wäre vom Antichrist die Rede.

Aber ausgehend davon, dass das erste Wesen für den Evangelisten Markus steht, deute ich es persönlich anders. Markus überliefert in seinem letzten Kapitel eine Aufforderung Jesu, die mich jedes Mal wieder tief, tief trifft: *„Und er (Jesus) sprach zu ihnen: Gehet hin in alle Welt und predigt das Evangelium aller Kreatur.“ (Mark. 16,15; Luth.)* Aller Kreatur! Bei Matthäus heisst es: „*Gehet hin und machet zu Jüngern alle Völker.“ (Mat. 28,19)* Aber Markus fasst es viel umfassender: „*Predigt es aller Kreatur.“* Mit anderen Worten: „Allem, was Odem hat, predigt es ihnen.“ Da ist die Schöpfung mit eingeschlossen. Das ist tief in meinem Herzen. Es ist gewaltig.

Ich kann mir nicht denken, dass der erste Reiter der Antichrist ist, diese Personifizierung alles Bösen! Diesem Reiter hier auf dem weissen Pferd wird ein Siegeskranz gegeben. Auch Jesus reitet ja dann einmal auf einem weissen Pferd, wie es in Offenbarung 19,11-14 heisst: *„Und ich sah den Himmel geöffnet, und siehe da, ein weisses Pferd, und der darauf sass, heisst ‚Treu und Wahrhaftig', und mit Gerechtigkeit richtet er und führt er Krieg."* Und dann wird Jesus beschrieben: *„Seine Augen aber waren wie eine Feuerflamme, und auf seinem Haupte waren viele Kronen, und er trug einen Namen geschrieben, den niemand weiss als er selbst. Und er war angetan mit einem Kleide, das in Blut getaucht war, und sein Name lautet ‚Das Wort Gottes'. Und die Heere im Himmel folgten ihm nach auf weissen Pferden, bekleidet mit weissem, reinem Linnen."* Und dann heisst es später noch: *„Und er (Jesus) trägt an seinem Kleid, und zwar an seiner Hüfte, den Namen geschrieben: ‚König der Könige, Herr der Herren'." (Vers 16)* Für mich ist da eine innere Verbindung zwischen dem Reiter auf dem weissen Pferd in unserem Kapitel 6 und Jesus auf dem weissen Pferd in Kapitel 19.

Der Siegeszug in aller Welt

In aller Welt beobachten wir heute diesen Siegeszug. Wenn wir nur daran denken, wie in *China* Millionen von Menschen in das Reich Gottes hineindrängen! Keine Diktatur kann das mehr aufhalten. Es ist einfach zu spät! Sie konnten früher noch auf dem „Platz des Himmlischen Friedens" die Studentenrevolte blutig niedertreten; aber die Revolution, die jetzt in China geschieht, indem Millionen in das Reich Gottes hineindrängen, ist nicht mehr zu stoppen. Da ist eine Kühnheit, eine Entschlossenheit, eine Radikalität durchzugehen, koste es, was es wolle.

Ganz ähnlich haben wir auf einer Konferenz die Geschwister aus *Indonesien* erlebt, wo ja auch blutige Kämpfe sind. Das sind Menschen, die entschlossen sind, ihr Leben hinzugeben. Mit welcher Anbetung! Sie standen vorne auf der Bühne, haben angebetet und dabei nur geweint – weil sie so überwältigt waren von der Liebe Jesu. Tausende, Hunderttausende von Menschen strömen zum Evangelium, welches seinen Siegeszug angetreten hat. Es ist nicht mehr zu stoppen!

Oder denken wir an den Evangelisten *Reinhard Bonnke* in *Afrika,* wo Millionen und Millionen von Menschen ihre Entscheidungskarten für Jesus ausfüllen, sogar in Nordafrika. Auch in Indien, das jetzt über eine Milliarde Einwohner hat, wird dies passieren. Weder der Hinduismus noch der Buddhismus, noch die islamischen Nationen mit ihrem ganzen militanten Aufmarsch werden das aufhalten können. Das Evangelium wird durchdringen! Es wird ein Siegeszug sein!

Jesus auf dem weissen Pferd mit den Heerscharen

Das wird der Reiter sein, der auf dem weissen Pferd kommt. Jesus kam einmal auf dem Esel, aber im Himmel mit den Heerscharen reitet er auf einem weissen Pferd. Und wir kommen auch im Mantel der Demut und der Sanftmut; aber wenn es um das Evangelium geht, dann kommen wir mit dem weissen Pferd von Jesus Christus; denn wir haben ein siegreiches Evangelium. Das ist keine Botschaft, derer wir uns schämen müssen, sondern das ist eine Botschaft, die Kraft hat, die Kraft des Blutes, die alle Ketten sprengt.

Wir sind noch so vergiftet von unseren Zweifeln, von unserem Rationalismus und von all diesem humanistischen Denken hier in Europa, dass wir noch nicht an den Sieg des Evangeliums glauben können. Und wenn irgendwo das Evangelium Siege feiert wie im *ICF (International Christian Fellowship)* in Zürich, dann fahren sie sofort die Feuerwehr auf. In der *Tribune de Genève*, also in der Hauszeitung von Genf, haben sie eine Reportage gemacht über das ICF, und sie haben ihnen versprochen: „Wir werden euch den Text vorlegen." Sie haben ihnen den Text vorgelegt, aber ohne den Titel. Und wie lautete dann der Titel? „Jugendliche werden zu Tausenden verführt."

Glauben wir nicht, dass dies einmal als Gericht auf die Schweiz zurückkommen wird? Da überlegen wir uns auf der einen Seite, ob die Krankenkasse die Heroinabgabe finanzieren soll, und da ist auf der anderen Seite eine Jugendkirche, wo Tausende ihr Leben für Jesus hingeben, wieder Massstäbe für ihr Leben bekommen und Menschen eine Vision für ihre Stadt und ihr Land haben, und da wird gleich mit Schmutz gespritzt. Dies wird als Gericht auf unser Land zurückkommen.

Dies ist doch die Situation in Europa: Wenn das Evangelium irgendwo siegreich ist, werden von den Redaktionsstuben und vom Fernsehen sofort die schwersten Geschütze aufgefahren, und dann wird die Sache wieder klein geschossen. Aber der Reiter auf dem weissen Pferd mit dem Siegeskranz wird auch durch diesen Kontinent ziehen.

Ich finde es begeisternd, denn wir haben lange genug vom kleinen Häuflein gesprochen. Aber ich glaube, dass Gott dieses Schleppnetz, dieses Riesenschleppnetz, von dem er in den Gleichnissen vom Reich Gottes gesprochen hat, noch einmal in diese Nationen hineinwerfen wird. Dann wird alles „durchgeschleppt" – Gutes und Böses, Kaputtes und Zerstörtes –, und anschliessend werden die Engel die Sache sortieren. Das wird noch einmal eine Ernte geben! Die wird nicht mehr zu stoppen sein! Überall wird es brennen! Und wir werden erleben: Die Jungen werden uns vorangehen, und wir werden sie als Väter und Mütter stützen, ermutigen und auch trösten und verbinden, wenn sie Schläge kriegen.

Das zweite Siegel: das feuerrote Pferd

Dann öffnet das Lamm das zweite Siegel; und das zweite Wesen, der *Stier,* sagt: „Komm!" Dabei steht der Stier für den Evangelisten *Lukas,* in dessen Weihnachtsgeschichte die Engel gesungen haben: *„Ehre sei Gott in den Höhen und Friede auf Erden." (Luk. 2,14)* Und jetzt kommt ein feuerrotes Pferd, und dem Reiter wird *„(Macht) gegeben, den Frieden von der Erde hinwegzunehmen".*

Wir haben in *Israel* so eine Vorahnung davon bekommen, was es bedeutet, wenn der Friede hinweggenommen wird; wenn niemand mehr eine Chance sieht, den Frieden – und wäre es nur ein

Waffenstillstand – wiederherzustellen, damit man einigermassen miteinander leben kann. Wer die Bilder sieht, der muss selber sagen: „Da ist der Friede weggenommen worden." Junge Menschen werden gelyncht oder einfach erschossen. Wie ist das alles eskaliert – es ist nicht zu fassen.

Dazu wurde das Grab von Joseph geschändet, diesem gewaltigen Mann, der nicht nur den Juden gehört, sondern auch in Ägypten gelebt hat, damit Nationen gespeist werden. Und in diesem Aberwahnwitz von Hass, weil der Friede weggenommen ist, macht man ein solches Grab einfach kaputt. Wenn der Friede weggenommen wird, werden die UNO und die Friedenstruppen, all die Diplomatie und auch das Gewicht der Grossmächte nichts mehr nützen.

Das dritte Siegel: das schwarze Pferd

Das dritte Wesen beim dritten Siegel ist *Matthäus*, das *menschenähnliche Wesen*, und es sagt: „Komm!" Und es kommt *„ein schwarzes Pferd, und der darauf sass, hatte eine Waage in seiner Hand"*. Hier geht es darum, dass die Lebensmittel knapp werden: Hunger! Aber auch hier sehen wir am Ende noch die Güte unseres Gottes, wo es heisst: *„... dem Öl und dem Wein fügt keinen Schaden zu."* Wein – Sinnbild für Freude und Liebe; Öl – der Heilige Geist, die Salbung und Heilung. Da fliesst noch Heilung und da fliesst noch Liebe – „fügt ihnen keinen Schaden zu"!

Das vierte Siegel: das fahle Pferd

Und schliesslich das letzte Wesen, *Johannes*, der *Adler*, der den Todesreiter freisetzt auf dem *„fahlen Pferd"*. Und es wurde dem Tod *„Macht gegeben über den vierten Teil der Erde, zu töten mit dem Schwert und mit Hunger und mit Pest und durch die wilden Tiere der Erde"* ... und durch Viren, wie wir heute vielleicht ergänzen würden.

Das Evangelium des Johannes ist dasjenige Evangelium, das wie kein anderes vom ewigen Leben spricht. Das ganze Evangelium ist voll von Leben. Es handelt von der *„Quelle von Wasser, das sprudelt, um ewiges Leben zu spenden" (Joh. 4,14)*. Lazarus – drei Tage tot und schon stinkend – wird auferweckt. Und sehr zentral heisst es darin: *„Wer mein Fleisch isst und mein Blut trinkt, der hat ewiges Leben." (Joh. 6,54)* Und ausgerechnet Johannes, eben der, der für das ewige Leben steht, hat den Auftrag, den Tod freizusetzen.

Die Offenbarung: das gewaltigste Buch

Ich bin Gott dankbar, dass er die Offenbarung des Johannes verschlüsselt hat; denn es gäbe heute keine Offenbarung mehr, wenn die Machthaber die Offenbarung verstanden hätten. Die Offenbarung ist das revolutionärste Buch, das es gibt. Mit diesem Buch kannst du alles überleben – jede Dynastie, jede Tyrannei und jedes Gefängnis. Mit diesem Buch kannst du an den Punkt kommen, wo du sagst: „Ich geb nicht auf. Ich geb nicht auf. Jesus, ich häng mich an deine Fersen. Nichts kann mich scheiden von dir." Es ist das gewaltigste Buch. Man kann es immer wieder nur mit Tränen lesen. Es ist solch eine Trostquelle.

Warum? Weil wir wissen: Es ist alles in der Hand Gottes. Er regiert. Es ist das Lamm, das die Siegel öffnet. Nichts geschieht an Gott vorbei. Gott bemisst alles, und er hat alles im Griff. Nichts gerät aus seiner Kontrolle. Wenn Öl und Wein nicht beschädigt werden dürfen, dann werden sie nicht beschädigt werden. Wenn er diesem Mann, der auszieht zur Weltevangelisation, den Siegeskranz gibt, damit er Sieger ist, dann wird er siegreich sein – durch alle Tücken, Mauern und ehernen Türen des Islams, des Buddhismus und der atheistischen Systeme hindurch.

Gott hat alles im Griff

Das ist Gott. Er hat es im Griff. Er ist der Gott der Heerscharen. Und er ist der Gott, der heute noch einmal in völlig anderer Weise regieren wird. Er hat zugelegt. Die Siegel werden gebrochen, und es bewegt sich dem Ende zu! Und wir wissen, wenn ein Zug in Fahrt kommt, dann wird er immer schneller und immer schneller. So heisst es auch für uns Christen, dass *„um der Auserwählten willen ... jene Tage verkürzt werden" (Mat. 24,22)*. Wir spielen einen ganz wichtigen Part in dieser Endgeschichte. Wir haben auch Teil an den Leiden. Aber Gott wird um der Auserwählten willen die Leiden verkürzen.

In Ägypten war es damals wunderbar: In Gosen, wo die Israeliten waren, da gab's Licht; im übrigen Ägypten war es dunkel. In Gosen, da waren keine Heuschrecken, drüben waren Heuschrecken. Aber ich glaube, so wird es nicht mehr in der Endzeit sein. Die ganze Erde wird heimgesucht. Auch wir haben unseren Teil an diesen Geburtswehen mitzutragen. Aber wir haben dieses gewaltige Vorrecht, mit unseren inneren Augen diesen gewaltigen Gott zu sehen, den Schöpfer von Himmel und Erde – dieses Lamm zu sehen *„wie geschlachtet" (Off. 5,6)*. Wir haben das Vorrecht zu wissen: Diejenigen, die mit uns sind, sind mehr als diejenigen, die da mit ihren Panzern oder Sicherheitskräften auffahren.

Wir haben dieses Wissen, auch wenn der äussere Friede weggenommen ist. Wir haben einen Frieden in uns, der höher ist als alle Vernunft. Und diesen Frieden kann uns nichts und niemand rauben. Auch da, wo Tod ist, haben wir diese Gewissheit: Wir haben ewiges Leben! *„Wer die Brüder liebt, der ist vom Tod zum Leben hindurchgedrungen." (nach 1. Joh. 3,14)* Und auch da, wo Lebensmittel knapp werden, wissen wir um einen Gott, der aus fünf Broten und zwei Fischen Nahrung machen konnte. Wir wissen auch von jener Witwe, die noch das Letzte gegeben hat, um einen Propheten zu speisen, und welcher dann das Öl im Krug und das Mehl im Topf nie mehr ausgegangen ist, bis wieder normale Verhältnisse herrschten. Wir haben einen Gott, der uns auch durch Hungersnot hindurchbringen kann. Wenn er einen Niklaus von Flüe zwanzig Jahre durchgebracht hat ohne Essen, dann werden auch wir wahrscheinlich den Gurt noch etwas enger schnallen können und durchkommen.

Das ist gute Botschaft, gute Nachricht – das ist Hoffnung. Wir haben einen Gott der Hoffnung und nicht einen Gott, der uns in Pessimismus hineintreibt. Und wenn wir die Tagesschau im Fernsehen gucken oder Zeitungen lesen, dann können wir das nur, indem wir immer wieder auf Gott sehen. Sonst kommen wir unter eine Decke. Dann klebt all dieses Schwere an einem und legt sich wie Bleigewicht auf uns, so dass wir kaum noch fähig sind, das Evangelium weiterzutragen. Dabei lebt Gott, und er lebt mehr denn je! Er ist lebendig. Ein Gott, der über alle Götter ist, und er wird sein Wort bis zum letzten Jota erfüllen.

Gebet

Jesus, wir wollen dir danke sagen. Du sagst: „Selig ist, wer das liest, und selig sind, die es hören.“ Das ist nichts Niederdrückendes, sondern etwas, worin wir dich sehen und spüren, deine Schritte in der Weltgeschichte erkennen und unsere Häupter erheben, weil die Erlösung naht. Unsere Rücken werden wieder gerade, und wir wissen: Jetzt gilt es, noch einmal zu wirken, solange es Tag ist. Es kommt die Nacht, wo niemand mehr wirken kann. Jetzt ist noch die Gnadenzeit. Jetzt ist die Tür zum Hochzeitssaal weit offen. Jetzt sind die Felder noch reif zur Ernte und können eingebracht werden. Jetzt bist du noch bereit, deinen Arm auszustrecken, um zu heilen, Wunder zu tun, Tote aufzuerwecken und Dämonen auszutreiben. Viele werden durch das Blut deines Sohnes in diese neue Freiheit hineinkommen, wo sie nicht mehr zittern vor Menschen, sondern vor Königen, vor Polizeioffizieren, vor Regierungsräten das Zeugnis von Jesus Christus ablegen werden. Amen

Die Geschichte eines Wunders

Wir haben in Jerusalem einen Mann kennen gelernt, *David Demian,* der von Beruf Arzt ist. Er kommt aus Ägypten und hat eine Kanadierin geheiratet. Als seine Frau schwanger war, hat sie den Wunsch gehabt, dieses Kind in Kanada zur Welt zu bringen. Sie sind nach Kanada gefahren, und als das Kind geboren war, hat Gott ganz klar zu David gesagt: „Du gehst nicht mehr zurück nach Ägypten, dein Platz ist hier in Kanada." Und weiter: „Sammle die geistlichen Leiter dieses Landes, damit ihr miteinander Busse tun könnt." Er, der Ägypter, sollte die Kanadier sammeln, um Busse für das Land zu tun. Gott hat ihm auch ganz klar gesagt: „Die Busse, die ich will, ist, dass ihr miteinander weint und in der Tiefe die Sünde dieses Landes erkennt." Da hat David geantwortet: „Gott, ich kenne die Kultur der Kanadier, die werden nicht weinen." Aber er ist von Stadt zu Stadt gereist und hat überall diese Leiter gesucht, Männer mit Vaterherzen, Mütter mit Mutterherzen. Und sie kamen. Sie haben dann zusammen nichts gemacht, als auf Gott gewartet – Stunden um Stunden. Und was hat sich ereignet? Der Heilige Geist kam über sie. Diese Männer haben plötzlich geweint. Sie haben geschrien wie in Geburtswehen, und etwas Neues wurde geistlich geboren.

Dann hat David diesen Leitern gesagt: „Wir müssen Busse tun für die St.-Louis-Geschichte." Das war jenes Schiff mit über siebenhundert Juden gewesen, die vor Hitler auf der Flucht waren und welche die Kanadier von ihrer Küste abgewiesen haben. Die meisten sind später umgekommen. David konnte sogar dem Premierminister von Kanada persönlich sein ganzes Herz und seine Vision für das Land und das, was mit den geistlichen Leitern geschehen war, ausbreiten.

Und was geschah? Der Premierminister von Kanada ist nach Israel gereist und hat in der Knesset vor den versammelten Knessetabgeordneten um Vergebung gebeten für die Schuld des kanadischen Volkes den Juden gegenüber. So wirkt Gott heute. Können wir das verstehen?

Männer und Frauen auf dem weissen Pferd

Männer auf dem weissen Pferd, Frauen auf dem weissen Pferd – mit dem Siegeskranz. Aber dazu müssen wir absolut demütig sein, und zwar in der Demut Jesu Christi, nicht in selbstgewählter Demut. Dazu müssen wir sanftmütig sein, nichts Eigenes mehr suchen und nur noch den Willen Gottes tun wollen – nichts anderes.

Gott sucht heute Frauen und Männer, die ihm ganz hingegeben sind und die keine eigenen Aktionen mehr machen, die keine Programme mehr durchziehen, welche nicht auf Gottes Herzen sind, sondern seinen Willen tun wollen um jeden Preis. Als solche Frauen und Männer werden wir einen Siegeskranz haben. Wir ziehen mit einem Siegeskranz aus und wir sind Überwinder. Und wir sagen: „Wir geben nicht mehr auf, wir lassen uns nicht mehr abschütteln. Wir gehen hinter Jesus her."

Kapitel 3

Der Schrei der Märtyrer

Die Seelen unter dem Altar
Offenbarung 6,9-11

Der Blick in den Himmel

Für viele ist es etwas ungewohnt, dass der Schreiber Johannes in den Himmel hineinschaut und Dinge sieht, die man mit normalen sterblichen Augen nicht sehen kann.

Aus dem New Age und auch aus dem Satanismus ist bekannt, dass es Wege gibt, in überirdische Räume hineinzugehen. Auch die Drogenabhängigen wissen, wie man im Rausch solche Erfahrungen machen kann. Aber diese Erfahrungen sind nicht für die okkulten Bereiche reserviert, sondern auch Christen können hineinsehen, jedoch ohne falsche Quellen anzuzapfen. Paulus hat hineingesehen in den *„dritten Himmel" (2. Kor. 12,2).* Das war keine Wanderung im Astralleib, sondern Paulus wurde durch den Geist in den dritten Himmel entrückt und hat dort viele Erfahrungen gemacht, die er im Einzelnen gar nicht beschreibt.

Jeder von uns kann solche Erfahrungen machen. Aber es geht nicht einfach um „Erfahrungen", sondern es geht um ein Vertrautsein mit Gott. Wenn ich diesen Gott kennen lerne, dann wird es auf einmal selbstverständlich, dass ich einen Blick hinein in diese Welt bekomme oder vielleicht auch mal einen Engel sehe.

Was an diesem Buch der Offenbarung geheimnisvoll und daher oft auch so schwer zugänglich ist, hat seinen Grund darin, dass dieses Buch chiffriert ist. Es wurde in einer Zeit der Bedrängnis geschrieben, als es die Christenverfolgung in Rom unter dem *Kaiser Nero* gab; und die Zahl 666 ist ein verschlüsselter Hinweis auf diesen Kaiser: „*Wer Verstand hat, berechne die Zahl des Tieres; sie ist nämlich die Zahl eines Menschen. Und zwar ist seine Zahl 666.“ (Off. 13,18)* Der Name Nero ist im Zahlenwert der hebräischen Buchstaben 666. Es ist ein ganz klarer Hinweis auf Nero. Vieles ist auf Grund der Verfolgungszeit verschlüsselt, und das ist für viele von uns etwas schwer verständlich.

Das fünfte Siegel: die Seelen derer, die hingeschlachtet wurden

> *Und als er das fünfte Siegel öffnete, sah ich unter dem Altar die Seelen derer, die hingeschlachtet worden waren um des Wortes Gottes willen und um des Zeugnisses willen, das sie festhielten. Und sie riefen mit lauter Stimme: Wie lange, heiliger und wahrhaftiger Herr, richtest du nicht und rächst unser Blut nicht an denen, die auf Erden wohnen? Und es wurde einem jeden von ihnen ein weisses Kleid gegeben, und es wurde ihnen gesagt, dass sie sich noch kurze Zeit gedulden sollten, bis auch ihre Mitknechte und ihre Brüder, die den Tod finden sollten gleich wie sie, zur [himmlischen] Vollendung gekommen wären. (Off. 6,9-11)*

Auch über dieses Siegel gibt es verschiedene Auslegungen. In der Regel wird gesagt, dass dieser Altar nicht im Himmel ist und dass die Menschen unter dem Altar, weil sie im Grunde genommen nach Rache schreien, Menschen sind, die noch nicht in diese Vollendung gekommen sind. Einzelne Ausleger vergleichen sie mit den törichten Jungfrauen und fragen: „Wie kann man sagen: ‚*Wie lange, heiliger und wahrhaftiger Herr, richtest du nicht und rächst unser Blut nicht an denen, die auf Erden woh-*

nen?'" Das wären, so sagt man, nicht Worte, die denen eines Stephanus entsprächen, der betete: *„Herr, rechne ihnen diese Sünde nicht zu!" (Apg. 7,60),* oder die auch Jesus am Kreuz gebetet hat und zudem in der Bergpredigt ganz klar sagte: *„Liebet eure Feinde!" (Mat. 5,44)*

Aber es gibt nur *einen* Altar. Dieser *„goldene Altar" (Off. 8,3)* steht vor dem Thron Gottes und ist ein Sinnbild für den Rauchopferaltar, auf den die Gebete der Heiligen gebracht werden – also z. B. einfach Worte, die wir im Auto, in der Strassenbahn oder irgendwo anders beten. Wir denken manchmal: „Was ist mein Gebet schon? Ein Hauch! Es geht nur bis zur Decke." Aber da, wo wir aus dem Herzen und im Glauben beten, erreichen diese Gebete den Himmel und kommen in diese Räucherschalen, welche die Ältesten halten.

Es ist nicht möglich, dass die Seelen, welche unter diesem Altar sind, nicht zur Vollendung gekommen sind, denn es heisst in unserem Text, dass sie sich noch eine kurze Zeit gedulden sollen, *„bis auch ihre Mitknechte und ihre Brüder, die den Tod finden sollten gleich wie sie, zur [himmlischen] Vollendung gekommen wären"*. Diese Seelen, die unter dem Altar sind, sind bereits zur Vollendung gekommen. Es gibt in der alten Kirche, auch in der katholischen Kirche, eine wunderbare Tradition: Im Altar, der ja Sinnbild ist für den Opfertisch, wird in der Regel eine Reliquie eines Märtyrers eingemauert.

Leiden gehört zum Fundament unseres Glaubens

Biblisch gesehen gehört Leiden zum geistlichen Fundament. Das Leiden Gottes ist das Fundament, auf dem überhaupt diese Erde steht. Dein und mein Leben beruhen einzig und allein auf dem Leiden dieses Gottes und auf dem Leiden Jesu Christi! Und darum gehört auch für uns das Leiden – nicht selbst verschuldetes Leiden, das wir uns einbrocken, sondern Leiden um des Evangeliums willen – zum Fundament unseres Glaubens. Dieses Leiden ist ein Teil des Reiches Gottes.

Was für ein Geheimnis ist dieses fünfte Siegel, wenn wir uns das noch einmal vergegenwärtigen! Das Wort „Siegel" selbst bedeutet ja schon: Es ist ein Geheimnis, ein Rätsel. Und das Leiden der Märtyrer ist ein unwahrscheinliches Rätsel! Wie kann ein Sohn Gottes ans Kreuz genagelt werden und dort sechs Stunden hängen? Was ist das für ein Gott, der alle Macht im Himmel und auf Erden hat und seinen Sohn so leiden lässt. Und dabei stehen die Frommen unter dem Kreuz und sagen: „Bist du Gottes Sohn, dann steig jetzt gefälligst herunter! Einen solchen Gott gibt es nicht, der seinen Sohn in so furchtbarer Weise an einem Kreuz hängen und leiden lässt." Dies übersteigt unser menschliches Denken und ist dieses Rätsel, welches immer wieder wie ein Siegel über solchen Geschehnissen liegt.

Paul Schneider – Laurentius – Sadhu Sundar Singh

Denken wir z. B. an *Paul Schneider*, der im Konzentrationslager in Buchenwald war: Man hatte den Sarg wie bei vielen Märtyrern damals im Dritten Reich versiegelt. Er durfte nicht mehr geöffnet werden, weil die Nazis genau wussten, wie übel dieser Mann zugerichtet war. Und dann hat man diesen Sarg doch geöffnet und das Leiden dieses Mannes gesehen – das Rätsel dieses Leidens.

In der Stadtkirche hier in Winterthur haben wir den *Laurentius* als einen der Stadtheiligen, und unsere Stadtkirche nennt sich Laurentiuskirche. Laurentius war Diakon und gleichzeitig Schatzmeister der Gemeinde in Rom. Die Behörden haben von ihm verlangt, dass er ihnen die Schätze übergibt. Aber Laurentius hat im Verhör gesagt: „Ich werde dieses Geld, das den Ärmsten unserer Gemeinde gehört, nicht herausgeben." Daraufhin haben sie ihn auf einem Eisenrost buchstäblich geröstet, um ihn dazu zu zwingen, den Ort dieser Schätze preiszugeben. Darum ist Laurentius immer dargestellt mit einem Palmzweig, diesem Siegeszweig, in der einen Hand und mit einem Rost in der anderen Hand. Was heisst das? Es ist unendlich gefoltert und gelitten worden, zum Teil auf scheusslichste Weise.

Oder denken wir an den Inder *Sadhu Sundar Singh,* der nach Tibet hineinging. Damals hat man Christen, wenn sie erwischt wurden, in Tierhäute eingenäht und die Häute dann nass gemacht. Anschliessend hat man sie in diesen Häuten an die Sonne gelegt. Und weil die Sonne darauf brannte, haben sich die Häute zusammengezogen. Das war ein Sterben, bei dem die Knochen krachten, weil die Haut mit solch elementarer Gewalt den Körper zusammenpresste. Das alles sind Rätsel, und über diesen Rätseln ist ein Siegel, bei dem man sich fragt: „Wo ist Gott? Warum greift er nicht ein?"

Zu diesen Märtyrern gehören auch *Kinder.* Ich konnte nur noch weinen, als ich in Jerusalem einer Jüdin begegnet bin, die als Kind im Konzentrationslager Auschwitz geboren war. Sie zeigte mir ihre Bilder, die sie jetzt nachträglich gemalt hat, um dieses Geschehen nochmals zu verarbeiten.

Nur das *„Lamm, wie geschlachtet"* kann dieses Siegel brechen. Niemand von uns wäre dazu in der Lage. Wir können versuchen, Erklärungen zu geben, wie die Freunde von Hiob. Aber das sind billige Antworten. Nur das Lamm hat überhaupt das Recht, das Siegel über all diesem Leiden zu brechen.

Und wenn diese Seelen schreien: „Wie lange noch?", dann ist das völlig normal. Das ist nicht mangelnde Geistlichkeit, sondern im Himmel wird auch geschrien. Wir haben einen Gott mit Herz und Leidenschaft, voller Emotionen – einen Gott, der selbst ruft und schreit.

Wenn wir die *Psalmen Davids* lesen, entdecken wir: Auch dieser Mann nach dem Herzen Gottes schreit in seiner Seele. In unserem Geist können wir viele Dinge ganz klar erkennen, aber wir haben auch eine Seele, und die Seele schreit oftmals. David schreit z. B. im Psalm 13 viermal: *„Wie lange, o Herr, willst du meiner so ganz vergessen? ... Wie lange ... wie lange ... wie lange?"* Oder er fragt immer wieder: *„Warum, Gott?"*, oder ruft: *„Steh auf, o Herr, steh auf, o Herr, richte!"* Und das heisst: *„Bring Gerechtigkeit!"* Dies ist sein Schrei. Auch die Seele Jesu hat geschrien, als er zu Tode bekümmert war und zu seinen Jüngern sagte: *„Lasst mich nicht allein, betet mit mir!"*

Eli Wiesel, der jüdische Nobelpreisträger für Literatur, sagt angesichts der dreitausendjährigen jüdischen Geschichte und der Erfahrungen im Konzentrationslager: „Für mich ist Gott gestorben, seit ich gesehen habe, wie ein junges Kind gehängt wurde und ich gezwungen war mit anzusehen, wie dieses Kind am Strick hing und allmählich sein Leben aushauchte."

Ja, wir schreien auch!

Ja, wir schreien auch! Wir schreien, und zwar wegen all dieses Leidens und all unserer Arroganz! Aber auch im Himmel wird geschrien bei all dem, was passiert. Da wird nicht einfach schön Lobpreis gemacht, sondern es wird gerufen: *„Heilig, Heilig, Heilig!"* Und in diesem „Heilig" liegt auch der Schmerz: „Gott, wann bricht diese Heiligkeit durch unter deinen Geschöpfen und in dieser Schöpfung, die man so misshandelt, dass die Erde immer noch Blut trinkt?" Und wer sonst soll schreien als diejenigen unter dem Altar, die durch dieses entsetzliche Leiden hindurchgegangen sind. Das *ist* ein Schreien.

Wir fangen jetzt mehr und mehr an zu begreifen, dass auch uns nichts anderes mehr bleibt, als zu schreien. Und das tun wir auch. In unseren Gottesdiensten haben wir nicht nur Lobpreis gemacht, sondern wir haben auch geschrien.

Die Leute von Uganda erzählten uns, wie sie die Aids-Rate durch ihr Schreien zu Gott drastisch reduzieren konnten. Später brach diese Ebola-Seuche aus, und wieder knieten sie in Uganda zu Tausenden und Hunderttausenden und schrien zu ihrem Gott.

In der ganzen Bibel wird geschrien

In der ganzen Bibel wird geschrien. Allmählich erkennen wir: Leiden gehört mit zu der Berufung des Christen. Nur derjenige, der teilhat an den Leiden seines Gottes, wird auch teilhaben an der Herrlichkeit. Das hat nichts mit Heldenverehrung zu tun, sondern dies ist normaler Bestandteil von Jüngerschaft – teilhaben am Leiden dieses Gottes für die Welt und, wenn es sein muss, für diesen Gott ein Stück Leiden mittragen, egal, wie dieses Leiden aussieht. Da wird keiner drum herum kommen.

Dieses Leiden geht schon jetzt um die Welt. Wir haben einen Kurzbericht gehört von einer Frau aus Malaysia, die dabei war, als zwei Bomben explodierten: eine im Versammlungsort der Gemeinde und, als die Leute hinausstürmten, vor der Schwelle noch eine andere. Das ist Teil einer normalen Jüngerexistenz. Aber das ist nicht einfach Leiden, sondern wie Mose die Herrlichkeit gesehen hat, ist solches Leiden um Jesu willen und um des Evangeliums willen immer auch Herrrlichkeit. Es ist Herrlichkeit!

Jesus sagte, als er ins Leiden hineinging: *„Vater, verherrliche deinen Namen!“ (Joh. 12,28)*, d. h. lass dieses Leiden so sein, dass es mit Herrlichkeit umgeben ist. Und der Vater antwortet schon im Voraus: *„Ich habe ihn verherrlicht und werde ihn wiederum verherrlichen.“ (Joh. 12,28)* Auch der erste Petrusbrief bringt dies ganz klar zum Ausdruck: *„Wenn ihr um des Namens Christi willen geschmäht werdet, selig seid ihr; denn der Geist der Herrlichkeit und Gottes ruht auf euch.“ (4,14)*

Warum war das Leiden von *Stephanus* so eigenartig? Während er im Blutgraben stand und Steine auf ihn geworfen wurden, war sein Gesicht nicht schmerzverzerrt, sondern wie das eines Engels. Und über ihm hatte sich der Himmel geöffnet; und Stephanus sah Jesus zur Rechten des Vaters stehen.

In der Regel ist es nur die Furcht vor dem Schmerz. Aber so hart es sein mag – ich bin überzeugt, dass wir, wenn wir diesen Schritt gehen, in die Wolke der Herrlichkeit kommen werden. Jesus in uns ist die Hoffnung auf die Herrlichkeit. Keiner von uns geht alleine durch ein Leiden hindurch. Wir gehen immer mit Jesus! Und da, wo es sein muss, wird er einen Engel schicken. Es kann auch einmal sein, dass uns Gott wieder aus dem Leiden befreit, wie er den Petrus herausgeholt hat oder damals die drei Männer aus dem Feuerofen. Das ist für Gott überhaupt kein Problem.

Leiden – ein normaler Bestandteil der Jüngerschaft

Wenn dieses Siegel geöffnet wird, dann bekommen wir als Christen ein ganz neues Verständnis über das Leiden um des Evangeliums willen; es wird normaler Bestandteil der Jüngerschaft. Das sind dann nicht mehr einfach Betriebsunfälle, sondern wir wissen, das gehört dazu. Wir können keine Jüngerinnen und Jünger Jesu sein, ohne ein Risiko einzugehen. Und im Grunde genommen gehen wir gar kein Risiko ein, weil in uns bereits ewiges Leben ist. Jesus hat einmal gesagt: *„Sie können den Leib töten, aber den inneren Menschen können sie nicht töten." (nach Mat. 10,28)*

Darum trägt auch der heilige *Alban*, einer der Stadtheiligen von Winterthur, der enthauptet wurde und nun in der Stadtkirche abgebildet ist, seinen Kopf unter dem Arm; ebenso wie *Felix, Regula* und *Exuperantius*, die drei Züricher Stadtheiligen, die man an der Limmat auch enthauptet hat und die dann nach der Überlieferung mit ihrem Kopf unter dem Arm auf den jetzigen Grossmünsterplatz gelaufen sind. Dort ist die Münsterkirche gebaut worden. Da ist etwas von dieser Herrlichkeit sichtbar geworden.

Der grösste Stachel

Wie viele gingen aufs Schafott und haben gesungen! Die Christen, die man den Löwen vorgeworfen hat, haben in der Arena miteinander gesungen. Das war für die Zuschauer der grösste Stachel!

Wenn das Lamm das Siegel bricht, dann sehen wir hinein: Diese Menschen sind unter dem Altar; diesem Altar, der den Schub für die Gebete gibt, den Schub für das Regiment Gottes – diesen Schub, damit Weltgeschichte vorangeht.

Was war denn mit einem *Saulus* geschehen, der die Christen verfolgt hatte? Er war Zeuge des Sterbens von Stephanus gewesen. Er hatte die Kleider der Mörder bewacht und das Sterben dieses Mannes gesehen. Wenn das nicht ein Stachel gewesen ist!

Vor Damaskus ist dann das Licht gekommen, und er hörte diese Stimme. Da kam beides zusammen: dieses Licht vom Gesicht eines Mannes, so wie er noch keines Menschen Gesicht hat leuchten sehen, und dieses Licht vom Himmel. Da wusste er: „Das ist Jesus, das ist der Messias, den ich verfolgt habe, indem ich Menschen ins Gefängnis warf, Familien auseinander riss, und wegen dem ich von falscher Leidenschaft getrieben nach Damaskus gehen wollte, um dort auch noch Leute abzuführen." Es war eine Wolke von Herrlichkeit!

Wir leben heute in einer Zeit, in der uns Jesus das wieder ganz neu bewusst macht. Wir verdrängen Leiden ja gern nach dem Motto, „also wenn's dann sein müsste". Doch müssen wir uns ein für alle Mal zu einer ganzen Nachfolge entscheiden. Obwohl wir zurzeit in der Schweiz nicht physisch verfolgt werden, erleben wir doch eine andere Art von „Verfolgung", wenn wir den Mut haben aufzustehen und Dinge zu sagen, die mit dieser Gesellschaft überhaupt nicht konform gehen. Wenn du die Dinge einmal ganz klar formulierst, dann bist du schnell der Hinterletzte und kommst in den Sektenkatalog. Das ist auch eine Art von Leiden.

John Maynard

Denken wir an die Ballade von Theodor Fontane vom Steuermann *John Maynard*, welche die Älteren von uns noch in der Schule auswendig gelernt haben. Das Passagierschiff fängt Feuer, und John Maynard versucht, das Schiff noch ans Ufer zu bringen. Er steht auf seinem Posten, das Feuer schlägt schon hoch, und der Rauch hüllt die Kabine ein. Die Passagiere rufen: „John, lebst du noch, halt durch, wie lange noch bis Buffalo?" „Noch zehn Minuten bis Buffalo!" Und John Maynard steht da und schafft es, diesen brennenden Kahn einfach in die Riffe reinzujagen, wo er auseinander bricht. Alle sind gerettet – nur einer fehlt: John Maynard.

Das ist die Normalität. Jesus hat uns gerufen, die Verlorenen zu retten; und die Verlorenen zu retten, das bedeutet immer auch, Verantwortung zu übernehmen. Paulus hat für die ganze Schiffsbesatzung die Verantwortung übernommen und hat gekämpft, dass alle gerettet werden. Er hat das auf eine wunderbare Art und Weise getan. Und so gibt Gott auch jedem von uns ein Stück Verantwortung für den Ort, wo wir leben; für die Firma, wo wir arbeiten; für die Schule, an der wir beschäftigt sind – wie bei John Maynard.

Kühnheit und Mut

Aber dazu müssen wir einfach wissen: „In mir ist ewiges Leben." Wenn du das einmal weisst, wird in dir eine Kühnheit und ein Mut aufwachsen, wo das Leiden völlig abfällt. Dann siehst du nur noch Jesus, und dann siehst du den Willen Gottes, und dann gehst du voran.

Dann geschehen die merkwürdigsten Dinge. Denken wir an *Jeanne d'Arc*, dieses Hirtenmädchen, das auf einem Pferd die französische Armee angeführt hat und in der Schlacht zuvorderst war. Vor ihr ist alles zurückgewichen, weil in ihr eine Entschlossenheit war, den Willen Gottes auszuführen. Wenn wir in diese Würde der Jüngerschaft hineinkommen, wo das Leiden nicht mehr etwas ist, das wir vor uns herschieben oder verdrängen, sondern eine selbstverständliche Realität unseres Lebens ist und wir zu Gott sagen: „Danke, Gott, dass du mit der Wolke der Herrlichkeit auf eine andere Weise gekommen bist" – wenn wir das einmal verstanden haben, werden wir eine Autorität bekommen, über die wir selbst nur noch staunen können.

Im *Nazideutschland* während des Zweiten Weltkrieges sind auch oft erstaunliche Dinge geschehen. Ich weiss von einem, der wurde gesucht; und er war gerade unterwegs mit einer wichtigen Nachricht für eine Untergrundorganisation ähnlich wie die „Weisse Rose". Da standen plötzlich gegenüber der Strasse einige von der Gestapo. Und der Mann ist aufrechten Hauptes in grosser Sicherheit auf diese Gestapo zugegangen, hat sie gegrüsst und ist im Haus verschwunden – und keiner von ihnen hat gewagt, ihn anzusprechen.

So war es auch bei Jesus. In Nazareth wollten sie ihn vom Felsen hinunterstürzen, aber er *„schritt mitten durch sie hindurch" (Luk. 4,30).* Auch wir werden solche Dinge erleben. Das hat etwas mit einer inneren Stabilität zu tun, wo wir sagen: „Herr, du darfst machen, was du willst. Hier bin ich, dein Jünger, gebrauche mich, so wie du willst." Ich glaube, dieses Siegel ist gebrochen, und wir sehen wieder, was für einen unendlichen Wert solche Zeugenschaft von Menschen im Reich Gottes hat.

Die Saat der Märtyrer

Erinnern wir uns an den Film *„Transformation"?* Natürlich ist aus diesem Drogenkartell und der völlig kriminalisierten Stadt Kali in Kolumbien noch nicht das Paradies geworden. Aber Gewaltiges ist geschehen; und was war die entscheidende Wende? Da wurde ein Gemeindeleiter erschossen; und dieser Tod brachte etwas in Gang, das vorher nicht möglich gewesen war: Die Gemeindeleiter der verschiedenen Denominationen und Kirchen sind zusammengekommen und haben über diesem Grab eine neue Einheit gefunden; eine Einheit, die dann die Türen für einen Durchbruch in der Stadt öffnete.

Und so ist es oft gewesen. Wie viele *Missionare,* Hunderttausende von Frauen und Männern, sind nach Afrika, nach Peru, nach Grönland und überallhin gegangen, und wie viele von ihnen haben dort ihr Leben für ihren Herrn gelassen! Aus dieser Zeugenschaft für das Evangelium kommen die Grundsteine für die Erneuerung einer Nation, auch wenn wieder Stürme toben und Kriege geführt werden. Diese Zeugenschaft geht weiter, weil sie immer noch zu Gott schreit: *„Wie lange noch?"* Und dann gibt Gott selber diesen Zeugen die weissen Gewänder. Es heisst in Offenbarung 3,4: *„Sie werden mit mir in weissen Kleidern einhergehen."* Was für eine Würde, die Gott diesen Menschen gibt, welche um des Evangeliums, um des Namens Jesu willen gelitten haben! Und dann heisst es in unserem Offenbarungs-Wort: *„Habt noch Geduld, es ist nur noch kurze Zeit, bis* *eure Mitknechte und Mitbrüder auch ihren Teil am Leiden gebracht haben und auch zur Vollendung gekommen sind." (nach Off. 6,11)*

Zu den schönsten Dingen gehört für mich, wie *Johannes* sich selbst am Anfang der Offenbarung vorstellt: *„Ich, Johannes, euer Bruder und Mitgenosse in der Trübsal und der Königsherrschaft und dem Ausharren bei Jesus." (Off. 1,9) So* beschreibt man Jüngerschaft: Zuerst bin ich Bruder oder Schwester, dann bin ich Mitgenosse in einer „verschworenen Bande" – Genosse in der *Trübsal* und der *Königsherrschaft*. Trübsal und Königsherrschaft gehören immer zusammen, unabdingbar. Trübsal, Königsherrschaft und das *Ausharren bei Jesus.*

Eine Zeit der Ermutigung

Wir glauben, dass jetzt noch einmal die Zeit ist, wo Gott uns ermutigen will. Wenn wir reif werden wollen, mündige Söhne und Töchter Gottes, die sagen: „Vater, da bin ich; ich bin wirklich Sohn, wirklich Tochter. Ich bin auch bereit, für dich Wege zu gehen, die ich mir nicht wählen würde", dann brauchen wir eine starke Ermutigung. Nicht umsonst hat Gott den Petrus noch einmal nach der Verleugnung an Ostern mit diesem riesigen Fischnetz und den grössten Fischen, die er überhaupt je gesehen hat, und dem neuen Wort der Berufung so gewaltig ermutigt. Das war eine Ermutigung für den Weg, den Petrus jetzt zu gehen hatte; und nach der Überlieferung soll er ja dann mit dem Kopf nach unten in Rom gekreuzigt worden sein, weil er gesagt hat: „Ich bin nicht würdig, so gekreuzigt zu werden wie Jesus, dreht mich um." Aber vorher kam diese Ermutigung!

„Dieses Herz wird jetzt geheilt"

Neulich kam ein Bauernehepaar auf mich zu, und er erzählte mir: „Vor drei Jahren hat meine Tochter zu mir gesagt: ‚Geh in die Reithalle.'" Es war eine kalte Nacht, und trotzdem ist dieser Bauer in den Reithalle-Gottesdienst gefahren. Damals war gerade *Erich Reber* der Gastredner; und er gab einen Eindruck von Gott weiter: „Hier ist jemand mit einem Herzen, das nicht mehr gut ist, und dieses Herz wird jetzt geheilt." Dieser Bauer hatte akute Herzbeschwerden. Immer wenn er am Morgen im Stall gewesen war und gemolken hatte, musste er nachher ins Bett, weil das Herz durch diese Anstrengung überfordert war. Da hat die Frau im Gottesdienst zu ihm gesagt: „Das bist doch du!", und er hat geantwortet: „Ja, aber da sind ja noch viele andere, die sicher auch Herzbeschwerden haben." Jedenfalls ging er am Morgen nach diesem Gottesdienst in den Stall; und als er fertig gemolken hatte, da war er frisch wie eh und je und hätte Stricke zerreissen können. Er war geheilt! Was für eine Ermutigung!

Und wenn ich einen solchen Gott habe, von dem ich weiss: „Er kennt mich durch und durch", dann bin ich auch bereit, für diesen Gott einmal Schläge einzustecken.

Ich habe den Eindruck, dass jetzt noch einmal eine Zeit der Ermutigung kommt, wo wir immer wieder zu diesem Gott gehen können, damit er uns ermutigt, damit Krankheiten geheilt werden und Ängste verschwinden. Ich kenne meinen Gott. Er ist ein Vater, wirklich ein Vater.

Gebet

Heiliger Geist, wir danken dir, dass du Jesus verherrlichst. Du hast ihn verherrlicht damals am Kreuz und hast aus dem, was die grösste Niederlage war, den grössten Sieg gemacht. Du hast eine Zeitenwende gebracht, eine Menschheitswende, eine Geschichtswende, indem du ermöglicht hast, dass der „neue Mensch" geschaffen werden konnte, der nicht mehr aus seiner Kraft und aus seiner Güte und aus seinem Rechtsein lebt, sondern der aus der Kraft seines Gottes lebt und demütig und sanftmütig ist.

Heiliger Geist, ich bitte dich, komm! Du siehst unsere Herzen, und wir brauchen dich so dringend, weil vieles in uns immer noch zittert, Angst hat, und wir noch nicht in Freiheit unseren Kopf aufheben können, wie es in der Schrift heisst: „Wenn solche Dinge geschehen, dann erhebt eure Häupter." (nach Luk. 21,28) Wir müssen bekennen, wir ziehen im Gegenteil den Kopf immer noch ein, weil wir den Eindruck haben, das schaffen wir nicht.

Aber du, Heiliger Geist, wirst vor unseren Augen Jesus verherrlichen – und auch für unser Herz und alles, was noch zittert, und für unsere Seelen, die noch schreien: „Wie lange noch? Wie lange noch?" Dann werden wir in eine Ruhe und in eine Sicherheit kommen, weil wir wissen: „Ich habe einen Vater!" Dann müssen wir auch nicht mehr von Leiden sprechen. Dann ist das einfach so selbstverständlich wie alles andere auch. Ob gute Tage, ob böse Tage; ob Leiden, ob Freuden – es ist alles das eine, weil du in beidem deine Herrlichkeit offenbarst. Amen

Kapitel 4

Die weissen Kleider

Die Versiegelten aus Israel und die grosse Schar aus den Völkern
Offenbarung 7

Darnach sah ich vier Engel an den vier Ecken der Erde stehen und die vier Winde der Erde festhalten, damit kein Wind wehe über die Erde noch über das Meer, noch über irgendeinen Baum. Und ich sah einen andern Engel vom Aufgang der Sonne heraufsteigen, der das Siegel des lebendigen Gottes hatte; und er rief mit lauter Stimme den vier Engeln zu, denen Macht gegeben war, der Erde und dem Meer Schaden zuzufügen, und sprach: Füget der Erde keinen Schaden zu noch dem Meer, noch den Bäumen, bis wir die Knechte unsres Gottes an ihren Stirnen mit dem Siegel bezeichnet haben!

Und ich hörte die Zahl der mit dem Siegel Bezeichneten: 144 000 Bezeichnete aus allen Stämmen der Söhne Israels: aus dem Stamm Juda zwölftausend Bezeichnete, aus dem Stamm Ruben zwölftausend, aus dem Stamm Gad zwölftausend, aus dem Stamm Asser zwölftausend, aus dem Stamm Naphthali zwölftausend, aus dem Stamm Manasse zwölftausend, aus dem Stamm Simeon zwölftausend, aus dem Stamm Levi zwölftausend, aus dem Stamm Issa-

schar zwölftausend, aus dem Stamm Sebulon zwölftausend, aus dem Stamm Joseph zwölftausend, aus dem Stamm Benjamin zwölftausend Bezeichnete. (Off. 7,1-8)

Das Ende der Dauerberieselung

Dieses Zwischenstück beginnt mit einer Stille. Die Winde werden an den vier Enden der Erde festgehalten, und es ist absolute Windstille. Wer das schon erlebt hat, in der Wüste oder irgendwo, der weiss, wovon ich spreche – nichts, aber auch gar nichts bewegt sich mehr, kein Blatt, kein Halm, nichts mehr. Absolute Stille.

In Offenbarung 8,1, wo das siebte Siegel eröffnet wird, ist auch von einer Stille im Himmel die Rede, etwa eine halbe Stunde lang. In diesem Himmel, der voller Feuer ist, voller Leben, voller Donner, Blitzen und lauter Stimmen, vor allem voll dieses Rufens *„Heilig, Heilig, Heilig"*, Tag und Nacht – in diesem Himmel tritt eine gewaltige Stille ein. Man kann sich überhaupt nicht vorstellen, was das bedeutet! Es heisst: *eine halbe Stunde.* Ich weiss nicht, was diese halbe Stunde symbolisch bedeutet. Ich kann mir nicht denken, dass das dreissig Minuten sind.

Auf Erden und im Himmel gibt es solche Zeiten der Stille. Und vielleicht gehört zu allem Lärm, Keifen und Medienrummel dazu, was damals in den Vereinigten Staaten bei der Wahl des Präsidenten geschah. Es bewegte sich einfach nichts mehr. Die grösste Macht der Erde, die alle Krisen bewältigt hat, stand „Gewehr bei Fuss", und man wartete wochenlang auf das Wahlergebnis. Das ist auch so eine Stille.

Aber ich glaube, wir werden das noch erleben, was es heisst, wenn wirklich einmal eine Stille ist: nicht nur bei Stromausfall oder wenn das Wasser mal abgestellt wird, sondern wenn dieser ganze Lärm, dieses ganze Gebrülle im Radio – Stunden und Stunden – einfach einmal zu Ende ist; wenn es auch keine Ablenkung mehr gibt und sogar in unseren Gottesdiensten vielleicht mal Stille herrscht. Wir sind davon ja nicht ausgenommen, denn wir machen auch entsetzlich viel Lärm, so dass Gott schon gesagt hat: *„Hinweg von mir mit dem Lärm deiner Lieder!" (Amos 5,23)*

Als Freunde von uns vor Jahren einmal eine Evangelisation mit einem bekannten, jahrzehntelang bewährten Evangelisten hatten, geschah es eines Abends, dass er nicht mehr sprechen konnte. Er hatte total die Stimme verloren. Hallelujah. Ende mit den Programmen, in denen wir uns so sicher fühlen. Da kommen wir zusammen, erwarten einen schönen Lobpreis, eine vernünftige und erbauliche Predigt, und dann muss es ja auch noch ein paar Bücheransagen geben und eine Zeit, wo wir einander dienen – und plötzlich kann es einfach mal ganz still sein.

Auf den Heiligen Geist warten

Mein jüngerer Sohn hat mir erzählt, wie er einmal ganz kurzfristig aufgefordert worden war zu predigen. Er hatte überhaupt keine Zeit, sich vorzubereiten. Dann kannst du nicht mehr gross Programme machen. Dann kann man allenfalls noch auf den Heiligen Geist warten, wenn man nicht einfach irgendeine alte Konserve öffnen will, um die Zeit zu füllen. Und was hat er gemacht? Er ist auf der Bühne niedergekniet und hat einfach den Heiligen Geist gebeten: „Komm du jetzt, zeig', was wir tun sollen. Wirke du!"

So eine plötzliche Stille ist für programmgewohnte Christen immer etwas Ungewöhnliches. Wir erleben das auch ab und zu an Konferenzen, wenn die Lobpreis-Band nicht mehr weiterspielen kann und mit dem Gesicht zur Erde auf der Bühne liegt. Oder einmal sagten wir an einer Seelsorgewoche für Pastoren auf dem Sternenberg: „Fertig jetzt mit Inputs und all dem, was da von vorne kommt. Jetzt sitzen wir einfach eine Stunde in diesem Saal – keiner verlässt den Raum – und warten eine Stunde, ob Gott etwas sagt." Und eines ist mir gewiss: Für manche war diese Stunde weitaus aufbauender für die Ewigkeit als das beste

Referat, das man nachher auf Kassette noch hätte mit nach Hause nehmen können.

Ja, Gott wird uns das noch einmal zumuten, diesem „Entertainergeschlecht“, das alles ausfüllen muss. Ich staune immer wieder, was die Ansager im Radio für Kunststücke fertig bringen: Bis auf den Bruchteil einer Sekunde lassen sie ein Stück spielen, und dann kommen die Nachrichten. Oder denken wir nur an das jederzeit griffbereite Handy. Es ist so schwierig für uns, Stille auszuhalten. Und diese Stille wird kommen!

Die Juden zuerst

Und was geschieht nun im Himmel in dieser Windstille? *Die Juden werden versiegelt.* So wie es Paulus klar im Römerbrief (1,16) sagt: *die Juden zuerst.*

Für mich ist dies eine gewaltige Ermutigung und Hoffnung. In einer Zeit, in der ein *Arafat* sagt (wenn er auf Arabisch spricht): „Wir werden keinen Millimeter dieser Stadt Jerusalem den Juden überlassen. Das ist unsere Stadt!“; in einer Zeit, in der Millionen und Millionen von Moslems die Juden umgeben und in welcher die Juden selbst ihre Regierungskrisen haben und nicht mehr wissen, wo ihnen der Kopf steht – da wissen wir: Gott sendet diesen Engel aus mit dem Siegel des Allmächtigen. Mit diesem Siegel des lebendigen, höchsten Gottes, nicht einfach mit der Unterstützung der Christen oder irgendwelcher Lobbies, werden die 144 000 aus allen Stämmen Israels versiegelt.

Dazu gibt es viele Auslegungen. Mir genügt zu wissen – und das ist für mich die Botschaft, das ist für mich die lebendige Hoffnung –, dass Gott diese Juden, egal was passiert, nicht einfach dem überlässt, was die Regierungszentren der Welt und schliesslich die Waffen entscheiden werden, sondern dass dieser Gott sein erstgeborenes Volk versiegelt!

Das Auge im Sturm

Reuven Doron, einer unserer messianischen Freunde, hat immer wieder vom „Auge im Sturm“ gesprochen. Diese zerstörerischen Hurrikane, die Tausende von Opfern fordern und Küstengebiete überschwemmen und Häuser zum Einsturz bringen, haben in ihrer innersten Mitte dieses so genannte „Auge“, in dem absolute Ruhe, absolute Stille ist. Das kann man sich gar nicht vorstellen. Aber das „Auge im Sturm“ ist in Israel, in Jerusalem, da, wo Jesus einmal tausend Jahre regieren wird. Ist das nicht wundervoll? Die messianischen Juden wissen, dass sie von Gott versiegelt sind. Und dass keiner seine Gesalbten antasten kann, ohne dass er nicht Gott antastet, diesen Gott Israels.

Persönlich glaube ich nicht, dass mit diesen 144 000 Bezeichneten auch die Nichtjuden, d. h. wir aus den Nationen, gemeint sind. Ich glaube wirklich, es geht zuerst um die Versiegelung der Juden. Dies ist von grossem Gewicht, zumal der Antisemitismus wieder ganz stark aufsteht. Wir werden das noch sehen. Das kommt noch einmal „dicke“. Dabei kommt der Antisemitismus immer mehr auch in der Gestalt des Antizionismus daher, in dieser humanistischen Form des Antizionismus, wo man sagt: „Juden ja, aber Zion nein! Juden ja, und zwar als die säkularen Juden in den Nationen, aber nicht mit ihrem so genannten eigenen Land!“ Dieses Tier aus dem Abgrund wird sein Haupt noch einmal gewaltig gegen die Juden erheben und – davon können wir ganz sicher ausgehen – auch gegen uns Christen aus den Nationen.

Die grosse Schar

> *Darnach schaute ich auf, und siehe da, eine grosse Menge, die niemand zählen konnte aus allen Nationen, allen Stämmen, allen Völkern und Sprachen, die vor dem Thron und vor dem Lamm stand, angetan mit weissen Kleidern, und Palmen in den Hän-*

den. Und sie riefen mit lauter Stimme: „Heil unsrem Gott, der auf dem Throne sitzt, und dem Lamm!“ (Off. 7,9-10)

Es gab einmal das „Heil Hitler“; und darum haben wir so grosse Mühe mit dem „Heil“. Meine Frau Lilo hat ein Lied geschrieben, das mit diesem „Heil“ beginnt; und wir mussten das Lied aus dem Verkehr ziehen. Freunde, wir müssen den Mut bekommen, diese Begriffe wieder zurückzuholen. Ich will meinem Jesus sagen: „Heil Jesus!“ Wenn Millionen geschrien haben: „Heil Hitler“, dann will ich auch schreien: „Heil Jesus!“ Das ist nicht ein Wort, das der Satan für sich gepachtet hat, sondern wir werden dieses Wort im Blut des Lammes reinigen, und wir werden es wieder auf den Leuchter heben! Es heisst hier:

Und sie riefen mit lauter Stimme: „Heil unsrem Gott, der auf dem Throne sitzt, und dem Lamm!“ Und alle Engel standen rings um den Thron und um die Ältesten und um die vier Wesen, und sie warfen sich vor dem Thron auf ihr Angesicht nieder, beteten Gott an und sprachen: „Amen! Das Lob, der Ruhm, die Weisheit, die Danksagung, die Ehre, die Macht, die Stärke gebührt unsrem Gott in alle Ewigkeit.“ Amen. (Off. 7,10-12)

Und weiter heisst es von der grossen Schar:

Und einer von den Ältesten begann und sagte zur mir: Diese, die mit den weissen Kleidern angetan sind, wer sind sie, woher sind sie gekommen? Und ich sagte zu ihm: Mein Herr, du weisst es. Da sagte er zu mir: Das sind die, welche aus der grossen Trübsal kommen und ihre Kleider gewaschen und sie weiss gemacht haben im Blute des Lammes. Deshalb sind sie vor dem Throne Gottes und dienen ihm Tag und Nacht in seinem Tempel, und der auf dem

Throne sitzt, wird über ihnen wohnen. Sie werden nicht mehr hungern und werden nicht mehr dürsten, und die Sonne wird sie nicht treffen noch irgendeine Glut. Denn das Lamm, das mitten vor dem Throne steht, wird sie weiden und sie zu Wasserquellen des ewigen Lebens leiten; und Gott wird alle Tränen abwischen von ihren Augen. (Off. 7,13-17)

Viele sind ja verwirrt worden durch diese Zahl 144 000; und es kamen religiöse Ängste auf: „Gehör ich dann auch noch dazu?" Und deshalb ist jetzt die Rede von dieser „unzählbaren Menge"; da gibt's keine Zahlen mehr, und auch unsere Zahlenbegriffe reichen da nicht mehr aus.

Die weissen Kleider

Aus allen Nationen, allen Stämmen, allen Völkern, allen Sprachen sind sie vor dem Thron und vor dem Lamm; und alle sind sie angetan mit weissen Kleidern. Wir wissen, dass diese weissen Kleider aufgespart sind für die Zeit, wo wir unseren Gott sehen werden. Das ist kein normales Weiss, kein „Persilweiss", wo Sünden abgewaschen sind, sondern das ist ein völlig anderes Weiss. Es ist das Weiss der Herrlichkeit, das in einem Glanz erstrahlt, der unsere menschlichen Augen blenden würde.

Wie Astronauten besondere Anzüge brauchen, um überhaupt in die Sphäre des Weltalls zu kommen, brauchen wir weisse Kleider, um in dieser Sphäre der Herrlichkeit sein zu können; d.h. die weissen Kleider, die gibt Gott. Diese Menschen haben Palmen in den Händen – d. h. sie sind alle Sieger, denn Palmen sind Zeichen des Sieges –, und sie beten diesen lebendigen Gott an und das Lamm und geben ihm alle Ehre. Dann fragt einer der Ältesten den Seher Johannes: *„Diese, die mit den weissen Kleidern angetan sind, wer sind sie und woher sind sie gekommen?"* Und Johannes kennt seinen Gott zu gut, und er kennt auch sein eigenes Herz zu gut und sagt einfach: *„Mein Herr, du weisst es."*

Wenn wir diese Wirklichkeit des Leibes Jesu sehen – ich rede jetzt nicht von Afrika oder China oder Argentinien oder Brasilien, sondern ich spreche von unserem alten Europa –, dann sehen wir plötzlich eine unzählbare Schar – alle mit weissen Kleidern, alle als Sieger, alle anbetend, alle in dieser Herrlichkeit, ohne Flecken, Runzeln, ohne irgendetwas. Da ist die Frage berechtigt: „Wer sind die da in den weissen Kleidern? Sind das wirklich die von der Chrischona, von Campus für Christus, von den Pfingstlern, von den Methodisten, von den Landeskirchen, von den neuen Gemeinden – wer sind diese?" Es ist die Braut des Lammes – eine unzählbare Schar, die zu dieser Braut dazugehört. Und sie haben alle diesen Siegeszweig, diese Palme und dieses weisse Kleid und beten ihren Gott an. Und dann sagt der Älteste: *„Das sind die, welche aus der grossen Trübsal kommen und ihre Kleider gewaschen und sie weiss gemacht haben im Blut des Lammes."*

Durch Trübsal

Es ist immer wieder ein Streitpunkt: Werden die Christen vor der „grossen Trübsal", die über diese Welt kommt, entrückt? Oder gehen wir alle auch durch ein Stück Trübsal hindurch? Ich möchte diese Frage hier nicht zu beantworten suchen; ich weiss nur eines: *„Wir müssen"*, so haben die Apostel gesagt, *„durch viel Trübsal in das Reich Gottes eingehen!" (nach Apg. 14,22)* Es ist ein *„dei"* im Griechischen, ein göttliches Müssen. Und alles dient dazu, dass wir als Christen bereit sind, unser Leben für Jesus Christus hinzugeben.

Es heisst: *„Und sie haben ihn* (den Ankläger) *überwunden um des Blutes des Lammes und um des Wortes ihres Zeugnisses willen und haben ihr Leben nicht liebgehabt [, sondern haben es hingegeben] bis zum Tode." (Off. 12,11)* Das gehört also zur Jüngerschaft mit dazu. Es gibt dann auch die Zwischenzeiten – wir können Gott jetzt noch danken für den Frieden in diesem Land, für die Freiheit, dass es uns gut geht, dass wir noch jodeln können usw. Aber keiner von uns kommt ohne Trübsal in das Reich Gottes. Nicht weil wir das Leiden lieben, sondern weil wir Zeugen Jesu Christi sind und gegen eine Macht stehen, die sich mit allen Mitteln wehren wird, dass dieses Zeugnis von der Herrlichkeit Gottes durchkommt.

Wo sind wir hingekommen?

Wir sind jetzt so weit, dass man überlegt, an den Schulen einen Unterricht einzuführen, der für alle Religionen obligatorisch ist. Dabei sollen die Grundlagen der anderen Religionen ebenso wie die Grundlage der so genannten „christlichen Religion" – die ja überhaupt keine Religion ist! – so vermittelt werden, dass niemand Anstoss daran nehmen kann. Wo sind wir hingekommen, Freunde? Und wir als Kirche machen diesen Zauber mit! Wo sind wir hingekommen in diesem Kanton Zürich? In diesem Kanton, in welchem während der Reformation das Wort Gottes wieder auf den Leuchter gestellt wurde, und wo aus der Buchdruckerei Froschauer Tausende von Bibelausgaben in die Welt hinausgegangen sind? Wo sind wir hingekommen in diesem Kanton, in welchem ein Zwingli auf der Kanzel stand und dieses ganze, unverfälschte Evangelium gepredigt hat? In einer Kirche von Zeugen Gottes wie einem Lavater, der einen unerschütterlichen, gewaltigen Glauben hatte und zu dem sogar Goethe kam, ihn zu sehen.

Wo sind wir hingekommen, wir Leisetreter? All das kann der Staat nur machen, weil wir Christen auf den Mund gefallen sind und Angst um unsere Brötchen haben.

Christus ist in die Synagogen gegangen und hat die Dämonen ausgetrieben. Die Jünger sind in den Tempel gekommen und haben dort das ganze Zeremoniell gestört. Ich predige das nicht anderen. Ich klage niemanden an. Ich predige mir das selber. Ich habe lange genug geschwiegen. Aber wo ist das Volk Gottes?

Alt-Bundesrat Ogi ist einmal aufgestanden und hat gesagt: „Ich bete jeden Tag." Aber wo sind die Christen?

Eine befreundete Frau hat mir von ihrer Tochter erzählt, die eine berufliche Karriere verpatzt hat, weil sie beim Vorstellungsgespräch bekannte: „Ich habe die Bibel als Grundlage für meine Wertevorstellung." Aber das müssen wir sagen! Wir können nicht den Kopf einziehen und so tun, als wären wir die Angepassten. Unsere Grundlage ist die Bibel! Und wenn's uns wirklich die Stelle kostet, dann Gott sei Dank! Dann werden wir eben bei der Müllabfuhr unterkommen und hinten auf dem Trittbrett Lobpreis machen. Und wenn die Müllabfuhr an den Häusern vorbeifährt, werden sich die Leute auf die Balkone stellen und an die Fenster, um den Lobpreis zu hören.

Schluss mit dem Schweigen

Freunde, es muss Schluss sein mit diesem Schweigen. Wir müssen unser Leben hingeben. Jesus hat uns nicht versprochen, dass wir ein bequemes Leben haben, zuletzt einfach den Kopf aus der Schlinge ziehen und vor der grossen Trübsal noch schnell in den Himmel befördert werden, damit die armen Kerle hier unten dann die Trübsal durchmachen. So geht's nicht! Wir kommen nicht weg, ohne dass wir gewaschen werden und unser „Pelz" nass wird. Wir werden einschlägige Erfahrungen machen. Wir sind immer noch so dumm zu glauben, wir könnten als Christen irgendwo den Trick B finden, um bei den Medien angepasst zu sein. Gibt es nicht! Es geht nur über die Liebe, und es geht über unser Bekenntnis.

Es wird uns nichts helfen. So oder so wird einmal das Christentum durch Trübsal hindurchgehen. Und es fängt jetzt an. Es nützt nichts, die Schultern einzuziehen und zu sagen: „Danke, Jesus, dass wir noch so viel Frieden in unserem Land haben. Und dabei ist gar kein Friede! Menschen gehen verloren. Eine Jugend wird fehlgeleitet! Eltern müssen auf die Barrikaden gehen, weil man selbstverständlich schon mit Schülern esoterische Meditationen macht. Alles ist erlaubt, aber erzähl ja nichts von Jesus! Da sind wir wieder in der apostolischen Zeit! Die Apostel hätten über alles predigen dürfen, nur nicht über Jesus! Denn Jesus ist das Gefährlichste in dieser Welt. Er ist der König der Könige. Und wenn Menschen einmal diesen Jesus in ihrem Herzen tragen, dann sind sie nicht mehr zu vereinnahmen, dann sind sie kein Stimmvolk mehr, dann sind sie kein Konsumentenvolk mehr, dann kann man sie nicht mehr einfach für seine Zwecke vor den Karren spannen. Dann gehören sie dem höchsten und allmächtigen Gott, weil sie versiegelt sind mit dem Heiligen Geist.

Wir müssen aufstehen

Das beginnt auch heute in der Schweiz. Wir sind damals aufgestanden, als es um die Legalisierung von Abtreibung ging. Und wir müssen heute wieder aufstehen, wenn es um die Einsegnung von Schwulen und Lesben geht. Das hat nichts mit Härte, sondern das hat mit Werten zu tun. Ich habe einen grossen Respekt vor dem *Kanton Thurgau.* Das ist der einzige Kanton in der ganzen Schweiz, der dem Bundesrat ausrichten liess: „Wir sehen keinen Handlungsbedarf, dass der Bund irgendetwas unternimmt, um solche Verbindungen in irgendeiner Art zu legalisieren. Wir betrachten das als eine Unterhöhlung der Werte der Familie." Wir segnen den Kanton Thurgau!

Erinnern wir uns noch an diese ganze Aktion von *Campus für Christus* mit diesem kleinen Büchlein über die „vier geistlichen Prinzipien"? Das hat im Thurgau starke Wellen geworfen; und ich bin überzeugt, dass dort noch einmal die Erweckung ausbrechen wird. Gott wird das ansehen! Er wird sagen: „Die sind hingestanden!" Und wenn eine Regierung hinsteht, wie viel mehr wir Christen!

Warum sage ich das mit so viel Leidenschaft? Weil ich das meiner Seele sagen muss. Ich bin reformierter Pfarrer und ich habe fünfunddreissig Jahre in der Landeskirche gedient. Und immer wieder habe ich Wege gesucht, wie man das Evangelium so weitergeben kann, dass man möglichst wenig anstösst, dass möglichst wenig Landschaden entsteht. Sobald du Evangelium pur bringst, sobald es um Jesus geht und nicht mehr um einen Christus oder um dieses esoterische Zeug, da kriegst du Schwierigkeiten. Jeder wird Schwierigkeiten kriegen. Es gibt gnädige Zwischenzeiten, auch bei den Pfarrern. Aber ich habe noch keinen einzigen Pfarrer erlebt, der nicht irgendwann einmal in Konflikt gekommen wäre um des Namens Jesu willen!

Jesus hat verheissen, dass es in dieser Kirche noch einmal Erweckung und Aufbruch geben wird. Ich liebe meine Landeskirche, und ich habe eine Hoffnung für diese Landeskirche Unter dieser unzählbaren Schar werden auch einmal Millionen von Menschen stehen, die in diesen Grosskirchen – bei den Katholiken und bei den Orthodoxen, bei den Evangelischen, Lutheranern und wie sie alle heissen – für Jesus Christus ein Stück Trübsal erlitten haben. Sie werden dort auch mit dem Siegesgewand stehen. Und warum? Weil sie ihre Kleider gewaschen und hell gemacht haben im Blut des Lammes.

Die Kleider waschen im Blut des Lammes

Freunde, daran wird sich alles entscheiden, wie wir durch diese Trübsal hindurchgehen. Die Zeit ist vorbei, wo wir unsere Verletzungen mit uns herumtragen können. Gott wird das nicht mehr zulassen. Da wird etwas in deinem Herzen bitter werden. Wir haben einen Ort, wo wir unsere Kleider hell machen können. Aber wenn du nicht zu dieser Quelle des Blutes Jesu gehst, um dein Kleid wieder hell zu machen – weil es mit Schlamm bespritzt ist, mit Lügen, mit Verleumdung, mit Aussagen, die unter die Gürtellinie gehen –, wenn du nicht zu diesem Quell gehst, weil du meinst, deine Verletzungen seien zu stark, dann wird der Heilige Geist von deinem Leben weggehen. Gott bleibt treu. Er wird immer wieder um dein Leben ringen, aber du wirst nicht mehr ein Zeugnis geben können, das Frucht bringt.

Wir haben diese Quelle, und wir können zu dieser Quelle gehen und unsere Kleider waschen. Das braucht nicht Monate von Aufarbeitung. Jesus ist nach drei Tagen wiedergekommen, und seine Kleider waren gewaschen. Er ist mit einem hellen Kleid gekommen und hat gesagt: *„Friede sei mit euch!" (Joh. 20,19)* Und wenn Menschen uns verletzen um unseres Zeugnisses willen, dann werden wir sofort zu diesem Quell des Blutes Jesu gehen und unsere Kleider dort in diesem Blut reinigen, damit sie wieder hell werden.

In der Landeskirche mit „gesalbtem Gesicht"

Wir werden in der Landeskirche sein mit einem gesalbten Gesicht, und wir werden in der katholischen Kirche sein mit einem gesalbten Gesicht. Wir werden nicht diese Lastenträger sein, die dann dieses Leiden oder unsere Verletzungen um einer Kirche willen vor sich hertragen. Nein, nein, nein. Das verdient Gott nicht! Sondern dann schauen wir wieder zum Himmel, und wir sehen diese unzählbare Schar, und dann fragt Gott: „Du, wer sind die da?"

Das sind nicht irgendwelche Profis, die weit weg von Trübsal auf Wolke Sieben durch diese Erde gegangen sind; die's halt ein bisschen leichter hatten, in der richtigen Gemeinde waren, den richtigen Pastor und die richtigen Hauskreisleiter hatten und nicht verletzt worden sind. Nein, sondern das sind diejenigen, die aus der Trübsal kommen, aus der grossen Trübsal; die so verletzt worden sind, so missverstanden, so angeschossen, so durch den Dreck gezogen, deren Ruf einfach dahin war. Es ist übrigens gut, wenn unser Ruf dahin ist, dann wird Jesus desto mehr einen Ruf haben.

Wild entschlossen: keine Kompromisse mehr!

Ich bin wild entschlossen, und zwar im Heiligen Geist, nicht im Fleisch: Keine Kompromisse mehr! Keine Kompromisse mehr! Dieser Gott hat es nicht verdient, dass wir noch einen Kniefall machen vor irgendwelchen anderen, Ehrfurcht gebietenden Mächten oder Kräften.

Freunde, wir haben keine Wahl. Wir müssen dazu stehen, auch in Weisheit. *„Darum seid klug wie die Schlangen und ohne Falsch wie die Tauben!" (Mat. 10,16)* Wir müssen nicht Porzellan zerschlagen, um Helden zu sein. Wir müssen auch keine Elefanten im Porzellanladen sein, sondern wir wollen klug sein wie die Schlangen und sanft wie die Tauben.

Kapitel 5

Leben im Spagat

Das Verschlingen des Buches
Offenbarung 10

Johannes hat im Auftrag Jesu über das Buch der Offenbarung die Verheissung gestellt, dass diejenigen, die es lesen und hören, selig sein werden (Off. 1,3). Das heisst: Durch das Hören und Lesen dieser Botschaft der Offenbarung werden Freude, Trost, Auferbauung und Vision in unsere Herzen kommen. Und gleichzeitig hat Johannes am Schluss dieses Buches verfügt, dass jeder, der von den Worten dieses Buches etwas hinwegnimmt, seinen Anteil am himmlischen Leben verlieren wird (Kap. 22,19). Wir sehen also daraus, dass die Botschaft dieses letzten Buches der Bibel aussergewöhnlich wichtig ist; und ich glaube, sie wird noch wichtiger in dieser und in der kommenden Zeit.

> *Und ich sah einen andern starken Engel aus dem Himmel herabkommen, angetan mit einer Wolke, und der Regenbogen [war] auf seinem Haupt und sein Angesicht wie die Sonne und seine Füsse wie Feuersäulen. Und er hielt in seiner Hand ein geöffnetes Büchlein. Und er setzte seinen rechten Fuss auf das Meer, den linken aber auf das Land und rief mit lauter Stimme, wie ein Löwe brüllt.*
>
> *Und als er gerufen hatte, redeten die sieben Donner ihre Worte. Und als die sieben Donner geredet hatten, wollte ich schreiben. Da hörte ich eine Stim-*

me aus dem Himmel sagen: Versiegle, was die sieben Donner geredet haben, und schreibe es nicht auf! Und der Engel, den ich auf dem Meer und auf dem Land stehen sah, erhob seine rechte Hand zum Himmel und schwur bei dem, der in alle Ewigkeit lebt, der den Himmel geschaffen hat und was darin ist und die Erde und was darauf ist und das Meer und alles was darin ist: Es wird keine Zeit mehr sein, sondern in den Tagen der Stimme des siebenten Engels, wenn er posaunen wird, da ist das Geheimnis Gottes vollendet, wie er es seinen Knechten, den Propheten, verkündigt hat.

Und die Stimme, die ich aus dem Himmel gehört hatte, redete abermals mit mir und sagte: Geh hin, nimm das geöffnete Büchlein in der Hand des Engels, der auf dem Meer und auf dem Land steht! Da ging ich zu dem Engel und sagte zu ihm, er solle mir das Büchlein geben. Und er sagte zu mir: Nimm und verschlinge es, und es wird dir bitter machen im Bauche; aber in deinem Mund wird es süss sein wie Honig. Und ich nahm das Büchlein aus der Hand des Engels und verschlang es; und es war in meinem Munde süss wie Honig, und als ich es verschlungen hatte, wurde es mir bitter im Bauche. Und man sagte zu mir: Du sollst abermals weissagen über viele Völker und Nationen und Sprachen und Könige!" (Off. 10)

„Erhebt eure Häupter!"

Wir leben heute in einer aufregenden Zeit; und es stellt sich immer wieder die Frage, worauf wir fixiert sind. Worauf sind unsere Augen gerichtet? Jesus hat ganz klar gesagt: *„Erhebt eure Häupter, erhebt eure Herzen!" (nach Luk. 21,28)* Wer in dieser Zeit durchkommen will, muss wegschauen und stattdessen hinaufschauen. Wenn wir die kirchliche Landschaft hier in Europa ansehen, dann könnte man immer wieder resignieren, verbittert oder depressiv werden, sich zurückziehen oder in Anklage verfallen. Und wenn wir das Böse in der Welt anschauen – dass immer noch gefoltert wird, immer noch Menschen ausgebeutet werden, immer noch die Würde von Menschen mit Füssen getreten wird, auch hier in der Schweiz –, dann müssen wir auf Jesus Christus schauen, der vor dem Thron seines Vaters steht und für diese Welt bittet. Dabei wird er uns von Johannes dargestellt „wie ein Lamm, das geschlachtet ist". Und wie Johannes Jesus sah, werden auch wir Jesus sehen, wenn wir ihn suchen und in ihm bleiben. Wenn wir unsere Häupter erheben, bekommen wir eine Ahnung, wie gross Gott und sein Reich ist; und auf einmal werden wir dieses Leben und all das, was um uns herum geschieht, mit völlig anderen Augen ansehen.

Die Engel

Die Offenbarung ist ja ein Buch, in dem viel von Engeln berichtet wird. Da gibt es vielerlei Engel, und immer wieder treten andere Engel auf. Wir werden noch staunen, was im Himmel alles aufmarschiert. Da sind nicht nur die Putten mit diesem netten Flügelschlag; da kommen plötzlich so gewaltige Engel mit einem Regenbogen über dem Kopf und einem Gesicht, das leuchtet wie die Sonne! Es gibt Ausleger dieses Kapitels, die sagen: „Dieser Engel muss Jesus sein! Der ist ja so gewaltig. Der hat über seinem Kopf einen Regenbogen (wie in Off. Kap. 4 um den Thron Gottes ein Regenbogen ist); und sein Gesicht leuchtet wie die Sonne (wie das Gesicht Jesu in Off. Kap. 1)." Aber es ist nicht Jesus. Dieser Engel schwört bei dem, der Himmel und Erde geschaffen hat – es ist nur ein anderer Engel.

Und was macht dieser Engel? Er stellt einen Fuss auf das Meer, und den anderen Fuss stellt er auf das Festland. Das hätte ich gerne gesehen: einen Fuss auf dem Meer, wo es sicher gezischt haben wird, und einen Fuss auf dem Kontinent. Dann fängt er auch noch an zu brüllen wie ein Löwe – das Gebrüll eines Wesens, das einen Spagat macht zwischen Meer und Kontinenten!

Die sieben Donner

Als der Engel wie ein Löwe brüllt, kommen sieben Donnerrollen an, und jeder Donner hat eine Botschaft und spricht. Gewaltig! Es donnert und es wird gesprochen durch dieses ganze Universum hindurch. Danach streckt der Engel seine Schwurfinger zum Himmel und sagt: „Ich schwöre, es wird keine Zeit mehr geben; wenn der siebente Engel seine Posaunen blasen wird, wird das Geheimnis Gottes vollendet sein.“

Wie lange noch, Gott?

Wenn wir in den griechischen Text hineinschauen, dann steht dort: „chronos“. Das ist das Chronometer; die Uhr, die wir haben, welche gezählt wird nach Stunden, Minuten, Sekunden. Und jetzt schwört der Engel und sagt: „Es wird keine Zeit mehr geben“; d. h. diese Menschenzeit kommt zu einem Ende. Gottes Zeit wird anfangen.

Seit 2000 Jahren fragen Menschen immer: „Wie lange geht's denn noch, Gott, wie lange noch? Warum kommt Jesus nicht, warum gibt es noch so viel Leiden auf dieser Welt: Hungersnot, Erdbeben, Kriege, Folterung, Ungerechtigkeit, Uneinheit im Leib Jesu, Rassendiskriminierung. Wie lange noch, Gott?“ Wie viele Erklärungen haben gute Theologen schon abgegeben und zu ergründen versucht, warum das nicht geschehen ist. Und Menschen sind auf die Berge gegangen, haben alles verkauft und gesagt: „Jetzt kommt Jesus.“ Aber dann ist er nicht gekommen; und sie mussten wieder neue Erklärungen finden. Dann sind wieder andere gekommen und haben gesagt: „Aber jetzt kommt er!“ Und er ist wieder nicht gekommen. „Wie lange noch, oh Gott?“

Gottes Zeit kommt schnell

Dieser Engel hier schwört. Er hat dabei ein geöffnetes Büchlein in der Hand und sagt: „Da drin steht's geschrieben; und ich schwöre: Alles, was Gott je gesagt, wird erfüllt werden. Und es wird eine Zeit kommen, wo es rasend schnell geht und diese Menschenzeit aufhört."

Wir haben sicher alle schon einmal Tonbänder zurückgespult. Am Anfang, wenn das Tonband noch voll ist, geht es ziemlich langsam. Aber je mehr sich die Spule leert, desto schneller geht es; und am Schluss geht es rasend schnell. Und so ist es mit der Zeit. Der Engel schwört und sagt: „Irgendwann spult diese Menschenzeit ab; und dann wird es rasend schnell." Und ich glaube, jeder von uns empfindet das: Irgendetwas geht schneller. Ich weiss nicht, was es ist; aber ich empfinde, es geht schneller. Früher musste man so lange warten und arbeiten und leisten; und jetzt läuft die Spule unserer Zeit ab, und es wird schneller und schneller. Und wenn unsere Menschenzeit zu Ende kommt, dann werden die Ältesten und die Heerscharen niederfallen und sagen: *„Nun ist das Heil und der Ruhm und die Kraft unseres Gottes!" (nach Off. 19,1)*

Meer und Festland

Was dieser Engel tut, ist ein prophetisches Zeichen. Er stellt seinen Fuss auf das Meer und auf das Festland. Er kündet an: Wenn diese Zeit zu Ende sein wird, wird diese Erde wieder total unserem Gott gehören. Darum müssen wir hinaufschauen. Wenn wir in Jesus bleiben und ihn immer wieder suchen und wegschauen von dem, was uns niederdrücken will, dann wird etwas in uns wachsen.

„Die mit uns sind, sind mehr ...“

So war es schon im Alten Bund (2. Kön. 6,13-23). Als der Prophet *Elisa* zusammen mit seinem Diener in der kleinen Provinzstadt Dotan von den Syrern, die ihn gefangen nehmen wollen, eingeschlossen war, erwachen sie am Morgen und sehen die ganze Stadt von feindlichen Truppen eingekreist. Der Diener sagt zu Elisa: „Wehe, was sollen wir jetzt machen?“ Und was sagt der Prophet zu ihm? „Fürchte dich nicht, diejenigen, die mit uns sind, sind mehr als diejenigen, die mit der anderen Gruppe sind.“ Und er betet: „Herr, öffne ihm die Augen.“ Und dann sieht dieser Diener: Alles um Dotan herum ist voll feuriger himmlischer Rosse, voll feuriger himmlischer Wagen! Er sieht diese gewaltigen Heerscharen der Kampfengel, die bereit sind, in den Kampf zu ziehen. Gott schlägt dann die Feinde mit Blindheit; und Elisa selbst sagt zu ihnen: „Ich will euch zeigen, wo Elisa sich aufhält“, und führt sie unerkannt direkt nach Samarien, in die Hauptstadt Israels. Dort werden sie noch verpflegt und dann nach Hause geschickt.

Freunde, das ist gute Nachricht: „Diejenigen, die mit uns sind, sind mehr als diejenigen, die in dieser Welt noch Chaos und Zerstörung anrichten.“ Wenn wir das begreifen, wird sich etwas Entscheidendes in uns bewegen, und wir werden keine Bettler mehr sein.

Nimm das Buch!

Jetzt bekommt Johannes eine gewaltige Aufforderung: „Geh zu diesem Engel und sage ihm, er soll dir das Büchlein geben, das in seiner Hand ist.“ Stellen wir uns einmal vor, wie gross dieser Engel war, der einen Spagat über Meere und Kontinente machte. Und jetzt soll Johannes zu diesem Engel gehen und sagen: „Gib mir bitte das Büchlein!“ Das grösste Wunder ist, dass Johannes tatsächlich geht – ohne Widerrede. Dann ertönt es weit oben herunter: „Nimm es und iss es!“ Und Johannes isst dieses Büchlein, das Wort des lebendigen Gottes; und in seinem Bauch ist es so wie „Bauchgrimmen“, doch in seinem Mund ist es süss wie Honig.

Unsere Autorität

Das könnte auch jeder von uns sein. Wir müssen uns daran gewöhnen, was für eine Autorität wir haben. Wir sind geschaffen zum Ebenbild Gottes. Jesus selber wohnt in uns. Die Engel sind die dienstbaren Geister, die das Wort Gottes umsetzen; aber wir sind die Söhne und die Töchter Gottes, die Kinder Gottes! Und weil wir Söhne und Töchter sind, können wir sogar zu einem solchen Engel hingehen und sagen: „Gib mir das Büchlein!“ Und der Engel wird sagen: „Du kannst es haben – nimm es und iss es!“ Diese Autorität besitzen wir, wenn Jesus in uns wohnt.

Im Spagat leben

Dieser Engel mit seinem Spagat macht uns Mut. Einen Spagat zu machen bedeutet, dass wir die Beine spreizen müssen; und das ist nicht sehr angenehm. Viele müssen in einer solchen Position leben, z. B. in den Kirchen. Da ist einerseits diese brennende Liebe, diese Leidenschaft für Jesus und für das Reich Gottes; und da sind andererseits in den Kirchen und Institutionen oft diese „Bremser vom Dienst“, welche ständig sagen: „Nicht so schnell, und warum soviel Unruhe, wir möchten's gerne gemütlicher.“ Oder sie sagen: „Ja, ja, als ich noch jung war, da hab ich auch mal so gedacht! Aber wenn du älter wirst, dann wirst du auch etwas vernünftiger!“ Dann muss man in diesem Spagat leben. Viele müssen in den Ehen, in den Familien und im Geschäft in einem solchen Spagat leben. Oder auch in der Politik, wenn man mit Atheisten zusammenarbeitet, mit denen, die völlig gegen den Glauben sind. Wir tragen Jesus in uns und leben in diesem Spagat und sagen: „Jesus, in deinem Namen stelle ich mein Bein mitten hinein, in diese Welt und in diese Politik; und mit dem anderen Bein, da bin ich in deinem Reich."

Jesus „im Spagat"

Jesus hat diesen Spagat auch „gelebt". Er war Gottessohn, und er war Menschensohn. Er war der einzige Mensch, der sündlos gewesen ist, und er musste mit Menschen leben, die ihn verraten haben, die ihn nicht verstanden haben, die sein eigenes Werk immer wieder gehindert haben. Und ich glaube, dieses Leben im Spagat gehört einfach auch zur Aufgabe eines Menschen, der Jesus in sich trägt.

Eigentum Gottes

Dieser Engel lehrt uns noch etwas Wichtiges. Es heisst in der Bibel: *„Jeden Ort, darauf eure Fusssohle treten wird, gebe ich euch ..." (Jos. 1,3)* Hören wir das? Wenn wir draussen herumlaufen, dann laufen wir nicht einfach nur so. Ich persönlich laufe sehr gerne. Aber kürzlich hat mir ein Freund, der für meine Knie gebetet hat, damit sie wieder Kraft bekommen, Folgendes gesagt: „Ich bete nicht dafür, dass du einfach wieder laufen kannst, sondern du sollst so laufen, dass alles, worauf dein Fuss tritt, Eigentum Gottes wird."

Wenn Jesus in dir lebt, dann wird er seinen Fuss durch dich auf diesen Ort setzen. Das hat *Werner Woiwode,* der Leiter vom Abraham-Gebetsdienst, verstanden. Er ist – zusammen mit anderen – in einem Kreuzmarsch durch unsere Nation gelaufen, von Norden nach Süden, von Osten nach Westen. Das haben auch die vielen Christen verstanden, welche die Chinesische Mauer abgelaufen sind. Sie haben das Eigentumsrecht Gottes in diese furchtbare Mauer „hineingelaufen", bei deren Bau Hunderttausende und Millionen von Menschenleben umgekommen sind. Genau da hinein haben sie noch einmal Jesus und sein Leben gebracht.

Martin Luther King

Ich denke auch zurück an die Schwarzen während des Busstreiks, den *Martin Luther King* ausgerufen hatte. Weil sie in den Bussen aufstehen mussten, wenn die Weissen kamen, und ihnen ihre Plätze überlassen mussten, sind sie während vieler Monate zur Arbeit zu Fuss gegangen – oft stundenlang. Manche mussten morgens um ein Uhr oder zwei Uhr aufstehen und hatten Arbeitswege von bis zu fünf oder sechs Stunden. Und abends sind sie wieder – an den fahrenden Bussen vorbei – rechts und links die Strasse entlang nach Hause gelaufen. Aber sie haben Jesus Christus, die Freiheit und ihre eigene Menschenwürde, welche sie in Jesus haben, in die Strassen der Vereinigten Staaten „hineingelaufen".

Deshalb ist Paulus auch so viel gelaufen. Er hätte viel mehr mit dem Schiff fahren können. Aber er ist bewusst in der heutigen Türkei zu Fuss gegangen und hat nicht die Abkürzung auf dem Seeweg genommen. Darum ist auch Jesus so viel gelaufen. Er hat seine brennenden Füsse „hineingestellt" in dieses Land. Daher habe ich in diesem Zusammenhang auch grosses Vertrauen und Hoffnung: Das Land Israel gehört unserem Gott! Die Füsse Jesu sind auf dieses Land getreten.

Gebet

Jesus, wir sind oft so gehalten von unserer Froschperspektive, wie wir all das um uns beurteilen, weil dieser Chronos, diese menschliche Zeit, immer noch läuft und läuft und läuft und wir kein Ende sehen; und weil wir den Eindruck haben, es ändert sich, bei uns zumindest, nicht so viel. Wir ehren dich, Jesus, als diesen Herrn der Heerscharen, diesen Gott Zebaoth, diesen himmlischen König und den König der Juden und den König dieser Erde.

Jesus, als du gestorben bist, hat man nichts gesehen als deinen zerschundenen Leib, die Sonnenfinsternis, den Schmerz, das Weinen der Frauen, die Angst der Kinder in der Stadt Jerusalem, die geschrien haben. Und in der Zeit warst du im Totenreich, und der Tod musste dir die Schlüssel geben. Du bist hindurchgegangen durch alle Räume, wo die Mächte sind und die Dämonen, und hast sie entwaffnet und einen Triumph aus ihnen gemacht.

Wir bitten um erleuchtete Augen des Herzens, dass wir sehen, was auch in der unsichtbaren Welt heute geschieht; dass wir den Aufmarsch deiner Heere sehen, dass wir die Engel sehen; dass wir den Hauch deines Mundes spüren und dieses Flammenschwert, was aus deinem Munde herauskommt; dieses Wort, das Geist und Seele scheidet, diesen eisernen Stab, der Nationen weiden wird – dass wir das sehen können in unserem Geist und dass du dieses prophetische Wort freisetzen kannst unter den Frauen und unter den Männern. Wenn du, Jesus, vor unseren Augen stehst; wenn du dich eingräbst, wenn dein Wort, dieses offene Büchlein, in uns lebt, dann werden wir nicht mehr weggezogen werden von diesem Zweitrangigen und von dem, was wir glauben, es sei die wahre Realität; sondern dann offenbart sich uns deine Realität, dein Kommen, deine Macht, dein Reich, deine Herrlichkeit, deine Grösse.

Jesus, wenn schon Engel so gewaltig sind, wie wird es sein, wenn du kommen wirst, zu richten die Lebenden und die Toten, und deinen Thron aufrichten wirst in Jerusalem? Wir danken dir und freuen uns darauf, wenn deine Zeit anbricht, dein Kairos, deine Gotteszeit; wenn die Menschenzeit abläuft, die uns treibt oder in der wir uns auch langweilen.

Und wir wollen dir sagen, Jesus, verändere uns! Wir wollen dein Wort nicht einfach nur lesen, sondern wir wollen es essen. Wir wollen nicht einfach nur durch unseren Alltag hindurchgehen, sondern wir wollen bewusst unsere Füsse auf diese Erde stellen und damit erklären: Es kommt die Zeit, wo das Heil und die Kraft unserem Gott und seinem Gesalbten, Jesus Christus, gehören. Diese Erde, das ist das Eigentum des grössten Gottes. Und wir wollen auch von dir immer wieder neu diese Gemeinschaft der Leiden empfangen und ausharren, auch in diesem Spagat dort, wo du uns hingestellt hast; auch da, wo unsere Füsse brennen, aber sie werden sein wie „feurige Säulen“. Wir glauben, dass du dieser Gott bist, der Himmel und Erde geschaffen hat. Wir danken dir für alle Kirchen, Gemeinschaften, für alle Pastoren und Pastorinnen, für alle Verantwortlichen, Hauskreisleiter, Gebetsleiterinnen und -leiter, die wieder zu dir aufschauen und sagen: „Gott, mit dir werden wir über Mauern springen."

Vater, im Namen Jesu bitte ich, dass du uns die Herzensaugen öffnest, dass wir prophetische Träume haben, dass prophetische Bilder unser Leben heimsuchen; dass du mit deinem Licht dein Wort erleuchtest und dieses Wort nicht nur einfach auf unserem Nachttisch liegt oder auf unserem Schreibtisch, sondern dass es aufgeschlagen ist in unseren Gedanken, Gefühlen und Empfindungen. Öffne uns, Heiliger Geist, diese Herzensaugen, damit wir sehen, dass diejenigen, die mit uns sind, mehr sind als diejenigen, die Tod und Zerstörung bringen. Öffne uns die Augen, damit wir erkennen können, dass diese Erde, die jetzt noch geschüttelt und gerüttelt wird und die immer noch das Blut von Menschen trinkt, dein Eigentum ist und die Zeit in rasender Eile kommt, wo es heisst: „Nun ist das Heil, das endgültige Heil und die Kraft unserem Gott und seinem Gesalbten."

Wir sind deine Kinder, und manchmal fühlen wir uns noch wie die Blinden, die durch die Presse und durch das Fernsehen laufen und diese Realität sehen. Aber du öffnest deinen Kindern die Augen, und wir sagen: „Blinde sollen sehend werden, Taube sollen hören." Wir wollen auch diese Donner Gottes hören, das Löwengebrüll. Und wir wollen in dieser Kraft laufen und Ermutiger sein und Tröster für Menschen, für Gemeinden, für Kirchen.

Ich segne eure Füsse, dass sie glühend und feurig werden. Ich segne eure Gesichter, dass das Licht Gottes, der Glanz Gottes, auf eure Gesichter kommt. Ich bete, Gott, dass du die Gesichter von uns allen leuchtend machst, dass die Augen wieder Glanz bekommen, dass sie lebendig werden wie die Augen Rahels; feurig wie deine Augen, Jesus, und dass Feuer und Leben aus unseren Augen kommen und gleichzeitig diese innere Ruhe und dieser Friede, der ohne Grund und ohne Boden ist, weil er in dein Vaterherz hineinreicht.

Unser Engel hat geschworen bei dem, der Himmel und Erde geschaffen hat. Dieser Schwur ist auch über dieser Welt, über allem Chaos, über allem Elend, und Gott sagt: „Meine Zeit wird kommen!“ Und wir freuen uns, Gott, wenn dieser siebente Engel in seine Posaune stossen wird und wenn dann dieser Ruf durchbrechen wird: „Nun ist das Heil und die Kraft, jetzt endlich, jetzt ist das Heil und die Kraft für alle sichtbar – für alle Völker, für alle Nationen, für alle Zungen, für alle Rassen erfahrbar. Jetzt ist das Heil unserem Gott, jetzt ist diese Erde wieder sein Eigentum.“ Amen

KAPITEL 6

Keine Kompromisse mehr

Vom Messen des Tempels
Offenbarung 11,1+2

Und es wurde mir ein Rohr gleich einem Stab gegeben mit den Worten: Mache dich auf und miss den Tempel Gottes und den Altar und die, welche darin anbeten, und den äussern Vorhof des Tempels lass weg und miss ihn nicht! denn er ist den Heiden preisgegeben, und sie werden die heilige Stadt zertreten 42 Monate lang. (Off. 11,1+2)

Es gibt sicherlich einfachere Texte in der Bibel, mit denen man sich auseinander setzen kann, als die Offenbarung des Johannes. Doch gleichzeitig bin ich davon überzeugt, dass wir diese Texte heute brauchen. Jesus hat einmal gesagt: *„Der Mensch lebt nicht vom Brot allein"* – d. h., dass es dir momentan gut geht und Löcher in deinem Leben wieder aufgefüllt werden –, sondern der Mensch, der nach dem Ebenbild Gottes geschaffen ist, lebt *„von einem jeden Wort, das aus dem Mund Gottes geht" (Mat. 4,4; Luth.).*

Wir sind nicht einfach hier auf dieser Welt, um über die Runden zu kommen, sondern wir sind Mitarbeiter Gottes. Und Gott schreibt durch jeden, der ihm gehört, Geschichte – auch wenn du nie in einem Geschichtsbuch stehen wirst. Wir werden das, was Gott durch dich tut, einmal in der Ewigkeit wieder finden, als Taten, die es wert sind, in der Ewigkeit genannt zu werden, und über die der Himmel sich freuen wird. Es kann ein Glas Wasser sein, es kann ein gutes Wort sein; aber das sind Taten, die wir im Himmel wieder finden werden.

Eine hohe Bestimmung

Wir sind „Salz der Erde“ und „Licht der Welt“ – und das nicht erst, wenn wir weisshaarig sind. Das ist die Berufung jedes Christen. Unsere Bestimmung ist es, dass wir hingehen und Völker zu Jüngern machen. Unsere Bestimmung ist, dass wir da in den Riss treten, wo Feindschaften aufbrechen, auch zwischen den Arabern und den Juden. Wer denn sonst könnte dies tun, wenn nicht Menschen, welche die Aufgabe haben, Salz der Erde, Licht der Welt und Friedensstifter zu sein, Söhne und Töchter des höchsten Gottes? Wer denn sonst könnte um Vergebung beten, stellvertretend für all das, was Menschen einander antun, wenn nicht Menschen, welche die Kraft und Macht der Versöhnung und der Vergebung durch das Kreuz Jesu Christi erfahren haben?

Wir müssen wissen, wohin wir gehen. Ein Mensch kann nicht nur vom Heute leben und von dem Glauben, dass wir hoffentlich noch die Altersversorgung bekommen. Unsere Bestimmung ist viel, viel grösser. Das Leben ist mehr als momentanes Wohlsein, und dass es mit der Stelle klappt und mit den Prüfungen – unendlich viel mehr.

Autorität

Das vorige Kapitel, Offenbarung 10, hat uns gezeigt, was für eine Autorität dem Menschen gegeben ist. Nicht weil er an einen Gott glaubt oder in der Bibel liest oder betet, sondern die Autorität ist ihm gegeben, weil Gott in ihm lebt, der Schöpfer von Himmel und Erde durch seinen Heiligen Geist. Und so ging Johannes hin zu diesem mächtigen Engel. Und der Engel gab ihm das

Büchlein und sagte: *„Iss es."* Und in diesem Kapitel wird Johannes mittels eines Stabes wieder Autorität verliehen. Es wird ihm gesagt: „Da, nimm dieses Rohr, das wie ein Stab ist, und miss damit den Tempel Gottes."

Den Tempel messen

Was heisst das, den Tempel Gottes zu messen? Es gab den Tempel Salomos, der 586 v. Chr. zerstört wurde, als die Juden endgültig in die Verbannung geführt wurden. 70 Jahre später wurde, nach einem prophetischen Wort von Jeremia, der Zweite Tempel wieder eingeweiht. Und dann im Jahre 70 n. Chr., diesmal nach dem prophetischen Wort, das Jesus selber gesprochen hatte, wurde dieser Zweite Tempel zerstört. Und hier heisst es jetzt: „Nimm das Rohr, geh hin und miss den Tempel!"

Viele Ausleger denken nun, es muss noch einmal ein Dritter Tempel gebaut werden. Es gibt ultraorthodoxe Juden, die haben schon den Versuch unternommen, die Fundamentsteine für diesen neuen Tempel auf dem Tempelberg gewaltsam zu deponieren. Ich möchte diese Auffassung nicht antasten. Persönlich glaube ich aber, dass die Sache mit einem „Haus aus Steinen" abgeschlossen ist. Jesus hat einmal im Blick auf seine Person gesagt: *„Hier ist Grösseres als der Tempel." (Mat. 12,6)* Und in Johannes 2,19 sagt Jesus, er werde den Tempel abreissen und in drei Tagen wieder aufbauen. Das hat man ihm ja später dann bei den Gerichtsverhandlungen vorgehalten (Mat. 26,61). Und als er am Kreuz hing, haben sie gelästert und gesagt: „Hah, das ist der, der gesagt hat, in drei Tagen werde er diesen Tempel, den er abreissen will, wieder aufbauen; und nun hängt er da. *„Wenn du Gottes Sohn bist, hilf dir selber und steig herab vom Kreuz!" (nach Mat. 27,39+40; Luth.)*

Der Tempel in uns

Und in der Todesstunde Jesu zerriss der Vorhang des Tempels in zwei Stücke, von oben nach unten, und Gott machte damit ganz klar: „Es gibt diese Trennung zwischen Gott und Mensch nicht mehr, sondern ich will die Menschen wieder an mein Herz ziehen. Ich will nicht mehr in dieser Dunkelheit des Allerheiligsten wohnen, wo nur einmal im Jahr der Hohepriester Eintritt hat, sondern ich bin Vater, und meine Kinder können wieder an mein Herz kommen. Der Vorhang ist zerrissen."

Als Jesus von dem Tempel sprach, hat er von seinem Leib gesprochen; und wir wissen, dass der Leib Jesu die weltweite Gemeinschaft all derer ist, die Jesus in ihr Leben aufgenommen haben. An Pfingsten wurde der Heilige Geist ausgegossen, und das heisst: *Gott wohnt nicht mehr länger in Gebäuden, sondern er wohnt jetzt in den Menschen durch seinen Geist.* Darum sagt Paulus im 1. Korintherbrief: *„Wisst ihr nicht (ihr Korinther, die ihr miteinander streitet), dass ihr Gottes Tempel seid und dass der Geist Gottes in euch wohnt? Wenn jemand den Tempel Gottes verderbt, den wird Gott verderben; denn der Tempel Gottes ist heilig, und der seid ihr." (3,16+17)* „Wir", sagt Paulus, „sind der Tempel Gottes. Gott wohnt in uns durch seinen Heiligen Geist." Das ist dieser gewaltige Paradigmenwechsel.

Jesus hat ein für alle Mal das Opfer gebracht! Es müssen nicht wieder Tiere geschlachtet werden! Jesus hat dem Vater sein Blut gebracht und damit die Sühne für die ganze Welt. Ich glaube, hier geht es um diesen geistlichen Tempel, und der sind wir, die Gemeinde Jesu, sein Leib hier auf Erden.

Das Wort Gottes als Richtschnur

Drei Dinge sollen hier gemessen werden. Der *Tempel Gottes* (die Gemeinschaft der Heiligen, die Gesamtheit der Christen), der *Altar* und *diejenigen, welche in diesem Tempel anbeten.* Und was heisst dabei „messen"? Es gibt keine andere Richtschnur als nur das Wort Gottes! Der Prophet Amos sieht diesen allmächtigen Gott auf einer Mauer stehen mit einem Senkblei; und Gott sagt: *„Siehe, ich lege das Senkblei an inmitten meines Volkes Israel ...“(Am. 7,8)* Dieses Senkblei ist nichts anderes als das ewige Wort Gottes, von dem Jesus gesagt hat: *„Bis der Himmel und die Erde vergehen, wird nicht ein einziges Jota oder Strichlein vom Gesetz vergehen, bis alles geschehen ist.“ (Mat. 5,18)* Das Wort Gottes ist ewig. Es muss alles erfüllt werden. Jedes Wort in der Bibel findet seine Erfüllung. Das ist die Richtschnur, das ist dieser Stab!

Alles wird gemessen

Zunächst wird der *Tempel* gemessen in seiner Ganzheit – alle Gemeinden und alle, die Jesus lieben und in denen Gott lebt. Dieser Tempel der Gemeinden wird gemessen mit der Richtschnur des Wortes Gottes, mit der Richtschnur des Wortes Jesu: *„Ich will, dass sie alle eins seien. Ich bete, Vater, dass sie dieselbe Herrlichkeit der Einheit erfahren, wie du und ich sie miteinander haben, damit die Welt glauben kann.“ (nach Joh. 17,21-23)* Daran wird dieser Tempel Gottes in unseren Städten, in unseren Dörfern gemessen. *„Daran wird jedermann erkennen, dass ihr meine Jünger seid“*, sagt Jesus, *„wenn ihr Liebe untereinander habt.“ (Joh. 13,35)*

Dann wird der *Altar* gemessen, das Sinnbild des Opfers oder der Hingabe. Auch die Art, wie wir Gott gehören, wie wir uns ihm schenken, wird gemessen! Man kann sich Gott unterschiedlich hingeben: mit aller Leidenschaft und – wie es im 1. Johannesbrief heisst – indem wir füreinander das Leben lassen. Das ist die Richtschnur des Wortes Gottes.

Aber dann gibt es manchmal Zeiten, wo wir denken: „Die Zeit gehört aber jetzt mir – mal ohne Gott.“ So wie die Junggesellen, die das Vorrecht haben, alleine mit dem Kühlschrank verheiratet zu sein, und wo niemand sieht, wenn der Kühlschrank geöffnet wird. Und so glauben auch wir noch allen Ernstes, dass es Zeiten gibt, über die wir alleine verfügen – ohne Gott! Wenn aber Gott in dir lebt, dann lebt er 7 Tage die Woche, 24 Stunden am Tag in dir. Ob wir leben oder sterben, wir sind immer Gottes! Ob du bewusstlos bist oder bei Bewusstsein, du gehörst immer Gott, er ist immer in dir! Das ist der Altar.

Die Anbeter werden gemessen

Schliesslich soll Johannes diejenigen messen, die *im Tempel anbeten*. Wir haben ein *Levitencamp* auf der Allmend in Frauenfeld gehabt und dabei gespürt: Gott misst diejenigen, die anbeten. Man kann anbeten und anbeten. Anbeten ist ja immer auch eine Möglichkeit, sich zu profilieren und mal seinen Gefühlen freien Lauf zu lassen – ohne zu hören, was eigentlich auf dem Herzen Gottes ist. Und wir glauben, Gott sei dann beeindruckt von unserer Darbietung.

Gott ist ein Gott des Lebens, und er misst unsere Anbetung. Er misst auch unsere Fürbitte. Er misst deine Hingabe im Alltag. Er misst das alles, nicht weil er dich fordert, sondern weil er dein Herz sucht. Und wenn wir anbeten, sucht Gott nicht die tollen Melodien, nicht den Sound, sondern das Herz.

ER wird messen

Und jetzt kommt das eigentlich Wichtige: ER wird messen. Aber da wird nicht wieder Gesetzlichkeit durch die Hintertüre eingeführt. Das Gesetz kam mit Mose, aber Gnade und Wahrheit kamen durch Jesus (Joh. 1,17).

Gott hat mit dem erstgeborenen Volk, den Juden, einen Bund geschlossen; und die Bundesurkunde waren die steinernen Tafeln, auf denen die 10 Gebote geschrieben waren: *„Ich bin der Herr, dein Gott. Du sollst keine andern Götter neben mir haben. Du sollst dir kein Gottesbild machen. Du sollst den Namen des Herrn, deines Gottes, nicht missbrauchen. Du sollst den Sabbat-*

tag heiligen. Ehre deine Vater und deine Mutter. Du sollst nicht töten. Du sollst nicht ehebrechen. Du sollst nicht stehlen. Du sollst nicht falsches Zeugnis reden. Lass dich nicht gelüsten nach dem, was deines Nächsten ist." (nach 2. Mose 20)

Das sind ganz fundamentale, klare Aussagen. Auf diesen Grundlagen hat Gott die Schöpfung gebaut. Aber wir haben die steinernen Tafeln nicht mehr. Das Gesetz steht nicht mehr vor uns und sagt: „Du sollst, du sollst, du sollst!", sondern Gott hat sein Gesetz in unsere Herzen hineingeschrieben. Das Gesetz lebt jetzt in uns durch Jesus Christus. Er ist der Anfänger und der Vollender. Das, was er in dir an gutem Werk angefangen hat, wird er vollenden.

Aus eigener Kraft können wir die Gesetze nie erfüllen und werden immer wieder schuldig werden. Die Juden haben es nicht geschafft – und dann ist Jesus gekommen als Heiland und Messias und hat gesagt: „Jetzt schreibe ich das Gesetz in eure Herzen, und von innen heraus wird es wachsen." Ich erinnere mich an ein wunderbares Zeugnis von einem Freund, der unter Nikotinsucht litt. Von innen heraus hat Gott diese ganze Sucht beseitigt. Gott hat einfach einen Ekel produziert. Aber solange das als Gesetz vor dir steht: „Du sollst, du sollst, du sollst!", wirst du das nie unter die Füsse kriegen. Aber wenn du weisst: „Gott wohnt in mir, ich bin ein Tempel dieses Gottes, ich bin heilig", und wenn du sagst: „Gott, du schaffst es, und ich mit dir. Ich halte dir meine Schwachheit hin; und du wirst in mir dieses Werk vollbringen!" – dann wird Gott durchkommen.

Und da wird dann noch einmal gemessen. Wir haben keine Ausrede mehr. Wir werden alle immer wieder straucheln, fallen und schuldig werden. Aber wir können nicht einfach sagen: „Irren ist menschlich", sondern wir wissen: Gott hat dich und mich erwählt, um in uns zu leben, damit wir miteinander dieser Tempel sind. Und Gott ist nichts unmöglich. Die Frage ist nur: „Bleibe ich in Gott?", damit er immer das tun kann, was er wirklich will.

Gott kennt und liebt uns

Eines Morgens, als ich eine längere Autofahrt vor mir hatte, sagte der Heilige Geist ganz klar zu mir: „Heute vergisst du nicht, den Gurt festzumachen." Manchmal bin ich so ein bisschen lässig. Ich gehöre auch zu denen, die denken, mir passiert ja sowieso nichts. Und ich habe den Gurt festgemacht. Aber am Mittag musste ich schnell jemanden zum Bahnhof bringen und hatte den Gurt weggelassen. Bei der nächsten Autobahnausfahrt ist es natürlich prompt passiert. Kontrolle. Da zahlst du deine Busse. Dabei hatte mir der Heilige Geist am Morgen ganz klar gesagt: „Der Gurt!" Gott in uns, er ist so verlässlich. Immerhin war es wie ein Trostpflaster, dass ich sagen konnte: „Danke, Heiliger Geist, es funktioniert immer noch. Die ganze Sache hat sich gelohnt, nur um zu wissen, dass du wirklich in mir lebst und ein Gott bist, der für mich ist und mit mir spricht."

Der Vorhof – der Ort der Kompromisse

Und dann ist hier die Rede davon, dass Johannes den Vorhof des Tempels, diesen Rummelplatz, nicht mehr ausmessen soll. Der Vorhof ist der Ort der Kompromisse, der falschen Toleranz. Heute liegen Kompromisse nicht mehr drin. Wenn wir Tempel Gottes sein wollen, dann sind wir ein heiliges Volk. Und dann wird das Gesetz, was er in unsere Herzen geschrieben hat, zum Tragen kommen. Wir halten Gott immer wieder unsere Herzen hin und sagen: „Jesus, du wohnst in mir, du schaffst es, und mit dir kann ich über Mauern springen."

Heuchelei

Es ist nicht mehr die Zeit, wo wir Abstriche machen an dem Wort Gottes *„Du sollst nicht töten!"* Man kann nicht für die Abschaffung der Schweizerarmee sein und gleichzeitig für die Liberalisierung des Schwangerschaftsabbruchs. Das ist eine Alibiübung, wo man zwar die Armee abschaffen will und gleichzeitig hinnimmt, dass 12 000 Leben – so die offizielle Zahl – pro Jahr in der Schweiz getötet werden. Das ist Heuchelei. Man kann auch nicht einen Jungen, der einen Ladendiebstahl begeht, polizeilich abführen lassen und gleichzeitig Millionäre, die über Jahre Steuern hinterzogen haben, straffrei die geschuldeten Beträge wieder zurückzahlen lassen. Freunde, das ist Vorhof. Das ist Heuchelei. Man kann auch nicht sagen, man sei Kirche Jesu Christi und bricht zugleich die Ordnung der Ehe, indem man so genannte eheähnliche Verhältnisse einsegnet. Das ist Heuchelei. Wir sind der Tempel Gottes; und da gelten die Fundamente, auf denen Gott diese Welt und das Leben aufgebaut hat. Wenn es sein muss, lassen wir uns gerne als „Fundis" beschimpfen. „Fundamentalist" hat etwas mit „Fundamenten" zu tun, d. h. schwarz ist schwarz und weiss ist weiss, gut ist gut und böse ist böse.

Keine Kompromisse mehr

Gott sagt: Ich messe heute. Und da, wo Kompromisse sind, wird nicht mehr gemessen. Der Vorhof wird der Zerstörung preisgegeben. Weder Nationen noch kirchliche Institutionen, noch Grosskirchen, noch Freikirchen, noch Konfessionen werden Bestand haben, wenn sie abweichen von diesen Fundamenten, die Gott gelegt hat. Keine Nation, die nicht mehr auf diesen Fundamenten ruht, wird letztlich bestehen können! Das Reich Alexander des Grossen wurde weggefegt. Das Römische Reich wurde ausgelöscht. Und die Juden gibt es noch nach über 3000 Jahren, weil sie immer und immer wieder diese Thora hochgehalten haben: *„Höre, Israel: der Herr, unser Gott, ist ein einiger Gott, ein eifersüchtiger Gott." (nach 5. Mose 6,4)* Kann jemand dieses Rätsel erklären, dass ein Volk sich über diese lange Zeit einfach so „hindurchrettet"? Und zwar nicht nur irgendwie, sondern so, dass das Wort Gottes in Erfüllung geht.

Du kannst heiss sein oder du kannst kalt sein. Du kannst auch mal eine Zeit aussteigen – lieber kalt sein als lauwarm mit Kompromissen. Gott sagt: *„Ich werde das Lauwarme ausspeien aus meinem Mund.“(nach Off. 3,16)* Wir werden noch erleben, wie durch diesen Zerfall der Werte die Fundamente von Staaten einfach zerbrechen und nichts mehr hält. „Du bist Salz der Erde, Licht der Welt.“ Wir haben den Auftrag von Gott, seine Mitarbeiter für einen neuen Himmel und eine neue Erde zu sein.

„Jesus in uns“ – du und ich der Tempel Gottes, in dem Gott wohnt. Es wird eine Zeit kommen, wenn wir gemessen werden und diese Richtschnur der Worte Gottes wieder an unser Leben gelegt wird. Und das heisst auch, dass wir uns selber wieder prüfen müssen. *„Erforsche mich, Gott, und erkenne mein Herz“*, sagt David*, „prüfe mein Herz, sieh , auf welchem Weg ich bin.“ (nach Psalm 139,23+24)* Wenn wir das tun, dann wird Gott eine Tür für eine stärkere Autorität und Kraft und Zeugenschaft öffnen, als wir sie je erlebt haben.

Zeugen sein

Nach diesem Messen spricht Johannes von *zwei Zeugen* (Off. 11,3-14). Wir nehmen an, dass diese zwei Zeugen Mose und Elia sind; aber sie können auch für den Geist des Mose und für den Geist des Elia stehen. Das heisst: Es wird eine Generation von Menschen aufstehen, die wieder Zeugen sind. Es ist Zeit, Zeugnis abzulegen: „Jesus hat mir geholfen, andere zu Jesus zu führen.“ Es ist Zeit, Zeuge für die Wahrheit zu sein, überall den Mund für diese Fundamente aufzutun und für diese Ordnungen Gottes einzustehen. Jetzt ist die Stunde der Gerechten. Gerechte sind Menschen, die das Gerechte tun, die wieder neu ein Gespür für diesen gerechten Gott, diesen gerechten Vater haben. Und es wird die Stunde der prophetischen Menschen mit dem Geist des Elia sein.

Ein prophetisches Volk

Wir sind auf dem Weg, ein *prophetisches Volk* zu werden. Aber prophetische Menschen sind nicht diejenigen, die stolz darauf sind, eine Gabe empfangen zu haben. Das sind vielmehr Frauen und Männer, Kinder und Jugendliche, die nicht nur an den Freuden Gottes teilhaben, sondern auch am Schmerz Gottes, und die weinen mit den Weinenden. Es sind Menschen mit Trauerkleidern. Sie weinen über das, was in dieser Welt geschieht und immer wieder neu geschieht. Prophetische Menschen sind nicht Menschen, die sich erheben, sondern sie sind Zeugen für die Gerechtigkeit und die Wahrheit Gottes, für sein Erbarmen, für seine unendliche Gnade, für seine Vaterschaft – für alles, was verloren ist.

Die Freunde aus Uganda sind uns da wieder ein ganz grosses Vorbild. Sie haben die Autorität ergriffen und die Korruption im Land gewendet. Minister wurden entlassen. Trotz Morddrohungen standen diese Christen vor Gott. Sie sind nicht herumgerannt, haben Leserbriefe geschrieben oder angeklagt, sondern sie standen vor Gott. Da ist eine Generation, die wieder vor Gott steht; die nicht mehr rennt, sondern die vor Gott steht! Dafür wird Feuer aus ihrem Mund kommen. Es wird das Feuer der Wahrheit und das Feuer der Liebe Gottes sein.

Es ist wunderbar, dass Gott uns in dieses Errettungswerk einer Welt mit einbezieht, dass er uns fragt, dich und mich: „Darf ich dich senden, willst du Teil sein, willst du mein Freund sein, gehst du für mich? Gehst du an Orte, wo sonst niemand hingeht?“ Wir wollen die Werke Gottes tun, solange es Tag ist. Aber gleichzeitig werden wir immer wieder rufen: „Komm’, Herr Jesus, komm’, Herr Jesus, komm bald!“ Nicht, weil wir zu träge oder zu faul sind, sondern weil wir wissen: Letztlich brauchen wir diesen Jesus, der das Geschick wendet, der kommt als der Friedefürst und die Völker wieder mit Gerechtigkeit und Frieden regieren wird.

Gebet

Jesus, vielen herzlichen Dank, dass du eine so hohe Meinung von uns hast, wo wir uns manchmal selbst klein machen, abwerten und uns unwürdig vorkommen. Du sagst: „Lass mich in dir wohnen, damit ich durch dich hindurch Geschichte schreibe." Jesus, wir spüren, es ist eine neue Zeit. Es ist eine Zeit, wo alles so wahnwitzig rasch geht – diese ganze Gen-Geschichte und dieses Klonen; all dieses Unabsehbare, wo wir auch mit unserer hohen Diplomatie nicht aus dieser Spirale herausfinden.

Vater, das ist unsere Welt, und du hast gesagt: „Ihr seid das Licht der Welt. Durch euch will ich Hoffnung in diese Welt hineinbringen. Ihr seid das Salz der Erde, hinein in all dieses Fade, was ewig wiederkehrt, nur in neuer Aufmachung der Mode. Ihr sollt meine Söhne und Töchter sein und mein Tempel, in dem ich jetzt schon wohne, bevor ich dann unter euch als dieser ewige, allmächtige Gott wohne."

Vater, ich bitte für mich: Du darfst mich noch einmal prüfen, noch einmal läutern. Wir wollen wieder ein Volk Gottes werden ohne Kompromisse, ohne diese Anpassung bis zur Unkenntlichkeit, wo man nicht mehr weiss, was sind Christen und was sind Nichtchristen?

Vater, ich bitte dich so herzlich: Miss noch mal, miss uns, den Tempel! Miss das Miteinander der Konfessionen, der Grosskirchen, der Freikirchen, der Hauskirchen – miss es noch mal, Vater! Nimm dieses Thermometer der ewigen Liebe, die alles trägt, glaubt, hofft, duldet, und miss noch mal diese Bruderliebe! Miss unsere Barmherzigkeit, dass wir Barmherzigkeit weitergeben, wo wir unendlich viel mehr Barmherzigkeit von dir erfahren haben! Miss auch den Altar, den Altar in den Familien, den Altar einzelner Leben, den Altar in den Gemeinden, den Stadtaltar der Gebete! Wir möchten, dass ein heiliges Feuer darauf brennt und dass dir dort Herzen dargebracht werden und nicht falsche Opfer – lebendige Herzen, zerbrochene Herzen, auch unerlöste Herzen.

Du kannst mit jedem Herzen etwas machen, Gott: mit einem Herz, das schlägt, das schreit, das verzweifelt ist, das beschmutzt ist. Mit jedem Herzen kannst du etwas machen, wenn's nur ein Herz ist, weil du, Gott, ein Herz hast und weil du von Herz zu Herz mit uns Gemeinschaft halten willst.

Miss auch noch einmal unsere Anbetung, Gott. Miss all unsere Fürbittebewegungen, miss alle Bands und alle Anbetungsgruppen! Miss, damit der Tempel voll wird von deiner Herrlichkeit, dass Menschen nicht mehr hineingehen können, weil die Gegenwart Gottes so stark ist.

Und vergib überall, wo wir uns angepasst haben und nur in unseren inneren Kreisen wirklich leben, wer wir sind. Wir sagen: Wir wollen Zeugen der Wahrheit sein! Wir wollen Gerechte sein! Wir wollen prophetisch werden! Wir wollen, dass wieder Feuer aus unserem Mund kommt und keine faulen Sprüche!

Wir möchten, Vater, wieder Gemeinschaft haben mit deinen Leiden und mit deinen Freuden, dass wir jauchzen und jubeln und tanzen können, und gleichzeitig am Boden liegen und weinen mit den Verlorenen und Zerbrochenen und Beschmutzten, auch den Homophilen, den Lesben, mit all den Menschen, die ein Brandmal der Gesellschaft tragen. Wir möchten unsere Arme um sie legen und sagen: „Wir gehören zusammen, wir haben einen Gott und Vater."

Vater, bring diesen Geist wahrer Dienerschaft, wie Mose ihn gehabt hat. Bring diesen Geist des wahren Prophetseins. Wenn du schon beschlossen hast, uns als deinen Tempel zu wählen, dein Gesetz in unsere Herzen zu schreiben, dass wir Träger sein dürfen dieser Werte, dieser Fundamente – Vater, dann wird es gut. Ein neuer Himmel, eine neue Erde. Amen

Kapitel 7

Die Zeichen im Himmel

Die Frau mit dem Kind und der Drache
Offenbarung 12

Als ich jung war, hatte ich mir die Gewohnheit angeeignet, bei jedem Buch, das mir in die Hände fiel, immer die letzte Seite zu lesen. Und diese letzte Seite hat dann darüber entschieden, ob ich das ganze Buch lese oder nicht. Man muss wissen, wie eine Sache ausgeht. Wenn sie gut ausgeht, dann kann man beruhigt zur ersten Seite gehen und die Dinge auf sich wirken lassen. Ich bin so dankbar, dass wir in diesem Riesenbuch mit 66 Büchern, genannt Bibel, dieses letzte Buch der Offenbarung haben und dort immer wieder in Zeiten der Dunkelheit und Zweifeln schauen können: Wie geht's denn überhaupt aus – die ganze Geschichte mit mir und mit uns und mit dieser Erde? Ich bin Gott so dankbar, dass ich immer wieder in diesem letzten Buch lesen und dann getrost in meinen Alltag zurückgehen kann, weil ich weiss: Gott hat es total im Griff. Das letzte Wort dieses letzten Buches heisst: *„Die Gnade des Herrn Jesus sei mit allen!“ (Off. 22,21)* Ist das nicht ein wunderbares Wort?

Offenbarung 12

> *Und ein grosses Zeichen erschien im Himmel, ein Weib, angetan mit der Sonne, und der Mond unter ihren Füssen, und auf ihrem Haupt ein Kranz von*

zwölf Sternen. Und sie ist schwanger und schreit in Wehen und Schmerzen der Geburt. Und es erschien ein andres Zeichen im Himmel, und siehe da, ein feuerroter grosser Drache, der sieben Köpfe und zehn Hörner und auf seinen Köpfen sieben Kronen hatte. Und sein Schwanz zog den dritten Teil der Sterne des Himmels nach sich; und er warf sie auf die Erde.

Und der Drache stand vor dem Weibe, das gebären sollte, um, wenn sie geboren hätte, ihr Kind zu verschlingen. Und sie gebar einen Sohn, einen Knaben, der „alle Heiden weiden soll mit eisernem Stabe"; und ihr Kind wurde entrückt zu Gott und zu seinem Thron. Und das Weib floh in die Wüste, wo sie eine Stätte hat, die von Gott bereitet ist, damit man sie dort ernähre 1260 Tage.

Und es entstand ein Krieg im Himmel, sodass Michael und seine Engel Krieg führten mit dem Drachen. Und der Drache führte Krieg und seine Engel; und sie vermochten nicht standzuhalten, und „eine Stätte für sie war im Himmel nicht mehr zu finden". Und geworfen wurde der grosse Drache, die alte Schlange, genannt der Teufel und der Satan, der den ganzen Erdkreis verführt, geworfen wurde er auf die Erde, und seine Engel wurden mit ihm geworfen.

Und ich hörte eine laute Stimme im Himmel sagen: „Jetzt ist das Heil und die Kraft und die Herrschaft unsrem Gott und die Macht seinem Gesalbten zuteil geworden; denn hinabgeworfen wurde der Ankläger unserer Brüder, der sie vor unsrem Gott Tag und Nacht verklagt. Und sie haben ihn überwunden um des Blutes des Lammes und um des Wortes ihres Zeugnisses willen und haben ihr Leben nicht liebgehabt [, sondern haben es hingegeben] bis zum Tode. Darum frohlocket, ihr Himmel, und die ihr darin wohnt! Wehe der Erde und dem Meer! denn der Teufel ist zu euch hinabgekommen, und er hat einen grossen Zorn, da er weiss, dass er [nur noch] eine kurze Frist hat."

Und als der Drache sah, dass er auf die Erde herabgeworfen war, verfolgte er das Weib, das den Knaben geboren hatte. Und dem Weibe wurden die zwei Flügel des grossen Adlers gegeben, damit sie in die Wüste flöge an ihre Stätte, wo sie ernährt wird „eine Zeit und [zwei] Zeiten und eine halbe Zeit" fern vom Angesicht der Schlange. Und die Schlange spie aus ihrem Maul dem Weibe Wasser nach wie einen Strom, damit sie von dem Strom fortgerissen würde. Und die Erde half dem Weibe, und die Erde tat ihren Mund auf und verschlang den Strom, den der Drache aus seinem Mund ausgespieen hatte. Und der Drache ergrimmte über das Weib und ging hin, Krieg zu führen mit den übrigen ihrer Nachkommenschaft, die die Gebote Gottes befolgen und das Zeugnis über Jesus festhalten.

Wir lesen hier von zwei „*Zeichen*" im Himmel. Zeichen sind Hinweise für etwas entscheidend Wichtiges. So hat das Johannesevangelium, wenn es um Heilungen ging, immer von Zeichen gesprochen. Zeichen meint dabei nicht nur die einzelne Heilung eines Blindgeborenen oder eines Gelähmten, sondern es geht um ein viel tieferes Verständnis. Und diese beiden Zeichen, die jetzt im Himmel von Johannes gesehen werden, bezeichnen auch eine viel umfassendere Wahrheit.

Die Frau als Zeichen

Es ist so ermutigend, dass wir in dieser letzten Zeit noch einmal eine Frau als ein Zeichen im Himmel sehen – und was für eine Frau! Sie ist bekleidet mit der Sonne, mit ihren Füssen steht sie auf dem Halbmond und um ihren Kopf trägt sie ein Diadem von zwölf Sternen. Dieses Zeichen steht nochmals ganz bewusst nicht irgendwo hier auf Erden, sondern im Himmel – so als würde Gott noch einmal die Frau vor seinen Thron stellen, vor seine Augen; die Frau, die er aus der Rippe des Adam geschaffen hat als dieses wunderbare vollkommene Geschöpf und die er dann dem Adam zugeführt hatte. Und Adam jubelte, nicht nur mit seinem Herzen, sondern mit seinem Geist und mit seinem ganzen Leib, und sagte: „Gott, endlich Gebein von meinem Gebein, Fleisch von meinem Fleisch. Das ist es, worauf ich gewartet habe. Das ist es, worauf ich mit jeder Faser meines Lebens hingelebt habe und spürte, da fehlt noch etwas Entscheidendes in dieser Schöpfung."

Diese Frau steht in einer gewaltigen Würde vor dem Thron Gottes. Der Mond hat ja sein Licht von der Sonne; und wie oft haben wir Frauen immer nur als Menschen gesehen, die ihr Licht von den Männern haben. „Abglanz des Mannes", wie Paulus es einmal in einem anderen Zusammenhang formulierte, weshalb es auch anders gedeutet werden muss. Aber die Frau ist nicht einfach Abglanz des Mannes, so wie der Mond Abglanz der Sonne ist, sondern die Frau, die zeichenhaft vor ihrem Gott steht, steht mit ihren beiden Füssen auf dem Mond. Sie ist nicht Abglanz, sondern sie ist Glanz ihres Gottes. Die Sonne Gottes, sein Licht, hüllt diese Frau ein; und um das Haupt trägt sie ein Diadem von zwölf Sternen.

Leben gebären

Die Frau ist schwanger. Leben gebären – das gehört zum Wesen jeder Frau, ob verheiratet oder nicht. Das ist ihre Berufung. Und es heisst sogar in der Schrift: Die, die keinen Mann hat oder deren Schoss verschlossen ist, wird mehr Kinder haben als die Fruchtbare (Jes. 54,1). Das ist Prophetenwort: Wenn noch so viele Stürme von Enttäuschung, von Frust über dein Leben hinweggegangen sind, weil du dich als Kinderlose siehst, spann deine Pflöcke weit, mach den Raum gross, du sollst gebären.

Geistliche Mütter

Eine *Mutter Teresa* hat nie leibliche Kinder gehabt. Aber sie war eine Mutter für Millionen von Menschen, die in ihr ein Vorbild bekommen haben. Eine *Mutter Basilea Schlink* von den Marienschwestern in Darmstadt hat mehr Kinder geboren als eine Frau, die zwölf, vierzehn, sechzehn Kinder zur Welt gebracht hat. Das sind Hunderttausende von Kindern, die eine solche Frau geboren hat. Egal, wie du dich fühlst und was du über dein Frausein denkst: Du bist berufen, Leben in diese Welt hineinzubringen und freizusetzen – sei es durch deine Mutterschaft, sei es durch deine Gebete oder Worte.

Oder denken wir noch an *Gottliebin Dittus*, eine Frau, die in einem kleinen Dörflein im südlichen Schwarzwald besessen war von finsteren Mächten, ein elendes Geschöpf mit einem so unscheinbaren Aussehen. Gott hat diese Frau erwählt, eine Mutter zu werden für zahllose Menschen. Sie hat Christoph Blumhardt, den Sohn des Johann Christoph Blumhardt (des Vaters jener süddeutschen Erweckung) hineingeliebt mit ihrer Autorität und Mutterschaft und ihn zu diesem gewaltigen Mann Gottes gemacht. Diese Gottliebin, unverheiratet, kinderlos, war eine Mutter für viele, viele Menschen.

Nicht nur für eine irdische Schwangerschaft, sondern für jede Schwangerschaft, bei der wir Leben gebären, gilt: Es ist immer mit Schmerzen verbunden. Aber was für ein Geschenk, dass wir schwanger gehen können mit Menschen, die wir auf unsere Herzen nehmen und im Gebet jeden Tag vor Gott bringen.

Der Drache

Dann erscheint noch ein anderes Zeichen im Himmel: dieser feuerrote, grosse Drache. Der wartet, bis die Frau niederkommt, um dann das geborene Kind zu verschlingen. Da steht also die Frau diesem Drachen gegenüber, diesem Biest, diesem Macho, der mit seinem Schwanz ein Drittel der Sterne nach sich schleift, um dieser Frau zu imponieren. „Sieh mal, wer ich bin; was hast du mir gegenüber vorzuweisen?“ Und dann wirft er dieses Drittel der Sterne auf die Erde.

Das Macho-Wesen Satans

Hier offenbart sich das Macho-Wesen Luzifers, des Satans, welches in seinem grossen Schwanz zum Ausdruck kommt, der auch Symbol der Sexualität ist. Und es wird nochmals ganz klar: Der Teufel ist ein Mörder von Anbeginn. Wir leben immer in dieser Spannung: Hier Jesus, das Lamm – und dort dieser Macho, der glaubte, triumphieren zu können, weil er Jesus ans Kreuz gebracht hat. Hier die Lämmer, die Jesus in die Welt hineinschickt, sanftmütig und demütig – und dort dieser Macho mit all dem, was ihm zur Verfügung steht; denken wir nur an die Verführung in den Medien. Dieses Gegenüber steht zeichenhaft im Himmel.

Der Kampf Michaels

Dann beginnt der Kampf des Erzengels Michael. Johann Sebastian Bach hat hierzu die wunderbare Kantate *„Es erhub sich ein Streit“* geschrieben. Bach hat diesen Kampf Michaels mit dem Drachen und seinen Engeln unwahrscheinlich lautmalerisch und musikalisch genial dargestellt. Der Kampf ist im Himmel, und am Ende gibt es dort keine Stätte mehr für den Drachen. Er wird auf die Erde geworfen mit all seinen Engeln. Seine ganzen „Ehrentitel“ werden aufgeführt: der alte Drache, die alte Schlange, der Diabolos, der Teufel, der Durcheinanderbringer, der Satan. Es gibt keinen Platz mehr an diesen himmlischen Örtern, wo dieser Drache, diese Schlange, dieser Satan irgendeine Möglichkeit hätte, seinen Fuss hinzustellen.

Michael verschwindet nach diesem Kampf wieder; aber jetzt haben wir das Elend auf der Erde: Der Teufel ist hier. Die Offenbarung sagt ganz klar: *„Frohlocket, ihr Himmel ... Wehe der*

Erde und dem Meer!" Dieser, den Jesus als „Fürsten dieser Welt" bezeichnet hat, ist nun auf Erden und treibt sein Handwerk hier unten.

Satan überwinden

Aber Jesus ist gekommen, *„die Werke des Teufels zu zerstören" (1.Joh. 3,8).* Als seine Jünger von ihrer Mission zurückkamen, sagte er: *„Ich sah den Satan wie einen Blitz vom Himmel fallen." (Luk. 10,18)* Es heisst in der Schrift: *„Der in euch ist grösser als der in der Welt." (1.Joh. 4,4)* Wir sind nicht einfach diesem Drachen ausgeliefert, sondern wir haben gewaltige geistliche Waffen, mit denen wir gegen den Diabolos angehen können, gegen diesen Satan, gegen diesen Verführer der Völker. Und so lesen wir: *„Sie haben ihn überwunden durch des Lammes Blut und durch das Wort ihres Zeugnisses und haben ihr Leben nicht geliebt, bis an den Tod." (Luth.)*

Wer ist diese Frau?

Nach meiner Erkenntnis ist diese Frau nicht die Muttergottes. Sie ist vielmehr ein *Sinnbild für Israel*, das von Gott immer wieder als eine Frau angesprochen wird. Und dieses Israel wird noch einmal den Messias gebären – aus Schmerz, aus Schreien und aus tiefer Not. Gott ruft noch einmal die messianischen Gemeinden. Jetzt ist Geburtszeit in Israel!

Aber diesmal wird ein Messias geboren, der über die Völker regiert *„mit eisernem Stabe".* Wie wollen die Juden, die heute mit dem Rücken zur Wand stehen, überhaupt noch zu Rande kommen, wenn nicht durch ein Wunder Gottes und durch diesen Messias? Es ist jetzt die Zeit, wo der Messias nochmals geboren wird! Und zwar ein Messias zuerst für die Juden! Der „König der Juden" wird geboren, der entrückt wird zum Thron Gottes, um dort zu regieren. Und Israel wird eine Nation sein, die nicht einfach im Würgegriff und in der Zange des Halbmondes ist, sondern die im Namen Jesu Christi auf diesen Halbmond tritt, nicht mit Gewalt, sondern aufgrund der Tatsache, dass dieser Halbmond des Islam unter den Füssen des Messias ist. Jetzt ist die Zeit, wo auch wir in einer ganz besonderen Weise für unsere israelischen, messianischen Geschwister fasten und beten müssen, die jetzt in dieser Schwangerschaft stehen – in diesen Wehen, in diesem Schreien, dass der Je'schua Hamaschiach zur Welt kommt, der König der Juden.

Und gleichzeitig bin ich davon überzeugt, dass diese Frau auch ein Bild für die *Braut aus den Nationen* ist, wobei wir mit den jüdischen Geschwistern zusammen diesen *einen neuen Menschen* aus Juden und Heiden formen werden. Aber auch wir stehen jetzt mit dem Rücken zur Wand. Was zurzeit über Europa hinweggeht, das sind Geburtswehen! Wir sind am Ende mit unserem Latein und brauchen einen Herr-Gott, einen Schöpfer, einen Vater. Wir brauchen diesen Herrn Jesus Christus, der „mit eisernem Stab regiert" und nicht unter unserer Verfügungsgewalt steht.

Der Sohn wird nach der Geburt *„entrückt zu Gott und zu seinem Thron".* Den kann man nicht mehr ins Tabernakel, in Gemeinden oder Kirchen einsperren. Dieser Gott regiert die Völker und holt sie aus der Verblendung und Verführung des Teufels heraus. Wir brauchen diesen Gott. Der „Kirchengott", das ist zu wenig; diese Gemeindegötter, das ist zu wenig. Wir brauchen einen Herrn im Himmel, der wieder über die Völker herrscht.

Satan will uns entmutigen

Der Teufel wird alles daransetzen, um die Hoffnung aufzufressen und Menschen zu entmutigen. Er wird alles daransetzen, dass wir als Christen schlappmachen und nicht kämpfen. Es heisst hier, der Teufel *„hat einen grossen Zorn, da er weiss, dass er [nur noch] eine kurze Frist hat."* Und er versucht, diese Frau – die Gemeinde, die sich wieder als Leib versteht, als eine Gemeinde unter dem Kreuz, als ein erwähltes Volk des Eigentums Jesu Christi – in Mutlosigkeit, Kleinglaube und Verzagtheit hineinzubringen.

Darum schickt er der Frau diesen Schwall nach, um sie zu ertränken. Wenn wir nicht gegründet sind im Wort Gottes, wenn wir den Informationen ausgeliefert sind vom Internet oder von der Tagesschau, die wie ein Schwall sind, der hinter uns her geht, dann wird die Hoffnung ertrinken. Wir müssen den Blick nach vorne richten auf Jesus. Und wir müssen wissen, dass wir berufen sind, zu stehen und diesen Kampf zu kämpfen; und zwar den guten Kampf des Glaubens, weil Jesus Sieger ist. „Dass Jesus siegt, bleibt ewig ausgemacht. Sein ist die ganze Welt!"

Die Wüste – Ort der Gemeinschaft

Es ist so phantastisch, dass Gott uns einen Ort bereitet hat, wo wir immer hingehen können: die Wüste. Aber „Wüste" meint hier nicht die Sahara, sondern vielmehr den Ort der Gemeinschaft mit Gott! Und „Wüste" können wir auch zu Hause haben, wo wir wohnen. Wüste ist der Ort, den wir ausgespart haben, um mit unserem Gott zusammen zu sein.

Und beten heisst: Gemeinschaft haben mit Gott. Beten ist nicht ein Herunterbeten von Anliegen, von all diesen Problemen der Welt, sondern Beten ist zuallererst Gemeinschaft mit Gott, von Herz zu Herz. Das ist das Wunderbare. Gott gibt dir und mir diesen innersten Platz, wo ich einfach hingehen kann, die Türe schliesse und der Drache kein Anrecht mehr hat. Da bin ich allein mit meinem Gott. Wir brauchen diesen Ort und können ohne ihn nicht überleben.

Gott sagt: *„Ich will zu dir kommen, ich klopfe an, ich will hineinkommen und Abendmahl mit dir halten."(nach Off. 3,20)* Gott sehnt sich nach dieser Gemeinschaft mit dir, und er wird dich an diesem Ort auf wunderbare Art und Weise immer wieder nähren, stärken und aufbauen. Er wird dir seine Herzensworte geben, und dann kannst du wieder weitergehen. Wie ein Mose, der diese Last des ganzen Volkes zu tragen hatte und auf den Berg ging; und nachdem er an diesem innersten Ort gewesen war, kam er wieder zurück, und sein Gesicht leuchtete. Er konnte die Last wieder aufnehmen und dieses widerspenstige Volk weitere Jahre tragen. Er hatte diesen innersten Ort der Gemeinschaft mit Gott. Wir alle brauchen das!

Es genügt nicht, dass wir am Sonntag einfach in den Gemeindegottesdienst gehen. Das ist gut, und wir wollen zusammen Gott anbeten, uns wiedersehen und uns ermutigen. Aber das genügt nicht. Ein Hauskreis genügt auch nicht. Das ist wunderbar, und jeder von uns braucht eine solche Lebenszelle. Aber was wir wirklich brauchen, ist dieser innerste Ort der Gemeinschaft mit unserem Gott. Wann immer wir in eine neue Wohnung gezogen sind, haben wir als Erstes eine Nische eingerichtet, wo wir zu unserem Gott gebetet haben. Da geht's um meine innerste Existenz, wo nur Gott und ich zusammen sind und er mich nährt.

„Prophetisch hören"

Was heisst denn, „prophetisch hören"? Es bedeutet, dass Gott dir sein Wort gibt, sein Brot, sein Vaterwort und dich aufbaut. Das üben wir in den prophetischen Gebeten, damit wir sehen, wie Gott zu uns redet. Zuerst vielleicht durch den Mund der Geschwister, damit du einmal hörst, was er überhaupt über dich denkt, weil du vielleicht bis jetzt so schlecht über dich gedacht hast. Und dann, wenn du spürst, der denkt ja anders über mich, dann kannst du an diesem innersten Ort mit deinem Gott zu reden beginnen, und er wird mit dir reden.

Es heisst, dass diese Frau die zwei Flügel des grossen Adlers bekommen hat. Ich weiss aus eigener Erfahrung, wie schwierig es ist, immer wieder zu diesem innersten Ort zu gehen. Was will uns alles abhalten, was steht uns im Weg, schon früh am Morgen! Aber Gott gibt uns diese Flügel und sagt: „Flieg darüber hinweg, komm einfach!"

Gebet

Jesus, wir preisen dich, dass du den Johannes diese Zeichen im Himmel hast sehen lassen. Ich danke dir, dass du dieses Bild der Frau in ihrer Würde, in dieser überwältigenden Schönheit, nochmals hingestellt hast; gleichzeitig auch das Bild deiner Gemeinde, der messianischen Gemeinde und auch der Gemeinde aus den Nationen. Ich preise dich, Gott, für das, was du mit deiner Gemeinde tust, die du überall in den Nationen auferweckst. So werden wir sein, so siehst du uns.

Ich danke dir vor allem für diese Frau, dieses Israel, das du erweckst. Ich danke dir für all die messianischen Leiter. Ich danke dir für die vielen Geburtshelfer, die dort mithelfen, dass der Messias geboren wird, dieser König über die Völker. Der König über alle Könige, der Herr über alle Herren, der das letzte Wort hat, der der Erste und der Letzte ist und der kommen wird, leidenschaftlich, mit Macht, mit Feuer und plötzlich!

Wir segnen noch einmal alle Frauen. Ich bitte, Heiliger Geist, komm und präge du dieses Zeichen noch einmal in ihre Herzen ein. Ich bitte dich vor allem für die jungen Frauen, aber auch für die älteren, die so viel Verletzungen erlitten haben, sich zum Teil dessen gar nicht bewusst sind, weil sie einfach eingesteckt haben. Sprich zu ihnen: „Schön bist du, Geliebte, Täubchen, schön bist du. Wende deine Augen ab, denn deine Schönheit verwirrt mich.“

Ich danke dir, Vater, dass jetzt im Himmel Ruhe ist und wir sicher sein können, dass dort keine falschen Nachrichten durchgegeben werden. Keine Anklagen, keine üblen Gerüchte mehr über mich, keine negativen Nachrichten, sondern dass dort der Geist Gottes ist und Jesus als das Lamm, der ewige Hohepriester vor dem Vater, der für uns spricht und für uns betet. Vater, ich preise dich und bin begeistert, dass die Stimme des Anklägers verstummt ist.

Ich danke dir auch so herzlich, Vater, dass du uns dieses Zeichen von dem feuerroten Drachen gegeben hast, diesem Macho, der wohl brüllen, uns aber nicht mehr beeindrucken kann. Vater, du lebst in uns und du stehst in uns auf; und du hast uns dieses zweischneidige Schwert gegeben, dein Wort. Und wir werden ihm entgegentreten.

Nicht nur Michael ist ein Drachentöter, sondern jeder von uns ist ein Drachentöter. Du sagst: „Ihr könnt über Skorpione, über Schlangen, über junge Drachen und Löwen gehen, es wird euch nicht schaden. Keine Macht der Finsternis wird euch schaden." Aber es ist Krieg. Und wir müssen achtsam sein; und man kann nicht einfach den Karabiner, das Schwert, das Wort Gottes so beiseite legen. Man kann nicht einfach, wie wir es immer wieder erleben, unachtsam sein. Wir sind im Krieg, so wie's im Gesangbuch heisst: „Wir sind im Kriege Tag und Nacht, oh Herr, nimm gnädig uns in Acht und steh uns an der Seiten."

Aber wir sind nicht ständig im Krieg, sondern du gibst uns diesen innersten Ort, wo wir immer wieder die Waffen ablegen, die Rüstung ausziehen können. Dann sind wir barfuss und setzen uns auf den Schoss unseres Herrn und unseres Vaters; und dann sind wir bei ihm und sprechen mit ihm in dieser tiefen Freundschaft.

Danke, Jesus, für das Vorrecht, in dieser Zeit leben zu können. Und Dank sei dir, dass wir unsere Ohren dicht machen gegen alles Nachtragen und alle üblen Nachrichten. Jesus, wir wollen es nicht mehr hören. Wir haben eine gute Nachricht zu bringen. Wir haben nicht anzuklagen, sondern höher zu achten. Wir haben Gutes, Wohlklingendes auszusprechen.

Wir danken dir und ehren dich, dass du erhöht bist und dass du auch in unseren Gedanken, in unserem Glauben, im jüdischen Volk und in den Nationen geboren wirst als dieser König der Könige mit dem eisernen Stab, der die Völker regieren wird. Vater, ich danke dir für diese Zeichen. Amen

Kapitel 8

Küsse das Schwert

Die beiden Tiere
Offenbarung 13

Jesus hat gesagt, wir seien seine Freunde, wenn wir unser Leben ihm anvertrauen; und Freunde lässt man nicht einfach „im Regen stehen", sondern man sagt, wohin der Weg geht und was das Ziel der Reise ist. Wir müssen eine Vision haben und wissen, wohin wir gehen. Darum lesen wir das Buch der Offenbarung.

Eine neue Phase der Heilsgeschichte

Worum geht es? Es geht darum, dass wir in eine neue Phase der Gottesoffenbarung und der Heilsgeschichte eingetreten sind. Gott ist immer derselbe – gestern, heute und in alle Ewigkeit. Er ändert sich nicht. Aber er ist ein Gott, der immer unterwegs ist; er geht von einer Kraft und von einer Herrlichkeit zur anderen. Zunächst wohnte er in dem „Zelt der Zusammenkunft" bei diesem ehemaligen Sklavenvolk während der 40 Jahre in der Wüste. Später nahm er dann Wohnung im Tempel. Und schliesslich kam dieser Gott herab als ein Mensch wie du und ich, in der Gestalt Jesu von Nazareth, dieses Zimmermanns. Dann ist Jesus wieder hinaufgestiegen zum Vater, in die ganze Fülle der Herrschaft und Kraft.

Wir müssen über unseren Tellerrand der Theologien, der Gemeindefrömmigkeiten, unserer kleinen Visionen hinaussehen darauf, wer unser Gott in Wahrheit ist. Es muss noch einmal ein neues Gottesbild in uns geboren werden: nicht nur Jesus, sondern der Christus, der Gesalbte, der Messias, der Herr, der König der Könige, der die Völker „mit eisernem Stab" regiert. Und nur, wenn wir das Bild dieses „Christos", dieses Gesalbten, in unseren Herzen tragen, sind wir überhaupt gerüstet für das, was in der Weltgeschichte auf uns zukommt.

Weltweit etwas Neues

In unseren Herzen muss dieser Messias nochmals geboren werden, auf den die orthodoxen Juden bekanntlich noch warten. Und wir spüren, wie dieser „Christos" heute in seiner Kraft und Herrschaft auf diese Erde kommt. Es kann keinem entgehen, dass weltweit Anbetung zu diesem Gott emporsteigt.

Wir spüren, dass eine Vollmacht im Wachsen ist. Christen reden in der Regel von „Salbung"; und Salbung heisst ja einfach, dass der Wille Gottes durch zerbrochene Gefässe hindurch geschieht. Wir erleben heute eine Multiplikation, wie wir sie noch nie erlebt haben! Dass nicht nur Einzelkämpfer bis zum letzten Atemzug ihre Gaben einsetzen und ihren Dienst tun, sondern dass sie sich vervielfältigen und multiplizieren. Wir erleben weltweit, wie Teamarbeit und Vernetzung zunehmen. Wir erleben, wie Einheit wächst, Zeichen und Wunder geschehen und Tote auferweckt werden. Wir erleben, wie eine tiefe Sehnsucht in uns Christen wach wird, unser Leben ganz Jesus hinzugeben. Wir erleben heute eine junge Generation, die bereit ist, ganze Sache zu machen – nicht fanatisch zu sein und auszuflippen, sondern sehr real und nüchtern, aber mit Leidenschaft, ihr ganzes Leben hinzugeben.

Küsse das Schwert

Ein amerikanischer Freund, der einen starken prophetischen Dienst hat, hatte einen Traum, in dem er das zweischneidige

Schwert Gottes sah, von einer unwahrscheinlichen Schärfe; und er hörte das Wort: *„Kiss the sword – küsse das Schwert!“* Das Schwert kam immer näher, und die Klinge war nicht nur messerscharf, sondern überscharf. Und zuerst wagte er es gar nicht, seine Lippen überhaupt heranzubringen. Aber er hörte immer wieder das Wort: *„Kiss the sword – küsse das Schwert!“* Schliesslich hat er seine Lippen an diese Schärfe herangedrückt; und plötzlich ist er durch dieses Schwert hindurchgestossen und hat die Lippen Jesu geküsst. Er schaute dann an sich herunter, weil er dachte, nun fliesst das Blut. Aber er sah nichts als Gold, das an ihm herunterlief. „Küsse das Schwert!“ Heute stehen Menschen auf, welche die Wahrheit wieder küssen, welche das Wort wieder küssen, welche Jesus wieder küssen.

Der Messias kommt

Freunde, der Messias kommt! Ich sage dies bewusst mit den Worten der Juden. Der Messias kommt, der Gesalbte kommt! Der „Christos“ kommt! Der Kyrios kommt! Der Pantokrator, der Herrscher über das All, kommt. Keine Macht kann das mehr stoppen! Auch der Teufel merkt, dass es jetzt bedrohlich wird; dass es um das Reich Gottes, die Herrschaft Jesu und die Völker geht; dass wir nicht mehr zufrieden sind mit unserem kirchlichen Pool, mit unseren kleinen Aquarien, sondern dass Völker auf unsere Seelen kommen; dass Christen – Konfessionen hin oder her – aufbrechen, weil uns Gott das Land auf’s Herz legt.

Der Teufel setzt alles dran

Der Teufel spürt: Nun muss er auch „gesalbt“ werden, und er ruft jetzt seinen „Messias“. Er spürt: „Meine Methode, meine Taktik wird immer durchschaubarer, und die gehen mir nicht mehr auf den Leim.“ Früher konnte man noch mit Häme und Auslachen junge Menschen davon abhalten, vor der Ehe nicht in wilder

Sexualität zu leben. Heute kannst du Tausende, Zehntausende und Hunderttausende junger Menschen nicht mehr davon abhalten, dass sie sagen: „Für diesen Gott will ich meinen Körper rein behalten, weil ich mit diesem Leib meinen Gott anbeten will." Der Teufel merkt, dass er uns mit gesellschaftlichem Druck nicht mehr in Schach halten kann. Wir küssen das Schwert der Wahrheit des Wortes Gottes. Und darum muss der Teufel jetzt auch seine „Salbung" bekommen.

Der Drache und das Tier

Kapitel 13 handelt von dieser „dämonischen Salbung" des Teufels. Da steht der Drache, nachdem die Frau in die Wüste geflohen ist und ihm „die Felle davongeschwommen sind", am Strand des Meeres. Was ist das für ein Bild! Wenn ich Maler wäre, würde ich dieses Bild malen: Der Teufel, mit dem Rücken zur Wand, spürt, dass seine gezinkten Karten nicht mehr greifen, und steht nun in Erwartung am Strand des Meeres. Und dann kommt aus dem Meer heraus dieses „gesalbte" Viech. Es heisst in Offenbarung 13:

> *Und ich sah aus dem Meer ein Tier heraufkommen, das zehn Hörner und sieben Köpfe hatte und auf seinen Hörnern zehn Kronen und auf seinen Köpfen gotteslästerliche Namen. Und das Tier, das ich sah, war ähnlich einem Panther, und seine Füsse [waren] wie die eines Bären und sein Rachen wie der Rachen eines Löwen. Und der Drache gab ihm seine Kraft und seinen Thron und grosse Macht.*
>
> *Und ich sah einen seiner Köpfe wie zu Tode getroffen, und seine Todeswunde wurde geheilt. Und die ganze Erde sah staunend dem Tiere nach, und sie beteten den Drachen an, weil er dem Tier die Macht gegeben hatte, und beteten das Tier an und sagten: Wer ist dem Tier gleich, und wer vermag mit*

ihm Krieg zu führen? Und es wurde ihm ein Maul gegeben, das grosse Worte und Lästerungen redete; und es wurde ihm Macht gegeben, es 42 Monate [so] zu treiben.

Und es tat sein Maul auf zu Lästerungen gegen Gott, zu lästern seinen Namen und sein Zelt, [nämlich] die, welche im Himmel ihr Zelt haben. Und es wurde ihm gegeben, „Krieg zu führen mit den Heiligen und sie zu besiegen"; und es wurde ihm Macht gegeben über alle Geschlechter und Völker und Sprachen und Nationen. Und anbeten werden ihn alle Bewohner der Erde, [jeder] dessen Name von Grundlegung der Welt an nicht geschrieben steht im Lebensbuch des Lammes, das geschlachtet ist.

Wenn jemand ein Ohr hat, dann höre er! „Wenn jemand in Gefangenschaft [führt], geht er [selbst] in Gefangenschaft"; wenn jemand mit dem Schwerte töten wird, muss er [selbst] mit dem Schwerte getötet werden. Hier ist die Standhaftigkeit und der Glaube der Heiligen [vonnöten]." (Off. 13,1-10)

Satan weiss, dass die Hingabe Jesu mehr und mehr Menschen fasziniert – diese Demut, diese Sanftmut, dass er nichts getan hat als nur das, was der Vater tat; nichts gesprochen hat als nur das, was der Vater sprach. Dazu hat er seinen Jüngern Vollmacht gegeben, Tote zu erwecken, Kranke zu heilen, Dämonen auszutreiben. Und daher kommt der Teufel auch als dieser „Gesalbte" und gibt dem Tier seine Macht, seinen Thron, grosse Vollmacht und Salbung.

Imitiertes Leiden

Satan weiss ganz genau, dass wir mehr und mehr über das Leiden Gottes entdecken. Wir waren einmal in Colmar vor dem *Isenheimer Altar*. Das Museum in Colmar ist nach dem Louvre das am meisten besuchte Museum in Frankreich. Und warum? Wegen dieses *Isenheimer Altars*, wegen dieses Jesus, der dort hängt. Und auf dem Bild steht unter dem Kreuz das „Lamm, wie geschlachtet". Hunderttausende von Menschen strömen Jahr für Jahr dort hin, um dieses Lamm zu sehen.

Der Teufel lässt sein „gesalbtes Tier" auch leiden. Einer der Köpfe ist zu Tode getroffen. Der Teufel arbeitet jetzt auf dieser Welle des Mitleids und der Bewunderung, wenn diese Wunde geheilt wird. Eine Art Neo-Humanismus; plötzlich wird der Teufel so humanistisch, so menschenfreundlich. Er legt seine alte Drachennatur ab und gibt einem anderen seinen Thron und seine Macht. Er lässt ihn gewähren, dass er das Volk in diese Anbetung des Tieres hineinführt. Und das Volk sagt: „Wer ist diesem Tier gleich?" Und dann wird ihm ein „Mund" gegeben.

Jesus kam mit dem Wort, das ewig ist! Überall, wo das Wort Gottes lebendig wird, da baut es auf, da werden Menschen verändert und gesund, weil es „Ewigwort" ist. Es ist Geist und Leben. Was will der Teufel nun? Er kann grosse Worte machen, er hat ein Maul! Aber er hat keine ewigen Worte! Es sind nur Worthülsen, und diese Worthülsen werden durch den Äther rausgejagt.

Erwählt vor Grundlegung der Welt

Der Teufel wird Krieg führen mit den Heiligen, und er wird in diesem Krieg auch gewinnen. Es ist ganz klar: Standhalten können nur Menschen, deren Namen vor Grundlegung der Welt im Buch des Lebens des Lammes eingeschrieben sind.

Wenn du dich für Jesus entschieden hast, dann ist das nicht einfach deine Entscheidung, sondern diese Entscheidung hat Gott vor der Schöpfung für dich getroffen. Schon vor der Schöpfung hat er dich erwählt; und wenn du jetzt sagst: „Jesus, ich will auch in diesem Buch des Lammes stehen", dann bestätigst du nur etwas, was schon vor Grundlegung der Welt geschehen ist. Wir haben ewiges Leben, uns geht die Puste nicht aus. Jesus lebt in uns, der Auferstandene; und in uns ist diese Auferstehungskraft. Das ewige Leben hat in uns begonnen, und wir haben den Tod hinter uns.

Geduld und Ausharren

Es heisst: *„Hier ist Standhaftigkeit und Glaube der Heiligen [vonnöten]."* Dazu ein kleines Beispiel: Ein Freund von mir hatte urplötzlich eine Gesichtslähmung. Die ganze linke Seite war einfach gelähmt. Was bedeutet das für einen Mann, der zeitlebens auf der Bühne gestanden hat – und nun hängen ihm plötzlich ein Auge und eine Backe und ein Mundwinkel herunter. Hier ist Geduld und Glaube der Heiligen vonnöten. Und ich habe diesen Freund erlebt; der blieb als mein Waffenträger an meiner Seite; und wir haben geglaubt und gebetet. Und andere haben gebetet, und er kam nach Hause – und heute ist sein Gesicht wiederhergestellt. Manchmal müssen wir durch diese Dinge hindurchgehen. Wir können gut vom „Küssen des Schwertes" reden, aber Gott prüft uns und testet uns und erzieht uns, damit wir lernen, dieses Schwert zu küssen.

Einheit von Evangelikalen und Charismatikern

Es kommt noch dicker. Der Teufel hat es ja fertig gebracht, uns Christen gerade über den Heiligen Geist auseinander zu bringen. Das war seit den Tagen in Kassel Anfang des letzten Jahrhunderts das grosse Thema: Ist der Geist „von unten" oder ist er „von oben"? Die Tiere kommen von unten, aber der Geist kommt von oben. Der Geist kooperiert mit dem Lamm. Dieser Geist ist ein reiner Geist, ein heiliger Geist, der Geist der Wahrheit. Das ist der Geist, der uns in das Ebenbild Jesu Christi verwandelt. Das ist der Heilige Geist, der uns lehrt, unser Leben hinzugeben und als Samenkorn in die Erde zu fallen. Das ist der Geist, der uns an das Schwert heranführen wird, weil er in uns Geist und

Seele, Mark und Bein scheidet. Und nachher wird das Gold der Jesusähnlichkeit aus unserem Leben herausfliessen.

Der Teufel merkt auch auf einmal, dass Charismatiker, Pfingstler und Evangelikale mehr und mehr zusammenrücken. Und zwar so, dass die Pfingstler und Charismatiker die Evangelikalen höher achten als sich selber und ihnen Ehre geben, weil sie dem Wort Gottes über Jahrzehnte treu gedient und dieses Wort hochgehalten haben. Und die Evangelikalen geben diesen pfingstlichen und charismatischen Brüdern Ehre und achten sie höher als sich selbst, weil sie den Mut gehabt haben, auf's Wasser zu gehen, als Narren dazustehen und auch von den Sektenberatungen als Sektierer und Spinner verschrien zu werden.

Wir beschnuppern uns schon; und wir spüren, wie schön es ist, mit Evangelikalen zusammen zu sein. Und die Evangelikalen spüren, wie schön es ist, mit den Charismatikern zusammen zu sein. Dies geschieht überall, und ich bin restlos überzeugt, dass der Heilige Geist stärker ist als alle Widerstände.

Vor kurzem ist mit vierundneunzig Jahren einer unserer geistlichen Väter heimgegangen. Dieser Mann war evangelikal – evangelikaler geht's nicht mehr. Und er war ein Mann des Wortes. Von diesem Mann habe ich gelernt, das Wort zu lieben und in das Wort zu gehen und nochmals in das Wort zu gehen. Wir lernen heute, im Spagat zu stehen – einen Fuss im pfingstlichen Lager und einen Fuss im evangelikalen Lager. Wir können ruhig Evangelikale oder Pfingstler bleiben, aber der Heilige Geist bringt uns in eine tiefe Gemeinschaft, in eine Liebe und in eine Achtung hinein. Und nun merkt Satan, dass er uns mit dem Heiligen Geist nicht mehr länger trennen kann. Darum muss er jetzt zu seiner Geheimwaffe greifen.

Das zweite Tier

Jetzt kommt das zweite Tier, das nur noch zwei Hörner hat (Offenbarung 13,11-18). Und es sieht aus wie ein Lamm. Das, was der Teufel am meisten verdammt, ist das Lamm Gottes, das der

Welt Sünde trägt. Nun muss er selber dieses Lammähnliche nehmen, um Menschen zu verführen. Dieses lammähnliche Tier gibt „Geist“ weiter und verführt die Bewohner der Welt. Nachdem es sie bezaubert hat, indem es Feuer vom Himmel fallen liess und Zeichen und Wunder getan hat, verführt es die Bewohner dieser Erde dazu, ein Standbild für das Tier zu machen. Dann gibt es diesem Standbild „Odem“. Und dieses Standbild fängt an zu reden, und die Welt wundert sich und betet dieses Tier an. Es heisst: *„Wer das Tier nicht anbetet, wird getötet. Und wer nicht dieses Malzeichen an der rechten Hand trägt oder an der Stirn, kann nicht mehr kaufen oder verkaufen. Hier ist Weisheit vonnöten.“ (nach Off. 13,15-18)*

Weisheit

Wenn der Teufel sich in einen „Engel des Lichts“ verwandelt, in diese geschmeidige Katze, die springt und auf ihre Beute lauert und mit ihrem grossen Maul Sprüche macht – wie seinerzeit Hitler –, dann brauchen wir viel Weisheit. Damals hat Hitler sein so genanntes „Tausendjähriges Reich“ aufgebaut. Dabei hat er sich selbst zum Messias gemacht; und viele Christen haben für ihn als ihren Messias gebetet. Hier ist Weisheit vonnöten. Wir haben sie so nötig.

Jakobus schreibt: *„Wenn aber jemand von euch an Weisheit Mangel hat, erbitte er sie von Gott ... und sie wird ihm gegeben werden.“ (Jak. 1,5)* Wenn wir die Siege feiern, die Gott heute in dieser Welt wirkt, dann bleiben wir wachsam und nüchtern. Wir werden nicht nachlässig, lehnen uns zurück und denken z.B.: „Jetzt hatten wir ein super Camp, eine gewaltige Konferenz, jetzt gab es einen Durchbruch.“ Nein, wir lehnen uns nicht zurück, sondern wir sind von denen, die weise sind in Jesus. Gott hat uns einen Verstand gegeben, und dieser Verstand wird vom Heiligen Geist erleuchtet.

Der Teufel beeindruckt uns überhaupt nicht, sondern wir wollen das Reich Gottes. Wir wollen, dass dieser wahre Messias, dieser wahre Gesalbte, auf die Welt kommt, dass er die Völker regiert, und dass dieser Satan gebunden wird, der die Völker bis jetzt betrogen hat. Der Gesalbte wird kommen und sein Reich in Kraft aufrichten.

Wo ist mein Volk, das mich anbetet?

Dazu braucht er uns. Wir beten diesen Gott an; und wenn wir anbeten, erschüttern wir den Himmel und auch die Grundfesten des satanischen und dämonischen Reiches.

„I desperately need your worship“, heisst es in einem Lied. Das ist die Stimme des Vaters, das ist die Stimme unseres Freundes. „Wo ist mein Volk, das mich anbetet, das meinen Namen grossmacht? Wo sind meine Söhne und Töchter, an deren Stirnen ich nicht irgendeinen Clip sehe, damit sie kaufen und verkaufen können, sondern den Namen des Vaters. Wo sind die, welche bereit sind, wenn es heisst, ins Gefängnis zu gehen.“ So wie Dietrich Bonhoeffer sagte, als er zur Hinrichtung abgeholt wurde: „Das ist das Ende, für mich der Anfang.“

Wo sind die Schwestern und Brüder, die wissen, es kann uns nichts mehr scheiden von der Liebe Gottes? Wie Luther gesagt hat: „Nehmen sie den Leib, Ehr', Kind und Weib, lass fahren dahin, sie haben's kein Gewinn, das Reich muss uns doch bleiben.“ Das sagen wir nicht, weil uns all das gleichgültig ist. Aber es wird uns nichts daran hindern, dass das Reich Gottes an die erste Stelle kommt und wir für dieses Reich bereit sind, unser Leben hinzugeben – und wenn es sein muss, auch mit dem Tod oder mit Gefängnis.

„Wer Ohren hat, der höre“

Hier ist Geduld und Glaube der Heiligen vonnöten. In allen sieben Sendschreiben der Offenbarung heisst es immer: *„Wer Ohren hat, der höre.“* Freunde, wir können es in diesem heutigen

Lärm leicht überhören: „Der Messias kommt, und zwar der wahre Messias." Auch der falsche Gesalbte macht sich auf den Weg, um die Menschen mit Zeichen und Wundern und Feuer vom Himmel zu verführen; mit falscher Auferstehungskraft und gewaltigen Worten, Philosophien und Ideologien, die durch die Medien gehen werden.

Aber es gibt nur einen Gott und keinen anderen Gott! Und es gibt nur einen Namen im Himmel und auf Erden und unter der Erde, durch den wir gerettet werden sollen, den Namen Jesu. Auch die Moslems sind Menschen, die nach dem Gottesbild geschaffen sind; aber wir können nicht über den Weg einer falschen Salbung gehen. Jesus hat nicht mit Menschen gebetet, die einen anderen Gott angebet haben, sondern er ist für sie gestorben. Und auch wir können unser Leben hingeben für die Moslems. Wir gehen den Weg der Liebe. Wir können ihnen dienen, und zwar in einer Liebe, von der sie überwältigt werden. Aber wir werden die Moslems nicht gewinnen, wenn wir in die Moscheen gehen. Es gibt nur eines, das ewig ist, und das ist die Liebe Gottes. Es gibt nur eines, das das Böse überwindet, das ist die Liebe. Und es gibt nur einen Gott, der über allen anderen Göttern ist. Und wir wollen diesem Gott alle Ehre geben.

Gebet

Jesus, wir haben schon unzählige Male gebetet, was du uns gelehrt hast. Aber wir fangen allmählich an zu verstehen, was diese ersten drei Bitten bedeuten: dass dein Name geheiligt wird und dein Reich kommt und dein Wille geschieht; und dass er nicht nur im Himmel geschieht, sondern hier auf Erden, und dass wir die Werkzeuge sind, durch die du deinen Willen ausübst; dass wir die Werke des Vaters und die Werke Jesu tun.

So hilf uns, Heiliger Geist, hilf du uns zu beten. Komm, fülle jetzt unser Gebet, damit es ein Gebet wird, das hinaufgeht zum Vater, das ihm Ehre bringt, das sein Herz erreicht, das ihn spüren lässt, dass wir ihn wirklich anbeten mit ganzem Herzen, mit ganzer Seele, mit all unserer Kraft, mit unserem ganzen Verstand.

So beten wir jetzt: Vater unser im Himmel, geheiligt werde dein Name, dein Reich komme, dein Wille geschehe wie im Himmel so auf Erden. Unser tägliches Brot gib uns heute und vergib uns unsere Schuld, wie auch wir vergeben unseren Schuldigern. Und führe uns nicht in Versuchung, sondern erlöse uns von dem Bösen. Denn dein ist das Reich und die Kraft und die Herrlichkeit in Ewigkeit. Amen

Kapitel 9

Auf das Lamm schauen

Das ewige Evangelium
Offenbarung 14,1-13

Und ich schaute auf, und siehe da das Lamm. Es stand auf dem Berg Zion und mit ihm 144 000, die seinen Namen und den Namen seines Vaters auf ihren Stirnen geschrieben trugen.

Und ich hörte einen Ton aus dem Himmel wie den Ton vieler Wasser oder wie den Ton eines starken Donners, nein, der Ton, den ich hörte, war wie von Harfenspielern, die auf ihren Harfen spielten. Und sie sangen ein neues Lied vor dem Thron und vor den vier Wesen und den Ältesten, und niemand konnte das Lied lernen, als nur die 144 000, die aus den Bewohnern der Erde erkauft sind. Diese sind es, die sich mit Frauen nicht befleckt haben; denn sie sind jungfräulich rein. Diese sind es, die dem Lamme nachfolgen, wohin es auch geht. Diese sind aus den Menschen erkauft worden als Erstlinge für Gott und das Lamm, und „in ihrem Mund ist keine Lüge gefunden worden“; sie sind untadelig.

Und ich sah einen andern Engel, der ein ewiges Evangelium an die Bewohner der Erde und alle Nationen und Stämme und Sprachen und Völker zu verkünden hatte, im Zenit fliegen, und er sprach mit lauter Stimme: Fürchtet Gott und gebet ihm die

Ehre, denn die Stunde seines Gerichts ist gekommen; und betet den an, der den Himmel und die Erde und das Meer und die Wasserquellen gemacht hat!

Und ein andrer Engel, ein zweiter, folgte [ihm] und sprach: „Gefallen, gefallen ist das grosse Babylon", das mit dem Zornwein seiner Unzucht alle Völker getränkt hat.

Und ein andrer Engel, ein dritter, folgte ihnen und sprach mit lauter Stimme: Wenn jemand das Tier und sein Bild anbetet und ein Malzeichen auf seiner Stirne oder auf seiner Hand annimmt, wird auch er trinken [müssen] von dem Zornwein Gottes, der unvermischt eingeschenkt ist in den Becher seines Zorns, und wird gepeinigt werden in Feuer und Schwefel vor den heiligen Engeln und vor dem Lamm. Und der Rauch ihrer Peinigung steigt auf in alle Ewigkeit; und Tag und Nacht haben die keine Ruhe, die das Tier und sein Bild anbeten, und wer das Malzeichen seines Namens annimmt. Hier ist die Standhaftigkeit der Heiligen [vonnöten], die die Gebote Gottes und den Glauben an Jesus festhalten.

Und ich hörte eine Stimme aus dem Himmel sagen: Schreibe: Selig sind die Toten, die im Herrn sterben, von jetzt an. Ja, spricht der Geist, sie sollen ruhen von ihren Mühsalen; denn ihre Werke folgen ihnen nach. (Off. 14,1-13)

Am Herzstück des Evangeliums

Hier kommen wir an das Herzstück des Evangeliums. Es gibt kaum einen anderen Text, der mich innerlich so trifft und aufwühlt, aber gleichzeitig mit so viel Ruhe und Frieden erfüllt und alles in mir auf eine andere Ebene hebt. Wenn ich diese Stelle lese, werde ich immer an Jesaja 33,17 erinnert: *„Den König in seiner Schönheit werden deine Augen sehen, werden über ein weites Land hinschauen."*

„Und ich schaute", heisst es hier, und manchmal muss man lange schauen. Wir sind immer so schnell, und eigentlich sehen wir nur das, was wir sehen wollen. Aber Schauen heisst: Hinsehen – vorurteilslos, ohne eigene Vorstellungen, Erwartungen und Gedanken. Das ist in Bezug auf das Evangelium immer so. Wenn wir nicht wirklich schauen, verpassen wir unseren Gott.

Eine ganze Generation gelehrter Theologen in biblischer Zeit hat diese Schönheit Jesu nicht gesehen, weil sie nur das sehen wollten, was schon in ihren Herzen und Gedanken war und ihre Theologie zuliess. Aber Johannes der Täufer sah diesen Wanderprediger und sagte: *„Siehe, das Lamm Gottes, das die Sünde der Welt hinwegnimmt." (Joh. 1,29)*

„Siehe, das Lamm Gottes ..."

Ich wüsste nichts, was uns Gott lieber zeigen würde als das Lamm. Ich könnte nicht leben, wenn ich dieses Lamm nicht sähe. Wie viele Menschen, die sensibel waren wie beispielsweise *Nietzsche*, sind einfach durchgedreht; *Robert Walser*, ein Schweizer Schriftsteller, landete in der psychiatrischen Klinik in Herisau. Er hat das Lamm nicht gesehen, und darum hat ihn die Dunkelheit überwältigt. Und wie oft hat mich die Dunkelheit schon verschlingen wollen, und zum Glück habe ich das Lamm gesehen.

Vor einiger Zeit hat man in Zürich einen siebzigjährigen Rabbiner auf offener Strasse wie einen räudigen Hund niedergeknallt, *Abraham Grünbaum*. Es war nicht das erste Mal, dass orthodoxe Juden in Zürich niedergemacht wurden. Über mich kam eine solche Verzweiflung. Was tun? Dieser Mann, der den Holocaust in Polen überlebt hat, ein Familienvater von zwölf Kindern, ist unterwegs von einer Synagoge zu einer anderen und wird in der Nähe des Bahnhofs niedergeschossen. Ich ging damals zu dieser Strasse, um ein paar Rosen hinzulegen. Aber was für eine Erschütterung: in dieser grossen Stadt Zürich – keine Kerze, keine Blume, nichts! Ich sage das nicht aus Anklage, ich sage es aus Verzweiflung. Wenn ich das Lamm nicht sehen würde, auch in dieser Weberstrasse, wo der alte Mann mit den eingesammelten Schweizerfranken für seine Talmudschule sein Leben ausgehaucht hat; ein Siebzigjähriger, der besorgt ist, dass eine junge Generation in den Schriften der Väter aufwächst – wenn ich das Lamm nicht sehen würde.

Beim *Aids*-Weltkongress steht ein zwölfjähriger Junge aus Südafrika – abgemagert, mit übergrossen Schuhen – für Millionen von Aidskranken und sagt: „Man kann uns die Hände halten, man kann uns küssen. Wir sind normale Menschen, wir sind keine Unwesen." Später ist er an seiner Krankheit gestorben. Freunde, wenn man das Lamm nicht sähe! Hunderttausende Waisen von an Aids verstorbenen Eltern, Millionen von Aidskranken, die einfach hingemäht werden – wenn wir das Lamm nicht sehen würden!

Oder jenes *Attentat* in Tel Aviv. Es waren vor allem die Kinder russischer Einwanderer, die dort in dem Nightclub von einer Bombe getötet worden sind. Dabei fragen sich gerade die Russen: „Sollen wir nicht wieder nach Russland zurückgehen? Wir haben geglaubt, unseren Kindern hier in Israel eine Zukunft bereiten zu können, und nun werden sie auf diese Art und Weise einfach zerstört." – Ja, wenn man das Lamm nicht sähe.

Dieses Lamm steht auf dem Berg Zion. Das ist der berühmte Berg in Jerusalem, und dieser Ort hat viele Bedeutungen. Es ist jener Berg, wo David seine Burg gebaut hat. Zion ist aber auch der Inbegriff der Sehnsüchte eines Volkes, das seinen Gott gefunden hat. Sogar Blumhardt hat diesen Begriff Zion wieder aufgenommen und gesagt: „Wir Christen sind bestimmt, Zion zu sein." Wenn wir unsere Gemeinden betrachten, dann müssen wir auch das Lamm sehen: Es steht über jeder Gemeindesituation.

Jan van Eyck / Hubert van Eyck,
Anbetung des Lammes, Detail aus dem Genter Altar, um 1432

Keine Gleichheit

Und dann lesen wir: *„... mit ihm 144 000, die seinen Namen und den Namen seines Vaters auf ihren Stirnen geschrieben trugen."* Diese 144 000 werden ja schon vorher im Buch der Offenbarung erwähnt (Kap. 7). Und sie spielen auch in der Kirchengeschichte immer wieder in bestimmten Bewegungen eine grosse Rolle. Ich weiss, es ist ärgerlich, denn das klingt so nach „numerus clausus", der Aufnahmebeschränkung von Studentinnen und Studenten zum Studium. Aber das Evangelium kennt keine Gleichheit, und auch im Himmel gibt es keine Gleichheit. Da sind wir alle geliebt, alle erwählt, alle abgewaschen durch das Blut Jesu Christi, alle getauft mit dem Heiligen Geist – aber Gleichheit in unserem Sinne gibt es da nicht!

Wir haben uns damit abzufinden, auch die Engel müssen sich damit abfinden. Da gibt es z. B. Erzengel – man kann sich vorstellen, was für Eifersüchteleien es auch unter den Engeln geben kann. Und da gibt es nur vierundzwanzig Älteste um den Thron Gottes. Und warum nur vier lebende Wesen? Das ist Gott, das ist seine Gnade. So sagt er denen, die nach Gleichheit trachten: „Kann ich mit dem Meinen nicht machen, was ich will? Steht es mir nicht zu, meine Geschenke so zu verteilen, wie ich es im Herzen habe! Du kriegst doch alles! Du bist in der Ewigkeit, du siehst das Lamm, du siehst diese Herrlichkeit, du kannst mich anbeten. Aber es ist an mir, zu bestimmen, wem ich was geben will." Das ist in gewissem Masse ein Ärgernis.

Wir erleben das auch bei den Prophetien. Da kommen Propheten in Gemeinden oder an Konferenzen und haben eine Prophetie für eine bestimmte Person. Und andere sind vielleicht enttäuscht. Aber wir haben uns zu „demütigen unter die gewaltige Hand Gottes", der bestimmt: „Diesem Menschen will ich heute abend die volle Portion geben, das vollgerüttelte, gestrichene, überfliessende Mass." Das ist Gott! Wir haben nur eine Möglichkeit – uns zu freuen! Wenn Gott es will, dann schüttet er alles über dir aus, bis du schreist: „Gott, ich kann nicht mehr, stopp, es ist zu viel." Und wir stehen daneben und sagen: „Gott, du bist wunderbar, grossartig, so ein gewaltiger Gott." Diese 144 000 werden in Offenbarung 7 auf die Juden bezogen, auf die zwölf Stämme Israels. Und Gott will uns damit sagen: die Juden zuerst.

Gott will uns eifersüchtig machen

Ich glaube, dass Gott uns mit diesen 144 000 auch eifersüchtig machen und reizen will. Ich möchte auch dieses „neue Lied" zusammen mit ihnen singen können. Sicher haben wir alle schon einmal das Hallelujah aus Händels Messias gehört. Es gehört zu den schönsten Erlebnissen, in einem Chor zu stehen und dort zu singen: „Hallelujah, Hallelujah, Hallelujah." Und daher möchte ich im Himmel nicht einfach nur mit Tränen sitzen und sagen: „Wie schön die 144 000 singen." Ich will im Chor sein und mitsingen! Das fordert mich heraus, das reizt mich. Jesus sagt, dass wir unverschämt im Bitten sein sollen wie die Witwe! *„Bittet, so wird euch gegeben werden; suchet, so werdet ihr finden; klopfet an, so wird euch aufgetan werden." (Mat. 7,7)* Und glauben wir, Gott würde diese Zahl der Sänger nicht etwas aufstocken? Also, wenn tausend Jahre wie ein Tag sind und ein Tag wie tausend Jahre, ist das für Gott mit seiner himmlischen Mathematik überhaupt kein Problem.

Ein ganz normales Christenleben

Gott reizt uns. Und all das, was in unserem Text über diese 144 000 gesagt wird, gehört zum normalen Level eines jeden Jüngers, einer jeden Jüngerin Jesu.

Wie sie *„versiegelt"* sind, so sind wir alle im Heiligen Geist versiegelt (2. Kor. 1,22). Und versiegelt sein heisst: *dass dieser Name Jesu und der Name des Vaters an unsere Stirn kommt.* Wenn schon das Tier dieses Mal geben kann, wie viel mehr wird

Gott uns dieses Mal geben. Wenn schon das Tier Hände und Stirn tätowiert, wie viel mehr wird der Heilige Geist uns tätowieren mit dem Namen Jesu und mit dem Namen des Vaters.

Und es heisst, sie seien *„erkauft"*. Wir sind auch losgekauft, so wie man einen Sklaven loskauft, durch das Blut Jesu Christi. Und dann: Sie haben sich *mit Frauen nicht befleckt*. Das ist nicht ein Keuschheitsideal, sondern es bedeutet, was Paulus in 2. Kor. 11,2 sagt: *„... ich habe euch einem Manne verlobt, um euch als reine Jungfrau Christus zuzuführen."* Da geht es um Verheiratete, Unverheiratete, Verwitwete, Geschiedene – egal. „Jungfräulich" meint: Ich gehöre meinem Jesus. Ob verheiratet oder nicht verheiratet, mein Leib ist ein Tempel Gottes.

Und dann lesen wir weiter, dass sie *„dem Lamme nachfolgen, wohin es auch geht"*. Ob wir jetzt das Gefühl haben, zu diesen 144 000 zu gehören oder nicht, wir folgen dem Lamm nach, wir haben gar keine Wahl. Wenn ich das Lamm nicht mehr sehe, überwindet mich die Dunkelheit und all das, was aus meinem Fleisch zurückkommen will. Und wir folgen dem Lamm, *„wohin es auch geht"* – auch wenn es zum Sterben ist.

Und dann heisst es noch einmal: Sie sind *„Erstlinge für Gott und für das Lamm"*, und in ihrem Mund ist kein Betrug, keine Unwahrheit, keine Lüge gefunden worden. Ob wir zu den grossen Aposteln, Evangelisten oder Lehrern gehören, egal, wo dein Platz ist – wir sind von denen, die erkauft sind durch das Blut Jesu Christi. Wir sind versiegelt mit dem Heiligen Geist. Wir besudeln uns nicht in unwürdiger Weise, indem der andere zum Gegenstand wird. Wir leben auch unsere Sexualität vor Gott, der diese Sexualität als eine gute und vollkommene Gabe geschaffen hat.

Das ist unser Massstab, aber nur, wenn wir das Lamm sehen. Wenn ich auf mich sehe, dann kann ich verzweifeln; und wenn ich auf die Welt sehe, dann werde ich auch verzweifeln. Aber wir schauen und schauen und schauen, bis wir in all diesem Wust von Schmutz eine Perle sehen! Ein Zeichen von Leben und Hoffnung.

Die drei Engel mit dem „dreifachen" Evangelium

Der erste Engel, der das ewige Evangelium predigt, predigt eigentlich den Predigern und Hauskreisleitern. Und was predigt er? Das *Evangelium für die Armen*. Es ist nicht mehr die Zeit für hohe Theologie. Wir brauchen Theologie, aber wir müssen nicht Theologie predigen. Wir brauchen heute ein Evangelium für die Armen, für die Einfachen; ein Evangelium, das in die Menschenherzen hineingeht; so wie es z. B. Reinhard Bonnke in Afrika macht. Er predigt ein einfaches Evangelium und hat sich das Ziel gesetzt, in den nächsten Jahren Millionen von Menschen durch die Kraft des Heiligen Geistes in das Reich Gottes „hineinzupredigen". Und wir zerreissen uns dann in unserem akademisch, theologischen Milieu das Mundwerk und sagen: „Das hat zu wenig Niveau." Aber die Früchte entscheiden! Wenn Millionen von geretteten Menschen nicht Früchte sind, was sind denn dann überhaupt noch Früchte? Wir brauchen wieder dieses einfache Evangelium. In meinem Herzen ist ein tiefer Schrei nach diesem einfachen Evangelium für die Armen.

Jesus hat dieses einfache Evangelium gepredigt. Paulus war dann etwas theologischer. Aber er hat das Evangelium wenigstens gelebt, indem er von seiner Hände Werk als Zeltmacher lebte, indem er sich ins Gefängnis werfen liess, geschlagen wurde und schliesslich sein Leben in Rom in der Christenverfolgung verlor. Das war sein einfaches Evangelium.

Der zweite Engel ruft: *„Gefallen, gefallen ist das grosse Babylon, das mit dem Zornwein seiner Unzucht alle Völker getränkt hat."* Das ist das *Evangelium der Hoffnung und der Kraft*. Freunde, wir nehmen das, was in der Politik weltweit geschieht, unheimlich ernst. Aber bevor überhaupt das grosse Babylon gefallen ist, kommt hier schon der Engel und sagt: „Gefallen, gefallen ist das grosse Babylon." Das gehört auch zum Evangelium, dass wir Dinge vorwegnehmen, antizipieren! Das Evangelium nimmt immer etwas vorweg. Wenn wir Abendmahl feiern, ist das die Antizipation der göttlichen Hochzeit mit dem Lamm. Wenn wir Gott anbeten, ist das eine Antizipation dessen, was einmal mit diesen 144 000 geschehen wird – wenn wir zusammen mit ihnen das Lamm anbeten werden mit diesem „neuen Lied“, das nur diejenigen singen werden, die „dem Lamme nachfolgen, wohin es auch geht“.

Wir müssen wieder mutiger werden. Denken wir an *Daniel.* Was war das für eine vertrackte Zeit – Daniel in der Löwengrube, riesige Standbilder, Feueröfen, die zehnfach überheizt wurden, damit man allfällige Rebellen in den Ofen werfen konnte. Und inmitten dieser Zeit schreibt Daniel: *„Dein Reich ist ein unerschütterliches Reich.“ (nach Daniel 2,44; 7,14.27)* Und er empfängt diese Vision, wie ein Stein herunterkommt und das gewaltige, imponierende Standbild mit dem goldenen Kopf, aber den tönernen Füssen zerschmettert, so dass nichts mehr übrig bleibt. Das müssen wir predigen: „Gefallen, gefallen ist Babylon.“ Und nur zur Erklärung: Damit meine ich nicht die Kirche. Es geht hier um Weltzentren der Macht.

Der dritte Engel ist ein Mahner. Er predigt das *Evangelium der Wahrheit,* und er predigt radikal. Es gibt diese Grautöne nicht. Sei lieber ein „Fundamentalist“, sei lieber ein „Sektierer“, aber bleib der Wahrheit nichts schuldig. Und das heisst nicht, mit dem Finger auf den anderen zu zeigen und mit der Hölle zu drohen. Aber es bedeutet, ihm zu sagen: „Es gibt Leben und Tod, und wir haben uns zu entscheiden.“ Es gibt eine Ewigkeit, und wir können uns entscheiden, ob wir in der Nähe dieses gewaltigen, erbarmenden Gottes und Vaters leben wollen und das Lamm anbeten, damit es uns weidet und zu den Wasserbächen führt, oder nicht. Es ist das Evangelium der Klarheit, der Eindeutigkeit. Und wir wissen genau, dass man das in unserer Gesellschaft nicht mehr predigen darf. Man muss alles so einpacken, dass man tolerant und gesellschaftskonform ist. Aber Jesus hat gesagt: „Ich bin der Stein, den die Bauleute verworfen haben. Jeder, der auf diesen Stein fällt, wird daran zerschellen oder er wird aufgerichtet werden.“ Es ist nur die Wahrheit, die frei macht, nichts anderes. Aber Wahrheit, die wir in Liebe bringen.

Kapitel 10

Ist Gott gerecht?

Die sieben Zornesschalen
Offenbarung 15

Johannes hat schon vieles gesehen, seitdem er zum ersten Mal den Ruf hörte: *„Steig herauf!“ (Off. 4,1; Luth.)* Eine gewaltige Schau dessen, was kommen wird, ist vor seinem Geist in packenden, farbigen, starken Bildern vorübergezogen. Manchmal lag er wie tot am Boden. Aber vor dem Zeichen, das er jetzt sieht, steht er selber noch einmal wie ein Träumender – es ist wie eine Krone der bisherigen Bilder.

> *Und ich sah ein andres Zeichen im Himmel, gross und wunderbar: sieben Engel, welche sieben Plagen hatten, die letzten; denn durch sie wurde der Zorn Gottes vollendet. Und ich sah (etwas) wie ein gläsernes, mit Feuer(-schein) untermischtes Meer, und die Sieger über das Tier und über sein Bild und über die Zahl seines Namens standen an dem gläsernen Meer und hatten Harfen (zum Preise) Gottes.*
>
> *Und sie sangen das Lied des Mose, des Knechtes Gottes, und das Lied des Lammes: Gross und wunderbar sind deine Werke, Herr, allmächtiger Gott; gerecht und wahr sind deine Wege, König der Völker. Wer sollte nicht fürchten, Herr, und preisen deinen Namen? Denn du bist allein heilig; „alle Völker werden kommen und vor dir anbeten“, weil deine gerechten Taten offenbar geworden sind.*

Und darnach schaute ich auf, und der Tempel, das heilige Zelt im Himmel, wurde geöffnet, und die sieben Engel, die die sieben Plagen hatten, kamen aus dem Tempel heraus, bekleidet mit reinem, glänzendem Linnen und die Brust umgürtet mit goldenen Gürteln. Und eins von den vier Wesen gab den sieben Engeln sieben goldene Schalen voll des Zornes Gottes, der in alle Ewigkeit lebt. „Und der Tempel wurde voll Rauch" von der Herrlichkeit Gottes und von seiner Macht, und niemand konnte in den Tempel hineingehen, bis die sieben Plagen der sieben Engel vollendet waren.

Und ich hörte eine laute Stimme aus dem Tempel zu den sieben Engeln sagen: Geht hin, giesst die sieben Schalen des Zornes Gottes auf die Erde aus! (Off. 15,1-16,1)

Die geretteten Sklaven am Roten Meer

Wahrscheinlich fällt es uns schwer, auf Anhieb zu erkennen, was diesem Seher so gross, so wunderbar, so überwältigend erscheint. Sicher, es sind die sieben Engel, die aus dem geöffneten Tempel hervortreten; aber zuerst ist es das gewaltige Bild dieses gläsernen Meeres, durchzuckt von Feuerblitzen – eine schwache Erinnerung an jenes Rote Meer zur Zeit des Mose, das in der aufgehenden Sonne geleuchtet und geglitzert hat. Da stand dieses Sklavenvolk am Ufer und schaute hinein in die Fluten, auf denen sich dieser Feuerball spiegelte, wo eben die ägyptische Reiterei mit ihren Wagen versunken war. Und zaghaft griffen sie zu den Lauten, Mirjam allen voran, und dann sangen sie – diese geretteten, befreiten Sklaven, die eben noch geschrien hatten und die ganze Nacht über durch dieses Meer hindurchgezogen waren, diese Schar, die mit Kindern und Tieren Millionen zählte. Jetzt sangen sie das Lied der Geretteten: „*Gross und wunderbar sind deine Werke, Herr, allmächtiger Gott; gerecht und wahr sind deine Wege, König der Völker.*"

Da ist ein Stück Recht sichtbar geworden. Vierhundert Jahre unterdrückt in Sklaverei, vierhundert Jahre Ziegel gebrannt für die Pharaonen, vierhundert Jahre geschunden mit den Lederpeitschen, vierhundert Jahre zur Arbeit getrieben – und immer wurde der Level noch höher gesetzt. Zum Schluss mussten sie das Stroh selber suchen; ihre Hände waren aufgerissen, und immer noch galt es, dieselbe Menge Ziegel herzustellen. Über Generationen dieses Sklavendasein!

Einige konnten sich noch daran erinnern, dass vor Urzeiten einmal Väter zur Zeit der Hungersnot in dieses Pharaonenland gekommen waren. Sie hatten ein Wort von Gott, dass sie einmal zurückgeführt werden würden in das Land dieser Väter, ein Land, wo Milch und Honig fliesst. Und jetzt stehen sie vor diesem Meer, das rotgefärbt ist, nicht vom Blut der Ägypter, sondern von dem Blut der aufgehenden Sonne. Und diese Sklaven, die am ganzen Leib zittern und ihre Freiheit noch gar nicht fassen können, singen jetzt: „Du bist ein gerechter Gott; du bist ein wahrer Gott; du bist wirklich ein lebendiger Gott. Du hältst dein Wort, deine Wege sind gerecht und wahrhaftig."

Die Schar der Überwinder am gläsernen Meer

Das Ganze ist jedoch nur ein schwacher Abglanz im Vergleich zu dem Bild, das der Seher jetzt sieht: Ein gläsernes Meer, wie Kristall. Und an diesem Meer steht die *Schar der Überwinder*, die durch das Wort ihres Zeugnisses und das Blut des Lammes überwunden haben. Diese Millionen und Millionen, die ihr Leben hingegeben haben, die an Kreuze geschlagen wurden, die in Gefängnissen verrottet sind – wie beispielsweise *Marie Durand*, die an die Wände jenes feuchten Gefängnisturmes von Aigues Mortes geschrieben hat: „Résistez! Widerstehet!" Dazu diejenigen, die um Jesu willen auf Galeeren angeschmiedet wurden, die man über Felsen gestürzt hat, die man verhungern liess oder die in schwierigsten Situationen, unter Mobbing, Feindschaft und Ablehnung, überwunden haben. Da stehen sie mit den Harfen

Gottes in ihren Händen. Und vor diesem gläsernen Meer mit diesen zuckenden Blitzen, mit diesem Feuer, das durch dieses Kristall hindurchgeht, singen sie das *Lied des Knechtes Mose* und gleichzeitig *das Lied des Lammes*, das diese Milliarden von Menschen durch sein Opfer in die Freiheit geführt hat. Was für ein Bild! Und was für eine Schar!

Schon einmal haben wir von diesem Rauschen wie Wasser gehört, von diesem Rauschen der Harfen. Jetzt sehen wir es. Und wir werden auch einmal am Rande dieses Meeres stehen, wenn wir Überwinder sind. Wir werden einmal diese Harfen Gottes in unseren Händen haben. Und dann wird es keine Geheimnisse und keine Rätsel mehr geben, keine Dunkelheit. Alles wird offenbar sein wie Kristall – alles klar und einsichtig.

„Gott, jetzt endlich versteh ich dich!"

Wir werden erkennen: Jetzt sind sie offenbar, diese gerechten Taten Gottes, seine wunderbaren Wege. Immer wieder haben wir durch die Jahrtausende bekannt, dass Gottes Wege höher sind als Menschenwege und seine Gedanken höher als Menschengedanken. Und doch haben wir nicht verstanden und begriffen, warum Gott so handelt. Und wir haben gesagt: „Gott, ich vertraue dir, ich glaube dir, du bist gut." Aber immer wieder gab es dieses Dunkel auf der Welt; und jetzt plötzlich das kristallene Meer! Alle Gedanken Gottes, alle Wege Gottes – kristallklar. Und wir können nur niederfallen und diesen Gott anbeten und sagen: „Gott, jetzt endlich versteh ich dich, du hast alles richtig gemacht! Du bist dieser gerechte Gott, dieser wahre Gott. Du bist dieser Vater!"

Die geistlichen Fischgräten

Und was ist nun mit dem *Zorn Gottes*, von dem in unserem Wort des Johannes zu lesen ist? Mit diesem Text ist es wie mit einem Fisch. Fische haben ein wunderbares, zartes, weisses Fleisch.

Aber da sind auch Gräten, und wer unbedacht einfach hineinschlingt, ohne aufzupassen, dem kann eine solche Gräte im Hals stecken bleiben. Dann muss man ihn auf den Kopf stellen und klopfen, damit die Gräte wieder herauskommt. Und schon viele Christen haben sich an diesem Text verschluckt und gesagt: „Das kann doch kein Gott sein, der Zorn hat.“ Ja, der Zorn Gottes ist eine solche Gräte! Gott ist doch Liebe. Viele Christen haben sogar gesagt, dass es eine Allversöhnung geben wird; bereits ganz früh in der Kirchengeschichte wurde geglaubt, dass Gott nochmals alles mit sich versöhnt, auch den Satan und die gefallenen Engel.

Es gibt noch weitere Gräten. Von Plagen ist die Rede und von Gerichten, obwohl wir doch sagen: „Alles Gute kommt von oben. Der Vater ist der Geber aller guten Gaben, in ihm ist nur Licht und keine Finsternis.“ Und eine andere Gräte: Da wird mit Harfen gesungen, und gleichzeitig kommen Gerichtsengel heraus mit Schalen voll von dem Wein des göttlichen Zornes; und die Schalen werden über die Welt ausgegossen. Wie kann man singen und gleichzeitig geschieht Gericht?

Schliesslich heisst es, dass der Tempel voll wurde vom Rauch der Herrlichkeit Gottes und von seiner Macht. Niemand konnte mehr in den Tempel hineingehen. Alle Kommunikation war abgebrochen. Niemand konnte mehr zu diesem Herzen Gottes vordringen – wie damals, als Jesus am Kreuz hing und betete: *„Mein Gott, mein Gott, warum hast du mich verlassen?“ (Mat. 27,46)*

Der heilige Zorn Gottes

Ja, wie ist das mit diesem Zorn Gottes? Freunde, das ist kein menschlicher Zorn! Das ist nicht diese aufgestaute Wut, die wir manchmal über Jahre oder Jahrzehnte im Bauch haben! Und irgendwann bricht diese Wut durch, und dieser Hass, der im Grunde genommen Mord ist, kommt nach oben.

Das ist nicht der Zorn, von dem die Bibel spricht. Der Zorn Gottes kommt aus dem Tempel, aus dem Allerheiligsten, und er wird von Engeln mit leinenen, glänzenden Gewändern herausgetragen. Da entlädt sich nicht aufgestaute Wut, sondern da geschieht etwas Heiliges. Das ist etwas Gefasstes, so wie ein Edelstein gefasst ist in einen Ring. Die Schalen, in denen der Zorn Gottes gebracht wird, sind goldene Schalen. Und sie werden von einem dieser vier Wesen, die unmittelbar vor dem Schöpfer Gott sind, den Engeln überreicht. Und während dieser Zorn ausgegossen wird, ist der Tempel erfüllt von der Gegenwart Gottes, vom Rauch der Herrlichkeit, vom Rauch seiner Kraft.

Freunde, das ist etwas völlig anderes. Wir erinnern uns: Auch Jesus war zornig, als er einmal gesagt hat: *„Wer aber einen dieser Kleinen, die an mich glauben, zur Sünde verführt, für den wäre es besser, dass ihm ein Mühlstein um den Hals gehängt und er in die Tiefe des Meeres versenkt würde." (Mat. 18,6)* Das war *heiliger Zorn.* Da, wo man Kleine verführt, nicht mehr an diesen Gott zu glauben, wo man sie verführt und ihr Leben vernichtet.

Oder denken wir an den Zorn von Jesus gegen alles Pharisäische, gegen diese Heuchelei, Kümmel und Petersilie zu verzehnten und gleichzeitig die Propheten zu töten, wo man sich am Sabbat weigert, sich zu freuen, wenn ein Mann mit einer erstorbenen Hand geheilt wird. Da heisst es: *„(Jesus) sah sie ringsum an mit Zorn." (Mark. 3,5; Luth.)* Und Jesus sagte: „Was macht ihr, wenn am Sabbat ein Schaf in den Brunnen fällt, ihr zieht es heraus. Und wenn ein Ochs in den Brunnen fällt, ihr zieht ihn heraus, weil es um eure Finanzen geht. Aber wenn da ein Sohn Abrahams ist oder eine Tochter Abrahams, deren Strick am Sabbat gelöst wird oder dessen Hand am Sabbat geheilt wird, dann habt ihr versteinerte Gesichter."

Der gerechte Vater

Freunde, dieser Zorn hat etwas mit Gerechtigkeit zu tun. Gott ist ein gerechter Gott. Und er liebt Gerechtigkeit, und er hat nie aufgehört, auch im Neuen Bund nicht, ein gerechter Gott zu sein. Er ist ein Vater, aber er ist ein gerechter Gott! Verstehen wir das?

Sogar Jesus hat in seinem letzten Gebet, das er zu seinem Vater gebetet hat, gesagt: *„Gerechter Vater!" (Joh. 17,25)* Das sagt einer, der seinen Vater durch und durch kannte. Gott ist kein Kumpel, sondern ein gerechter Gott!

Wir alle haben ein Gerechtigkeitsbewusstsein in uns. Du weisst, wenn dir Unrecht geschieht; und manchmal kämpft es in dir. Das hat Gott in dich hineingelegt, weil er ein gerechter Gott ist; und darum ist Ungerechtigkeit etwas, das dir Mühe macht. Das spüren schon die Kinder, wenn es in der Schule ungerecht zugeht. Das spürt man auch an den Arbeitsplätzen, wenn die befördert werden, die es überhaupt nicht verdient haben. Vitamin B nennt man das. Manch einer kommt auch in den Regierungsrat, Gemeinderat, Stadtrat auf irgendwelchen krummen Wegen. Oder was wird in den Betrieben gemobbt, was wird da gelitten bis zum Geht-nicht-mehr! Und wie viel Ungerechtigkeit und Leid gibt es auch in so manchen Mietswohnungen.

Gott kämpft für diese Gerechtigkeit. Paulus hat einmal gesagt: *„Rächet euch nicht selbst, Geliebte, sondern gebet Raum dem Zorn (Gottes); denn es steht geschrieben: ‚Mir gehört die Rache, ich will vergelten', spricht der Herr." (Römer 12,19)* Glauben wir doch nicht, dass dieser Gott ein „Pappeli" ist, der beide Augen zudrückt und sagt: „Das sind meine lieben Kinderlein, und die sind jetzt halt mal so." Nein, Recht ist Recht. Und dieser Gott wird noch einmal Recht schaffen unter den Völkern, zwischen den Böcken und den Schafen. Paulus sagt ganz klar im Galaterbrief: *„Irret euch nicht! Gott lässt seiner nicht spotten." (Gal. 6,7)* Wir können nicht „gut" „böse" nennen, und „schwarz" „weiss" nennen. Wir haben einen gerechten Vater.

Wir sind die Gerechtigkeit Gottes

Wenn du zum Glauben kommst an Jesus Christus, dann bist du durch die Wiedergeburt ein Gerechter. Mehr noch, du wirst diese Gerechtigkeit Gottes, wie Paulus gesagt hat, weil Jesus für dich und für mich und für diese Welt zur Sünde geworden ist

(2. Kor. 5,21). Das ging mit rechten Dingen zu; und das geht heute noch mit rechten Dingen zu, dass dein Leben, so verfuhrwerkt es ist, von Gott in Ordnung gebracht wird. Nicht, weil du ein flotter Kerl oder eine flotte Tochter bist, nicht, weil du die Ehe nie gebrochen hast oder nie abgetrieben, Hasch genommen oder gestohlen hast; sondern weil dieser Jesus Christus sich für dein und für mein Leben hingegeben hat, deine und meine Schuld getragen hat – dafür kriegst du jetzt die Gerechtigkeit Gottes!

Auch wir sind zornig gegen das Unrecht

Wir laufen dann anders durch diese Welt. Wenn in einem Bus jemand angepöbelt wird, dann haben wir uns einzumischen! Nicht, weil wir besser sind! Wir sind nicht besser, wir sind begnadet. Aber wenn ich gerecht bin, dann will ich auch wie mein Vater für diese Gerechtigkeit in der Welt einstehen. Dann können wir nicht mehr länger schweigen. Dann sind wir Zeugen – Zeugen für die Wahrheit, Zeugen für diesen Gott, Zeugen für seine Ordnungen! Und wenn es um die Fristenlösung geht und gesagt wird, der Mensch habe das Verfügungsrecht über seinen eigenen Bauch und über das Leben, was Gott geschaffen hat, dann haben wir eine Stimme zu erheben. Es geht dabei um das Recht Gottes, um seine Schöpfung. Ich glaube, dass auch wir Christen ab und zu zornig werden können. Nicht in einem fleischlichen Zorn, aber es gibt einen Zorn gegen das Unrecht.

Es gibt, wie Paulus es im Römerbrief gesagt hat, nicht nur eine Offenbarung des Vaterherzens und der Gnade, sondern es gibt auch eine *„Offenbarung des Zornes Gottes“* über alle die, welche die Wahrheit Gottes in Ungerechtigkeit festhalten (Röm. 1,18). Tatsächlich glaube ich, dass wir bereits ein Stück Offenbarung des Zornes Gottes erleben in dem, was in unserer Gesellschaft heute passiert. Es heisst, Gott *„gab sie dahin“ (Röm. 1,24).* Es gibt irgendwann mal einen Punkt, wo Gott sagt: Dann macht halt weiter!

Das gläserne Meer der Tränen Gottes

Der Zorn Gottes wurzelt im tiefsten Schmerz und im abgrundtiefen Leiden eines Gottes, dem wir immer wieder ins Gesicht schlagen und den wir immer wieder neu kreuzigen. Ich persönlich glaube, dass dieses gläserne Meer die Tränen Gottes sind, die er über dieser Schöpfung und über seiner Menschheit geweint hat. Und der Zorn zuckt in diesem gläsernen Meer, in diesen Blitzen, die durch die Kristallfläche hindurchgehen – dieser Schmerz, dieser Aufschrei Gottes.

Darum wird auch vom *„Wein des Zornes Gottes“ (Off. 14,10)* gesprochen. Beim Wein werden Beeren gepresst; und ich glaube, das ist die Kelter des Vaterherzens, wo Gott weint und weint und weint. In St. Petersburg hängt das Bild von *Rembrandt* „Die Heimkehr des verlorenen Sohnes“. Wenn wir auf diesem Bild in das Gesicht des Vaters sehen, dann spüren wir: Dieser Vater hat geweint. Das ist das gläserne Meer. Das ist der Gott, der seine Hände um alles Verlorene legt und gleichzeitig auch seinen Zorn gegen alles Unrecht bereithält, da wo Menschen immer noch unterjocht, geschändet, ausgeplündert, vergewaltigt und getötet werden.

Die Evangelien werden gegen uns aufstehen

Die vier lebenden Wesen, die in Kapitel 6 sagen: *„Komm, du weisses Pferd, komm, du rotes Pferd, komm, du schwarzes Pferd, komm, du fahles Pferd!“ (nach Off. 6,1-8*), und von denen einer den Engeln die goldene Schale des Zornes Gottes gibt, versinnbildlichen die vier Evangelien, die Gott uns geschenkt hat. Was für ein Schatz! In diesen Evangelien ist die ganze Wahrheit, ist das Recht Gottes niedergelegt: in der Bergpredigt, in den Worten Jesu, in seinem Leiden und Sterben und Auferstehen. Und diese Evangelien bzw. die Evangelisten, diese lebenden Wesen, werden einmal gegen uns aufstehen und gegen uns zeugen. Gegen eine Welt, die nicht hören wollte, welche dieses Evangelium verachtet und ihm die Kraft der Gerechtigkeit genommen hat. Jesus hat gesagt: *„Ihr seid das Salz der Erde. Wenn aber das Salz dumm wird, kann man es nicht mehr brauchen.“ (nach Mat. 5,13)* Das heisst: Christen, die nicht gerecht sind, Christen, die nicht hungern und dürsten nach der Gerechtigkeit Gottes auf dieser Welt, sind dumm gewordenes Salz, das nicht brauchbar ist.

Es geht darum, dass Gott sein Recht wiederherstellt. Er stellt es her, nicht wir. Aber wir wollen diese gerechten Taten tun und wir wollen uns vor Menschen stellen, die angegriffen werden, denen Unrecht geschieht. Wir wollen unseren Mund öffnen. Wir sind Zeugen – Zeugen für diesen Vater, Zeugen für diesen gerechten Gott, Zeugen für den Heiligen Geist, welcher der Geist der Wahrheit ist, und Zeugen für sein Reich. Und es heisst: *„Das Reich Gottes besteht ... in Gerechtigkeit und Frieden und Freude im heiligen Geist.“ (Röm. 14,17*)

Der verschlossene Tempel

So kommen die sieben Engel mit den Plagen aus dem Tempel heraus. Das ist der Tempel, in dem Gott dem Menschen begegnet, dieses Urbild der Gemeinschaft zwischen Gott und Mensch, dieses Zelt der Zusammenkunft, dieses Zentrum seiner Herrlichkeit und Macht. Aber es gibt niemanden mehr, der da hineingehen kann. Kein Gebet der Erde wird Gott in diesem Abschnitt der Heilsgeschichte noch erreichen. Kein Gebet wird mehr hineindringen – und wenn es Samuel oder Elia wäre. Dort wird Gott sein, wenn die Schalen seines Schmerzes, seines Leidens, seines Zornes ausgegossen werden; in dieser letzten Einsamkeit, um das noch einmal zu durchleiden, was es für ihn bedeutet, wenn sein Zorn ausgegossen werden muss.

Gott hat keinen Fehler gemacht

Dieser Gott muss einmal als der Gerechte dastehen. Überall zuckt man die Achseln und sagt: „Wenn es einen Gott gäbe, dann hätte es Auschwitz nicht gegeben. Wenn es einen Gott gäbe, dann würde jetzt in Israel nicht dieses Grauen geschehen. Wo ist er, wenn eine junge Frau an Krebs wegstirbt? Wo ist er, wenn ein Vater durch einen Verkehrsunfall umkommt? Wo ist er, wenn ein Kind durch Kindstod stirbt? Wo ist dieser Gott?" Es muss noch einmal eine Zeit kommen, wo allen Völkern und jedem Lebewesen klar wird: Dieser Gott ist absolut gerecht! Seine Wege sind gerecht und wahr, und er hat keine Fehler gemacht!

Und sie werden alle niederknien und sagen: „Seine gerechten Taten sind jetzt offenbar." Wie auch ein Philosoph es einmal gesagt hat: „Wenn es einen lebendigen Gott gibt, dann muss noch einmal Gerechtigkeit geschehen." Und es gibt diesen lebendigen Gott. Er lebt von Ewigkeit zu Ewigkeit; und wir gehen einer Zeit entgegen, wo nochmals alles ins Licht kommt, wo wir an diesem kristallenen Meer stehen werden, wo die Blitze zucken; und wo wir diesem Gott noch einmal zusingen werden: „Gott! Ich hab's im Glauben immer wieder gesagt – durch Zweifeln, durch Fallen und Aufstehen –, dass du gut und dass du ein Vater bist! Aber jetzt schaue ich es mit meinen Augen: Du bist gerecht, du bist treu, du bist wahrhaftig, du allein bist heilig! Jeder muss dich fürchten und deinen Namen verherrlichen."

Gott lässt sich nicht spotten

„Gott lässt seiner nicht spotten. Denn was der Mensch sät, das wird er auch ernten. Denn wer auf sein Fleisch sät (d. h. auf seine natürlichen Fähigkeiten, auf Macht, Erfolg, Karriere etc.), *wird vom Fleisch Verderben ernten; wer aber auf den Geist sät* (d. h. auf das, wozu wir bestimmt sind – diesem Gott Ehre zu geben, unser Leben als ein Samenkorn der Gerechtigkeit in diese Welt und Gesellschaft hineinfallen zu lassen), *wird vom Geist ewiges Leben ernten." (Gal. 6,7+8)*

Was heisst das? Dieser Gott ist ein Gott, der kein Gefallen hat am Tod des Sünders! Er ist kein Sadist, kein Zyniker, der da oben sitzt und denkt: „Ist euch recht geschehen, ich hab's euch gesagt!“ Wenn er als gerechter Gott offenbar wird – wenn diese Zornesschalen ausgegossen werden und vor allen Augen sichtbar wird, dass sich mit diesem Gott nicht einfach so spassen lässt –, dann geht dieser Gott ins Dunkel mit seinem Schmerz, in den Rauch seiner Herrlichkeit und Macht.

Weil Gott kein Gefallen am Tod des Gottlosen hat, darum tragen die vierundzwanzig Ältesten um den Thron herum die goldenen Schalen mit den Gebeten der Heiligen. Es sind sieben Schalen des Zorns, aber es sind *vierundzwanzig Schalen der Fürbitte!* Gott legt diese Welt auch ein Stück in unsere Hand. Er sagt: „Willst du für mich gehen, willst du schreien? Willst du diese goldenen Schalen füllen?“ Jetzt ist noch die Zeit, und Gott hat einen mächtigen Engel bestellt, der Räucherwerk dazulegt, um deinen und meinen Gebeten Kraft zu geben. So ist Gott. Er will, dass alle zur Erkenntnis des Glaubens kommen und gerettet werden.

Mit Gott feilschen

Und wenn wir zu diesen Gerechten gehören, dann werden wir feilschen, wie es Abraham um Sodom und Gomorrha getan hat. Dann werden wir nicht einfach sagen: „Ja irgendwann kommt dann mal der Weltuntergang, und ich habe ja zum Glück meine Greencard für den Himmel. Mir kann nichts geschehen, meine Sünden sind mir vergeben.“ Nein, wir werden mit Gott um diese Welt feilschen. Wir werden feilschen um Städte und wir werden feilschen um ethnische Minderheiten.

Vor Gott steht dieser goldene Räucheraltar, wo deine und meine Gebete hinkommen und vor Gott aufsteigen, wenn wir im Geist und in der Wahrheit beten. Wir werden diese vierundzwanzig goldenen Gebetsschalen füllen. Darum sagt Jesus: *„Meine Auserwählten werden schreien Tag und Nacht.“ (nach Luk. 18,7)* Was für ein Geschenk, dass das so ist! Und aus alledem erwachsen klare Konsequenzen.

Konsequenzen

Jemand hat neulich erzählt, dass der Geist Gottes ihn geschüttelt und gerüttelt hat, damit er morgens aufsteht, um seine Bibel zu lesen; damit er als ein Gerechter in alle Ungerechtigkeit der Welt hineingehen kann. Das ist eine *erste* Konsequenz.

Gott ist ein Vater, gnädig, barmherzig, geduldig, von grosser Güte, der Schuld und Missetat verzeiht, der bis ins tausendste Geschlecht seine Gnade walten lässt über denen, die ihn fürchten. Und gleichzeitig ist Gott dieser gerechte Gott, dieser wahre Gott, dieser heilige Gott; dieser Gott, der einmal kommt, um Rache zu üben. Wenn wir das wissen, dann werden wir Menschen zu Jesus führen. Dann wird dieses Feuer in uns brennen, weil wir die Furcht Gottes kennen. *„Weil wir nun die Furcht des Herrn kennen, suchen wir Menschen zu gewinnen“,* heisst es bei Paulus (2. Kor. 5,11). Wollen wir Menschen für Jesus gewinnen? Das wird eine *zweite* Folgerung sein.

Und eine *dritte* Konsequenz ist die, dass wir immer und immer wieder – auch wenn wir jetzt noch im Glauben leben und nicht im Schauen, auch wenn wir jetzt noch gezeichnet sind von Wunden und Lasten – diesem Gott die Ehre geben und ihm sagen: „Gott, ich vertraue dir. Gross und wunderbar sind deine Werke, Gott, du Allmächtiger.“ Das wollen wir jetzt schon üben. Wir wollen ein Volk sein, das diesem Gott vertraut wie ein Josua und ein Kaleb.

Ein Volk von Überwindern

Und vor allem wollen wir – *viertens* – ein *Volk von Überwindern* werden. Christsein ist kein Spaziergang. Christsein heisst Überwinden! Jesus hat gesagt, dass wir das Kreuz jeden Tag auf uns nehmen sollen. Jeden Tag müssen wir wieder überwinden. Nicht durch unsere Kraft, sondern durch die Kraft Gottes. Ja, „das Joch ist sanft, die Last ist leicht“; aber du wirst nicht in die Freiheit hineinkommen, wenn du es nicht lernst zu überwinden. Der Heilige Geist sagt: *„Mit deinem Gott wirst du über Mauern springen.“ (nach Psalm 18,30)* Es gilt, über Mauern zu springen – über Mauern in unserem Leben und über Mauern, die in dieser Gesellschaft aufgebaut werden. Wir müssen – um Jesu willen – diese Mauern überwinden.

Ich möchte dort am gläsernen Meer sein …

Ich möchte einmal dort am gläsernen Meer sein, um Gott zu danken und ihm zu sagen: *„Gross und wunderbar sind deine Werke, Herr, allmächtiger Gott; gerecht und wahr sind deine Wege, König der Völker.“* Das möchte ich ihm durch Ewigkeiten hindurch zurufen und zujubeln können, nachdem er durch Tausende von Jahren verachtet, ins Gesicht geschlagen, angespuckt und bemitleidet wurde. Für eine patriotische Feier oder eine Beerdigung wurde er hin und wieder geduldet, und wenn's hoch kam noch für eine Taufe oder eine Trauung. Aber wir haben diesen Gott nicht Gott sein lassen.

Das möchte ich ihm dann noch einmal sagen: „Gott, du hast immer Recht gehabt! Gott, du bist der Einzige, der Heilige, der Lebendige, der Gute! Du bist wirklich Vater! Du stellst dich vor alles Unrecht und du lässt nicht zu, dass länger Unrecht geschehen darf! Vater, ich danke dir! Hallelujah.“

Gebet

Danke, Jesus, dass du gekommen bist als dieses Lamm, um viele zur Gerechtigkeit zu führen. Danke, dass du gekommen bist, um ein Volk zu erwecken von Gerechten, die nicht nur ihre Schulden losgeworden sind, deren Namen nicht nur im Himmel stehen, sondern die selber duch den Glauben die Gerechtigkeit Gottes sind in Jesus Christus.

Gott, wir empfangen deine Gerechtigkeit. Es genügt nicht, dass wir einfach Christen sind; das ist zu wenig für diese Zeit.

Wir sollen leuchten wie die Sterne, wir sind Licht der Welt! Wir sind das Salz der Gerechtigkeit für diese Erde! Wir sind Gesandte an Christi statt zu den Völkern, zu Königen, zu Regierenden, um zu bitten: Lasst euch versöhnen mit Gott.

Ich bitte dich, Heiliger Geist, brenn das jetzt richtig ein in unsere Herzen: „Ich bin die Gerechtigkeit Gottes!" Nicht weil ich von mir aus gerecht bin, nicht weil ich irgendwelche Pluspunkte aufzuweisen hätte, sondern weil ich gewaschen bin durch das Blut des Lammes! Es gibt keine Verdammung mehr; und Gott ist grösser als unser Herz, das uns noch verklagen will. Wir wollen Knechte der Gerechtigkeit sein und unsere Glieder zum Dienst der Gerechtigkeit dir, Gott, anbieten. Durch uns soll Gerechtigkeit gesät werden, und zwar in Frieden. Und wir sind diese Zeugen, die den Mund auftun und nicht länger schweigen. Aber die auch durch ihr Leben bekennen, dass Gott ein gerechter Gott ist. Danke, Jesus.

Und das heisst auch, dass wir bereit sind, weil wir die Furcht Gottes kennen, Menschen zu Jesus zu bringen. Wir wissen, einmal werden diese sieben goldenen Schalen gefüllt werden mit dem Zorn Gottes, dann wird es keine Fürbitte mehr geben. Darum wollen wir die Zeit ausnützen und wirken, solange es Tag ist, und diesem Gott das Haus füllen! Er sagt: Geht an die Hecken, Zäune, bringt sie rein, Gute und Böse, egal, wenn sie nur kommen. Schleppt sie an, damit mein Haus voll wird. Und dieser Gott wartet immer noch. Danke, Jesus, für deine Geduld. Danke, Vater, für dein Vaterherz. Danke, Heiliger Geist, dass du überführst von Sünde, Gericht und Gerechtigkeit. Brüte weiter, Heiliger Geist, brüte über unserem Leben. Da sind wir, wir geben dir unsere Leiber als lebendige Opfer. Amen

Kapitel 11

Wenn das Blut schreit

Die Ausgiessung der Zornesschalen
Offenbarung 16

Hier geht es noch einmal um den Zorn Gottes. Die goldenen Zornesschalen werden ausgeleert. Dabei sagt die Bibel ganz klar: *„Gott ist Liebe." (1. Joh. 4,8)* Gott ist nicht Zorn, sondern Liebe. Aber der Zorn Gottes ist Teil dieser wahren, göttlichen Liebe. Er ist Ausdruck des unvorstellbaren Schmerzes dieses unvorstellbar liebenden Gottes. Und so wie am Kreuz Gottes Liebe vollbracht wurde in diesem Ruf Jesu: „Es ist vollbracht!" (Joh. 19,30), so wird hier der Zorn Gottes vollbracht, d. h. er kommt zu seinem Ende.

> *Ich hörte eine laute Stimme aus dem Tempel zu den sieben Engeln sagen: Gehet hin und giesset die sieben Schalen des Zornes Gottes auf die Erde aus!*
>
> *Und der erste ging hin und goss seine Schale aus auf das Land; da kam böses und schlimmes Geschwür über die Menschen, die das Malzeichen des Tieres trugen und die sein Bild anbeteten.*
>
> *Und der zweite goss seine Schale aus auf das Meer; da entstand Blut wie von einem Toten, und alle lebendigen Wesen im Meere starben.*
>
> *Und der dritte goss seine Schale aus auf die Flüsse und die Wasserquellen; da entstand Blut. Und ich hörte den Engel der Gewässer sagen: „Ge-*

recht bist du, der ist und der war, du Heiliger, dass du so gerichtet hast; denn Blut von Heiligen und Propheten haben sie vergossen, und Blut hast du ihnen zu trinken gegeben; sie sind es wert." Und ich hörte den Altar sagen: „Ja, Herr, allmächtiger Gott, wahr und gerecht sind deine Gerichte."

Und der vierte goss seine Schale aus auf die Sonne, da wurde ihr [Macht] gegeben, die Menschen mit Feuer zu versengen. Und die Menschen wurden versengt mit grosser Glut, und sie lästerten den Namen Gottes, der die Macht über diese Plagen hat, und taten nicht Busse, sodass sie ihm die Ehre gegeben hätten.

Und der fünfte goss seine Schale aus auf den Thron des Tieres; da wurde dessen Reich verfinstert, und sie zerbissen sich die Zungen vor Qual und lästerten den Gott des Himmels wegen ihrer Qualen und wegen ihrer Geschwüre und taten nicht Busse [durch Abwendung] von ihren Werken.

Und der sechste goss seine Schale aus auf den grossen Strom Euphrat; da vertrocknete sein Wasser, damit den Königen vom Aufgang der Sonne der Weg bereitet würde. Und ich sah aus dem Munde des Drachen und aus dem Munde des Tieres und aus dem Munde des falschen Propheten drei unreine Geister wie Frösche [herauskommen]. Sie sind nämlich Dämonengeister, die Zeichen tun, die zu den Königen des ganzen Erdkreises ausziehen, um sie zum Krieg am grossen Tag des allmächtigen Gottes zu versammeln.

Siehe, ich komme wie ein Dieb. Selig, wer wacht und seine Kleider festhält, damit er nicht nackt einhergehe und man seine Schande sehe.

Und der siebente goss seine Schale aus über die Luft hin; da kam eine laute Stimme aus dem Tempel vom Throne her, die sprach: Es ist geschehen. Und es entstanden Blitze und Stimmen und Donnerschläge, es entstand ein grosses Erdbeben, wie [noch] keins gewesen ist, seit ein Mensch auf Erden war, ein solches Erdbeben so gross. Und die grosse Stadt zerfiel in drei Teile, und die Städte der Heiden stürzten ein, und des grossen Babylon wurde vor Gott gedacht, ihm den Becher des Zornweins seines Grimms darzureichen. Und alle Inseln entschwanden, und Berge waren nicht [mehr] zu finden. Und ein grosser Hagel, wie zentnerschwer, kam aus dem Himmel auf die Menschen herab, und die Menschen lästerten Gott wegen der Plage des Hagels, weil dessen Plage sehr gross ist. (Off. 16)

Es geht an die Grundfesten

Bisher war es auf unserer Erde so, dass da oder dort ein Unglück zugeschlagen hat, neuerdings sogar in den Vereinigten Staaten, im Herzen von Washington, D. C., und in New York. Aber wir hatten immer noch den Eindruck, dass es so punktuell ist und sich auf die Krisenherde beschränkt, die weit weg sind. Es wird jedoch einmal eine Zeit kommen, wo nicht nur bestimmte Krisenherde, sondern die ganze Erde betroffen sein wird – eine Zeit, wo es selbst an die Grundfesten unseres Lebens gehen wird. In unserem Text ist in diesem Sinne vom Wasser die Rede, von der Sonne und vom Licht, das Leben spendet. Dazu von Flüssen, von Quellen, vom Meer, von der Luft; also von diesen „Selbstverständlichkeiten", mit denen wir rechnen, weil sie eben natürlich sind.

Wie lange noch?

Mittlerweile macht sich auch unter uns eine heimliche Angst breit: „Wie lange noch können wir diese Luft einatmen? Wie lange noch können wir einfach zum Wasserhahn gehen und ein Glas mit Wasser füllen und es trinken? Wie lange noch gibt es Flüsse, auf denen Boote und Lastkähne fahren? Wie lange noch existiert das Meer mit seinen unwahrscheinlichen Reichtümern an Fischen, Krebsen, Walen etc.? Wie lange noch gibt es die Sonne? Wie lange noch?

Das Blut schreit zu Gott

Wenn ich mir unser Offenbarungs-Wort vor Augen halte und es mit dem Zorn Gottes in Zusammenhang bringe, dann empfinde ich eines ganz stark: Gott lässt etwas zu, um uns bewusst zu machen, was diese Menschheitsgeschichte beinhaltet. Denken wir an die Urgeschichte: Da erschlägt Kain den Abel – der erste Mord, der Brudermord. Und das, nachdem Gott Kain noch einmal ausdrücklich in die Augen geschaut und ihm gesagt hat: *„... warum blickst du so finster? Ist's nicht also? Wenn du recht handelst, darfst du frei aufschauen; handelst du aber nicht recht, so lauert die Sünde vor der Tür, ... du aber sollst Herr werden über sie." (1. Mose 4,6+7)* Und dann geht dieser Mann auf das Feld und erschlägt seinen Bruder. Und wieder hört Kain die Stimme Gottes: *„Was hast du getan! Horch, das Blut deines Bruders schreit zu mir empor vom Ackerland." (Vers 10)* Stellen wir uns einmal vor, was dieser Planet Erde an Blut getrunken hat: Millionen und Millionen von Menschen, die umgebracht worden sind.

Jedes vergossene Blut schreit zu Gott! Und was bedeutet das für einen Schöpfer-Gott? Diese Welt ist ja nicht einfach so aus einem Urknall entstanden, sondern ist herausgeboren aus Gottes Herzen! Sie ist nicht eine Instant-Schöpfung, sondern Gott hat mit der Sonne und dem Mond, mit dem Wasser, mit den Strömen, mit dem Meer über viele Zeitspannen gelebt, lange noch bevor überhaupt der Mensch erschien.

Das Licht, die Luft, das Wasser, die Vögel, die Bäume, die Büsche – das ist Teil seines Herzens und Ausdruck seiner Liebe!

All das hat eine Stimme. Und alles, was hier zerstört wird, und alles vergossene Blut schreit zu diesem Gott! Der Schöpfer hört den Schrei seiner Schöpfung, den Schrei der Bäume, den Schrei der Flüsse, den Schrei des Meeres, den Schrei der Quellen, den Schrei der Luft, den Schrei der Gestirne. Er hört das.

Ganz zu schweigen vom Schrei der Schöpfung, die er in seinem Ebenbild geschaffen hat – des Menschen, der dazu bestimmt ist, in dieser Welt zu herrschen und diese wunderbare Schöpfung zu pflegen, zu erhalten und aufzubauen, jedoch nicht durch Klonen und Genmanipulation zu verändern.

Es ist ein ganz eigenartiges Wort hier. Der „Engel der Gewässer" sagt: *„Gerecht bist du, ... dass du so gerichtet hast; denn Blut von Heiligen und Propheten haben sie vergossen, und Blut hast du ihnen zu trinken gegeben ..."* Mit anderen Worten: Sie haben deine Knechte getötet, die ihnen die Botschaft von dir gebracht haben; und nun sollen sie Blut trinken, damit sie sehen und schmecken, was sie getan haben – wie damals auch in Ägypten, als der Nil zu Blut wurde.

Freunde, wenn wir dieses Blut von Millionen und Millionen von Abtreibungen sehen könnten! Wenn wir dieses Blut von Menschenleben, die von Gott geschaffen sind und eine Bestimmung haben, trinken müssten! Und Gott lässt es zu und sagt: „Wasser soll noch einmal zu Blut werden, damit sie dieses Blut trinken und ihnen bewusst wird, was sie anrichten in dieser Welt." Das kann man nicht einfach hinter verschlossenen Türen, in Operationssälen, Arztpraxen, Abtreibungskliniken und wo auch immer abhandeln. Sondern Blut ist Blut, und Blut schreit zu Gott!

Jesu Blut schreit noch lauter zu Gott

Dieses Blut schreit zu Gott. Aber genauso hat auf diesem Hügel Golgatha, draussen vor den Toren Jerusalems, das Blut Jesu geschrien, als er sagte: *„Es ist vollbracht!"* Und jetzt verstehen wir, was im Hebräerbrief steht: Jesus bringt sein Blut zurück in den Himmel, wo das Schreien allen Blutes gehört wird, was je vergossen wurde und auch in der Zukunft vergossen werden wird. Jesus bringt sein Blut dem Vater, um zu sagen: „Vater, da ist mein Blut, was die Macht hat, alles Blutvergiessen – allen Mord, allen Totschlag, alle Abtreibung, alle Folterung, allen Völkermord, allen Holocaust – zu bedecken! Vater, ich habe es freiwillig gegeben als ein Zeichen meiner Liebe." Daher heisst es dort im Hebräerbrief: *„Ihr seid gekommen ... zu dem Mittler des neuen Bundes, Jesus, und zu dem Blut der Besprengung, das mächtiger redet als (das des) Abels." (Hebr. 12,22-24)*

Gott ins Angesicht fluchen

Dann ist die Rede von den anderen Plagen, und dass die Menschen Gott lästern, diesem Gott ins Angesicht fluchen, diesem Gott widerstehen! Wir, die wir das Unrecht Recht und Lüge Wahrheit nennen, die wir die Ordnungen Gottes mit Füssen treten, wir fluchen Gott und atmen zugleich die Luft. Wir fluchen Gott und leben vom Licht seiner Schöpfung. Wir fluchen Gott und leben von diesem Wasser. Wir fluchen Gott und nehmen das alles als eine Selbstverständlichkeit, indem wir uns selber wie Götter aufspielen. Aber Gott sagt: „Ihr seid keine Götter. Ihr seid aus Staub und werdet wieder zu Staub zurückkehren." Etwas davon wird der Mensch wieder spüren, der sich selber zum Gott macht – der mit Atomwaffen droht und dem Kreuz Paroli bietet. Gott wird sich das nicht bieten lassen. Irgendwann werden wir noch einmal sehen, wie vergänglich wir Menschen sind.

Wir schauen hier tief in das Herz Gottes und in seinen Schmerz hinein. Es gibt nichts, was in dieser Welt an Leben zerstört wird, das diesen Gott nicht persönlich betrifft. Sonst wäre er nicht Gott. Sonst wäre er nicht Vater. Sonst wäre er nicht die Liebe. Sonst wäre er uns nicht in Jesus erschienen, der gesagt hat: *„Kommet her zu mir alle, die ihr mühselig und beladen seid!" (Mat. 11,28)* Sonst wäre er uns nicht erschienen in dieser Liebe, die sich selber gegeben hat, damit das Blut seines Sohnes in den Himmel getragen wird, wo das Blut von Jahrtausenden schreit.

Neue Dankbarkeit

Was heisst das für uns als Jüngerinnen und Jünger? Heisst das nicht *zuerst*, dass wir noch einmal in einer neuen Art dankbar werden sollen? Dankbar für jeden Tag, an dem wir Luft einatmen und zum Wasserhahn gehen können, um Wasser zu trinken. Dankbar für jeden Tag, an dem Flüsse und Ströme durch unser Land fliessen. Dankbar für die Sonne, die Licht und Wärme gibt und dadurch Leben ermöglicht. Einfach dankbar für die ganze Schöpfung, die uns umgibt! Lasst uns segnend durch diese Schöpfung gehen und unserem Gott und Schöpfer immer wieder neu danken für dieses gewaltige Geschenk, für diese Selbstverständlichkeiten!

Beauftragt zum Dienst der Versöhnung

Gott hat uns *zweitens* beauftragt zum Dienst der Versöhnung: dass wir hingehen und die Erde wieder versöhnen. Wie viele Menschen sind schon nach Auschwitz gegangen, haben dort Abendmahl gefeiert und das Blut unseres Herrn auf diesen Boden gegossen, wo Menschenleben einfach hingeopfert worden sind. Wie viele Menschen sind an Orte gegangen, wo Massengräber oder Schlachtfelder waren, um etwas von dem Schreien des Blutes zu stillen.

Die Schöpfung wartet auf das Offenbarwerden der Söhne und Töchter Gottes. Wir sind Gesandte an Christi statt und wir haben diesen Dienst der Versöhnung zuerst zwischen den Menschen – in unseren Ehen, Nachbarschaften, zwischen verschiedenen Gruppierungen unseres Landes –, aber dann auch mit dieser Schöpfung.

Was für ein herrlicher Auftrag! Und wir tun es und wir eilen!

Gott ist ein Gott, der sich's gereuen lässt. Er hat kein Gericht über Ninive gebracht, als ein Jona predigte und das Volk umkehrte. Und wenn wir als Volk Gottes aufstehen, wenn wir in die Städte gehen, wenn wir Versöhnung in unsere Gemeinschaften bringen, wenn wir Versöhnung an die Plätze bringen, wo Unrecht geschehen ist, dann tun wir es in diesem Glauben und Vertrauen, dass das Blut nicht mehr schreit und dass es Gott vielleicht gereut.

Ganz wach sein

Wir wollen *drittens* wach sein. Und zwar nicht nur wach zu hören, wann wieder etwas passiert. Wir müssen immer wach sein. Jesus hat gesagt: „Ich komme wie ein Dieb in der Nacht." Wir sollen sogar so wach sein, sagt uns die Schrift, dass wir die Kleider – im übertragenen Sinn – anbehalten, um nicht nackt erfunden zu werden. Wenn wir nicht wirklich gegründet sind in Jesus, im Vaterherzen und in der Vergebung und Erlösung Gottes, wenn wir unsere Kleider nicht festhalten, die wir immer wieder waschen im Blut des Lammes, dann werden wir eines Tages nackt sein. Wie oft habe ich schon Menschen erlebt in Krankenhäusern oder Pflegeheimen, die ihre Kleider nicht festgehalten haben, die einfach so pro forma Christen waren, und dann kam diese Nacht der Verwirrung und eine Nacktheit, eine Blösse, die einem ins Herz geschnitten hat. Wir werden alle, wenn Jesus nicht vorher kommt, einmal durch das Tal des Todes gehen. Und keiner hat es in der Hand, wie er durchgeht. Ich habe viele gesehen, die ihre Kleider festgehalten haben; die, obwohl sie im Koma lagen und nicht mehr sprechen konnten, noch mit Jesus verbunden waren. Und wenn man an ihrem Bett gesungen hat, haben sie die Hand gehoben zum Zeichen, dass sie es hören und verstehen; und die Augen gingen auf. Freunde, halten wir die Kleider fest. Seien wir wach, dass wir nicht nackt erfunden werden.

Und *viertens*: Wir können nicht mehr für morgen und übermorgen sorgen. Es heisst: *„Sorget euch nicht um den morgenden Tag!“ (Mat. 6.34)* Es kommt jetzt eine Zeit, wo wir *heute* leben müssen! Und für dieses „Heute“ hat Gott versprochen, uns Brot zu geben und für uns da zu sein. Dann leben wir voll dieses „Heute“; freuen uns an der Sonne, die wir sehen, der Luft, die wir einatmen, dem Wasser, das wir trinken können, der Gemeinschaft mit Schwestern und Brüdern, und dass Menschen zu Jesus kommen und hereindrängen in das Reich Gottes. Und der nächste Tag ist nicht mehr in meiner Hand, der ist in der Hand Gottes. Und wenn er mir die Gnade gibt, werde ich wieder aufstehen und sagen: „Du grosser Schöpfer, ich danke dir, dass du mir noch einmal einen Tag gibst. Ich nehme diesen Tag aus deiner Hand und will ihn in deiner Kraft, im Glauben und in Hoffnung leben. Und alles, was du an diesem Tag vorbereitet hast, will ich in Existenz bringen.“

Sorge nicht für den morgigen Tag! Wir haben einen Gott, der kennt das Morgen, der kennt das Übermorgen, der kennt das Jahr 2050. Alles ist in seiner Hand, und er regiert. Sein Thron steht ewig und ist aufgerichtet, und neben ihm steht das „Lamm Gottes, wie geschlachtet“, das dieses Blut in den Thronraum gebracht hat. Wir haben nur das „Heute“, aber dieses „Heute“ wollen wir leben.

Kapitel 12

Das wahre Gesicht der Unzucht

Babylon – die grosse Hure
Offenbarung 17

Und es kam einer von den sieben Engeln, die die sieben Schalen hatten, redete mit mir und sprach: Komm, ich will dir das Gericht über die grosse Buhlerin zeigen, die an vielen Wassern sitzt, mit der die Könige der Erde Unzucht getrieben haben, und die Bewohner der Erde sind vom Wein ihrer Unzucht trunken geworden. Und er entrückte mich im Geist in eine Wüste.

Und ich sah ein Weib auf einem scharlachroten Tier sitzen, das voll gotteslästerlicher Namen war und sieben Köpfe und zehn Hörner hatte. Und die Frau war angetan mit Purpur und Scharlach und übergoldet mit Gold und Edelsteinen und Perlen, und sie hatte einen goldenen Becher in ihrer Hand, voll von Greueln und dem Schmutz ihrer Unzucht, und an ihrer Stirne stand ein Name geschrieben, ein Geheimnis: „Das grosse Babylon, die Mutter der Buhlerinnen und der Gräuel der Erde." Und ich sah das Weib trunken vom Blute der Heiligen und vom Blute der Zeugen Jesu; und ich verwunderte mich sehr, als ich sie sah.

Da sprach der Engel zu mir: Warum verwunderst du dich? Ich will dir das Geheimnis des Weibes und des Tieres sagen, das sie trägt, das die sieben Köpfe und die zehn Hörner hat. Das Tier, das du gesehen hast, war und ist nicht und wird [wieder] heraufkommen aus der Unterwelt und geht hin ins Verderben; und die Bewohner der Erde, deren Name von Grundlegung der Welt an nicht geschrieben steht im Buch des Lebens, werden sich verwundern, wenn sie das Tier sehen, dass es war und nicht ist und [wieder] dasein wird. Hier ist der Verstand [vonnöten], der Weisheit hat. Die sieben Köpfe sind sieben Berge, auf denen das Weib sitzt, und sind [zugleich] sieben Kaiser…

Und die zehn Hörner, die du gesehen hast, sind zehn Könige, die noch keine Herrschaft erlangt haben; aber mit dem Tier erlangen sie auf eine Stunde Macht wie Könige. Diese haben e i n e Meinung, und ihre Macht und Gewalt übertragen sie auf das Tier. Diese werden mit dem Lamm Krieg führen, und das Lamm wird sie besiegen; denn es ist der Herr der Herren und der König der Könige, und seine Begleiter sind Berufene und Auserwählte und Gläubige.

Und er sagte zu mir: Die Wasser, die du gesehen hast, an denen die Dirne sitzt, sind Völker und Scharen und Nationen und Sprachen. Und die zehn Hörner, die du gesehen hast, und das Tier, die werden die Dirne hassen und sie vereinsamt und nackt machen und ihr Fleisch verzehren und sie mit Feuer verbrennen; denn Gott hat ihnen ins Herz gegeben, seine Meinung auszuführen, und zwar e i n e Meinung auszuführen und ihre Herrschaft auf das Tier zu übertragen, bis die Worte Gottes erfüllt sein werden. Und das Weib, das du gesehen hast, ist die grosse Stadt, die die Herrschaft über die Könige der Erde hat. (Off. 17)

Johannes kann es kaum noch fassen. Er ist so entsetzt über das, was er sieht, dass der Engel ihn fragen muss: *„Warum verwunderst du dich?"* Was für eine Faszination muss diese Frau haben, die er sieht?

Schillernde Faszination

Johannes hat bereits eine Frau gesehen, die in Kapitel 12 beschrieben wird – eine gewaltige Erscheinung, ein Zeichen im Himmel. Hier dagegen kommt eine Frau, reitend auf einem scharlachroten Tier, das über und über bedeckt ist mit gotteslästerlichen Namen und sieben Köpfe und zehn Hörner hat. Was für eine Frau: gekleidet in königlichen Purpur, Scharlach, übergoldet mit Gold, Edelsteinen und Perlen. Eine Faszination geht von dieser Dame aus, die auf diesem merkwürdigen Monster reitet.

Es kommen einem dabei Wagen in den Sinn, wie z. B. an grossen Festen in Rio de Janeiro, wo solche Damen oben auf den Wagen stehen. Viele haben das im Fernsehen schon gesehen. Von diesen Frauen geht eine eigenartige Faszination aus; und Menschen links und rechts der Strasse stehen wie gebannt und schauen auf diese Maskotten.

Die Frau hat einen goldenen Becher, und er ist gefüllt mit Gräuel und mit dem Schmutz ihrer Unzucht. Dazu ist an ihrer Stirn ein Name geschrieben, ein Geheimnis; und dieser Name muss leuchten. Ich stelle mir das so vor wie bei einem Spielautomaten, der blinkt und blinkt und blinkt. Und der Name, der an dieser Stirne blinkt, ist: *„das grosse Babylon, die Mutter der Buhlerinnen und der Gräuel der Erde" (Vers 5).* Und es heisst weiter, sie sei trunken vom Blut der Heiligen und der Märtyrer; nicht nur derer, die gestorben sind, sondern von jedem Christ, Jünger und Zeugen Jesu. Und das Eigenartige ist, dass der Geist den Johannes dabei entrückt hat. Diese Frau ist nicht ein Zeichen im Himmel, sondern diese Frau ist in der Wüste und reitet dort.

Wer ist diese Frau?

Von dieser Hure Babylon sagen manche, sie sei die Grosskirche. Ob katholische Kirche, orthodoxe Kirche, lutherische oder reformierte Kirche – die Kirche lebt in dieser Vermischung, in der beides zusammenkommt: das Wahre und gleichzeitig dieser Betrug, diese Verführung! Das Gold, die Edelsteine, der Name an der Stirn – wie ihn eben die Menschen tragen, die Jesus gehören – und gleichzeitig die gotteslästerlichen Namen! Aber ist es wirklich die Kirche? Können wir einfach diese Gleichung machen: Hure Babylon gleich Kirche? Wieder andere sagen: Die Hure Babylon versinnbildlicht das religiöse Wesen, New Age oder die Esoterik, diesen merkwürdigen Zwitter von echter Sehnsucht, dem Anschein von Wahrheit und Tiefe, doch gleichzeitig von Verdorbenheit und Falschheit.

Ich glaube nicht, dass wir diese Dirne einfach mit der Kirche gleichsetzen können. Wer so leichtfertig von der Kirche als der Hure Babylon spricht, den frage ich, ob er diese Kirche je geliebt hat. Keiner hat das Recht, von einer Kirche als von einer Hure zu sprechen, wenn er diese Kirche nicht geliebt hat. Und auch dann gilt: Wer ohne Sünde ist, der werfe den ersten Stein auf sie!

Es ist leicht, an einer Kirche all die Schäden zu sehen – Schwulensegnungen und, und, und … all die theologischen Makel und die Schwachheit ihrer Beamten und Verantwortungsträger. Aber Gott hat uns einmal durch einen Propheten sagen lassen: „Es ist noch Saft drin, verdirb es nicht!" Auch in diesen Grosskirchen ist noch Saft drin. Und sie werden nicht einfach so verderben. Man spuckt auch nicht einfach in diesen Brunnen, aus dem wir alle einmal getrunken haben. Sonst spucken wir am Ende Jesus ins Gesicht!

Das grosse Babylon

Diese Hure Babylon ist viel umfassender. Der Name an ihrer Stirn heisst: „Die grosse Stadt, das grosse Babylon!" Das meint mehr als ein bisschen Kirche, ein bisschen Religion und ein bisschen New Age. Babylon meint alles, was sich – durch die ganze Menschheitsgeschichte hindurch – von Gott abgewendet hat und diesem Gott widersteht! Alles, was autonom sein will, was sich selber in den Mittelpunkt stellt, was sich selber zu Gott macht und sein will wie Gott! Alles, was ohne Gott leben will, weil wir diesen Gott gar nicht mehr nötig haben. Der „Mohr" hat seine Pflicht getan, er hat diese Schöpfung geschaffen, aber jetzt sind wir dafür zuständig. Und bitte schön: „Gott, lass die Finger davon, falls du überhaupt diese Schöpfung geschaffen hast und sie nicht einfach durch einen zufälligen Urknall in Existenz gekommen ist. Jetzt sind wir am Drücker, jetzt wollen wir klonen."

Das ist Hurerei. Das ist nicht einfach liberale Theologie, sondern etwas viel Grundsätzlicheres und Tieferes. Hurerei ist die Herrschaft des „Fleisches"; und Fleisch heisst: Alles, was ich bin, ohne Gott. Alles, was ich kann, ohne Gott. Alles, was ich denke, ohne Gott. Alles, was ich fühle, ohne Gott. Wo ich Sexualität lebe, ohne Gott. Wo ich Kinder erziehe, ohne Gott. Wo ich Politik mache, ohne Gott. Wo ich Landwirtschaft, Forschung, Medizin, Krankenpflege und Sterbehilfe betreibe, ohne Gott. Das ist Fleisch, das ist Hurerei, das ist antichristlich.

Es beginnt immer bei den Verantwortlichen

Es heisst hier: Die Könige der Erde haben Unzucht mit ihr getrieben. Es beginnt immer bei denen, die Verantwortung haben. Deshalb haben die Könige im Alten Testament eine göttliche Berufung gehabt. Politiker haben göttliche Berufungen. Das ist nicht ein Job für Ehrgeizige; nicht ein Job, um den sich die Parteien raufen. Es geht hier um Menschen, die als Vorbilder an erster Stelle stehen, um ein Volk zu regieren. Das sind priesterliche Menschen, von Gott berufen und eingesetzt. Man lese Römer 13, wo Paulus sogar von Regierungen, die fragwürdig sind und nicht mehr diesen Spiegel ihrer Sendung darstellen, sagt: Sie haben das Schwert von Gott!

Aber Könige und Politiker treiben Unzucht, indem sie dem Volk das Bild vermitteln, dass man ohne Gott regieren kann. Doch wie weit kommen wir ohne Gott? Weil die Politiker huren, sind auch die Bewohner der Erde trunken vom Wein. Und dahinter stecken ganz bewusste Strategien. Alkohol, Drogen, Pornographie – das sind nicht nur Ausrutscher, mit denen sich einige dumm und dämlich verdienen, sondern das ist zum Teil Strategie, um ein Volk niedrig zu halten, damit es regierbar bleibt und nicht an die Urnen geht.

Man hat im Blick auf Afghanistan gesagt, es sei die späte Rache der Afghanen gewesen, dass sie Hunderte von Tonnen von Heroin nach Russland hineingebracht haben, um eine junge Generation kaputtzumachen. Die Bewohner sind trunken.

Die verschiedenen Gesichter der Hure

Wer also ist diese Frau? Es ist ein komisches Geheimnis um sie. Die erste Frau, die wir in Offenbarung 12 gesehen haben, war eine fruchtbare Frau. Sie war in Wehen und hat geboren. Aber diese Hure, die gebiert nicht. Sie tötet nur und ist voll vom Blut der Heiligen und Zeugen Jesu. Es ist eine unfruchtbare, eine frigide, eine kalte Frau, die auf dem Tier der Zerstörung reitet.

Nach aussen kann alles wunderbar aussehen. Nehmt die *Freimaurerei!* In den unteren Etagen ist alles so ideal. „Edel sei der Mensch, hilfreich und gut", mit Schurz, Maurerkelle, Zirkelmass, Tempel und allem, was so wunderbar glänzt und glitzert. Aber je höher es in dieser Pyramide hinaufgeht, desto gotteslästerlicher werden die Namen; und es wird offenbar: Da reitet eine Frau auf dem Tier mit den gotteslästerlichen Namen!

Auch die *Aufklärung* in Europa, so notwendig sie war, ist auf diesem Tier geritten. Da hat man Kirchen zu Tempeln der Vernunft umfunktioniert. Die *Französische Revolution* ist auf dem Tier geritten. Zu Hunderten haben sie die Menschen an Laternenpfähle gehängt. Der *Humanismus*, der auf so leisen Sohlen heranschleicht, reitet letztlich auf dem Tier. Die *Hanfkultur*, die jetzt wieder unter so fadenscheinigen Gründen propagiert wird, reitet auf dem Tier. Auch der *Sozialismus* und der *Freisinn* können auf diesem Tier reiten. Und nicht zuletzt *christliche Parteien*, die nach aussen das C haben, aber innen Kompromisse; in denen man den Namen Jesus nur hinter vorgehaltener Hand sagt und im Grunde genommen um der Macht willen fremde Bündnisse eingeht. Dieses Tier ist das Vehikel; und manches kommt so unheimlich faszinierend daher.

Viele Christen sind verwundert über das, was kommt und in welcher Gestalt es kommt – so wie Johannes verwundert war. Sie merken gar nicht, dass dahinter die Strategie des Todes steckt, die Strategie der Vernichtung.

Freunde, das alles ist Hurerei! Und das betrifft nicht nur die Kirche und Religion, sondern alle Bereiche unseres Lebens. Vielleicht fällt langsam auf, dass wir sogar dahin kommen, dem Tier die Macht zu geben, um selber an der Macht bleiben zu können und zu überleben. Früher hat man von „Thron und Altar" gesprochen. Heute ist die Kirche noch gut genug, um bei Katastrophen Kerzen nach der Anzahl der Verunglückten oder Gestorbenen anzuzünden.

Diese Hurerei, diese Unzucht einem lebendigen Gott gegenüber muss aufhören, und das beginnt bei mir! Nicht beim Bundesrat, nicht beim Regierungsrat, sondern es beginnt in meinem Leben. Wir sehen: Diese Könige delegieren Macht an das Tier, und das Tier ist imstande, jemanden in einer Stunde an die Macht zu bringen. So erleben wir immer wieder, wie durch Geld und durch dieses Tier Menschen einfach nach oben „geschwemmt" werden.

Das Gericht über die Hure

Warum sag ich das alles? Nicht, damit wir uns noch einmal aufregen und verwundern. Aber all das, was im Grunde genommen Unzucht diesem einen, lebendigen Gott gegenüber ist, das kleiden wir immer noch in dieses Gold, in diesen Purpur, in diesen

Anstand, in dieses humanistische Gewand. Dagegen sagt der Engel: „Ich zeige dir das *Gericht* über diese Dirne", d. h. über eine Lebenshaltung, die keine Gottesfurcht empfindet.

Wie geschieht dieses Gericht? Nicht, indem Christen sich ärgern oder entsetzen, sondern es geschieht, indem die Könige, die „zehn Hörner", und das Tier selber beginnen, diese Buhlerin zu hassen, sie verlassen, sie nackt machen und ihr Fleisch verzehren. Ich kenne Politiker, die sind nicht wiedergeboren, aber die haben eine Gottesfurcht. Ich kenne Ärzte, die sind nicht wiedergeboren, aber die wissen, dass es einen Gott gibt.

Johannes sagt von dem Tier, dass *„es war und nicht ist und [wieder] dasein wird".* Und so gibt es immer wieder Zeiten in der Geschichte der Menschheit, wo das Tier nicht mehr da ist; und plötzlich kommt es wieder; und dann geht es wieder in den Abgrund.

Erinnern wir uns z.B. an Daniel zur Zeit *Nebukadnezars*. Dieser grosse König hat einen gewaltigen Traum (Dan. 2). Und er lässt alle Zauberer, Beschwörer, Magier und Weise seines Reiches zusammenrufen und sagt: „Deutet mir den Traum; aber sagt mir zuerst, was ich geträumt habe." Und sie können es nicht, und Nebukadnezar wird glühend vor Zorn und befiehlt, dass alle umgebracht werden. Und dann wird Daniel vor ihn gebracht; und Daniel sucht seinen Gott, und Gott zeigt ihm in der Nacht den Traum. Und er erzählt Nebukadnezar den Traum, den dieser geträumt hat, und gibt ihm eine glasklare Deutung. Darauf fällt Nebukadnezar auf sein Angesicht und sagt: *„Es ist wahr, euer Gott ist der Gott der Götter und der Herr der Könige und der Offenbarer der Geheimnisse." (Dan. 2,47)* Das ist nicht das einzige Mal, dass die Bibel davon erzählt, wie Könige plötzlich zornig über dieses Tier und über die Frau werden, weil sie erkennen, dass dieser ganze Götzendienst nichts nutzt.

Freunde, wie viele haben Philosophie studiert und sind nie klug geworden! Ich habe in Israel einen messianischen Leiter getroffen, der an der besten Hochschule, der Harvard University in den USA, studiert hat. Weil er nach dem Sinn des Lebens gesucht hat, studierte er dort Philosophie. Aber nach diesem Studium war er so leer wie zuvor und wusste nur eines: Die höchsten Namen mit ihrer ganzen Faszination und mit all ihren Bibliotheken konnten ihm nicht den Sinn des Lebens zeigen. Und dann hat sich Jesus ihm offenbart.

Wenn wir betrunken genug gewesen sind von diesem Wein aus dem Goldbecher, dann kommt der Ekel. Und dann wird noch einmal ein Hunger kommen nach dem Wort Gottes. Wir werden wieder schreien nach dem Wort Gottes, wir werden schreien nach diesem lebendigen Gott. Und wir werden auf die Knie gehen, auch die Politiker.

Die Faszination der Braut Jesu

Jetzt geht es vor allem darum, dass die Frau aus Offenbarung 12, die Braut Jesu Christi, zu ihrer Faszination kommt. Dass wir, diese Braut, eine Ausstrahlung bekommen, auf welche die Welt noch einmal schauen wird. Dieser Braut ist versprochen, dass sie eine Stadt versinnbildlicht, in welcher die Herrlichkeit Gottes wohnt. Diese Stadt kommt vom Himmel. Und wir, die Braut Jesu Christi, werden durch den Heiligen Geist zubereitet, dass wir ohne Makel sind. Das ist mehr als Gold, Scharlach, Purpur; mehr als Edelsteine und Perlen. Das ist die Herrlichkeit Jesu, die aus jedem von uns herausstrahlt.

Wenn die Könige erst einmal den Glanz dieser Braut sehen werden! Jetzt sehen sie noch zu oft die grauen Mäuse oder gar die Duckmäuser. Aber wenn wir aufstehen und wieder Zeugen Jesu werden! So ist einer unserer Freunde in den Militärdienst gegangen und hat auf seinem Stahlhelm und auf der Uniform überall rote Kleber gehabt: *Jesus!* Was hat ihm das gebracht? Natürlich zuerst Spott und Auslachen. Aber während zum Schluss auf den „verborgenen" Jüngern Jesu herumgehackt wurde, wurde er zum persönlichen Fahrer des Kommandanten erwählt. Der Kommandant hatte offenbar den Eindruck, dieser Mann hat Rückgrat, dem kann ich mein Leben anvertrauen; einer, der Jesus auf dem Helm und auf der Brust und an den

Taschen trägt (und auch noch auf dem Karabiner) – der ist der Rechte.

Was ist meine Aufgabe?

Meine Aufgabe ist nicht, mit diesem ganzen Schmutz aufzuräumen. Das besorgt Gott. Mein Aufgabe ist, mich durch und durch heiligen zu lassen und ein Spiegel der Herrlichkeit Jesu Christi zu werden. Meine Aufgabe ist, dass meine Kinder, mein Ehepartner, meine Eltern, meine Nachbarn usw. etwas von dieser Herrlichkeit abbekommen. Und unsere gemeinsame Aufgabe ist, dass wir zusammen diesen Brennpunkt bilden. Und wo ein Brennpunkt ist, da brennt etwas durch, auch in der unsichtbaren Welt. Da werden Dämonen fliehen.

Gebet

Jesus, wir haben eine lebendige Hoffnung. Du wirst kommen auf den Wolken des Himmels und du wirst uns finden als deine Heiligen und die Zeugen deines Namens. Du wirst eine makellose Braut finden. Nicht durch unsere Anstrengung und Kraft, sondern weil der Vater uns durch seinen Geist zubereitet. Und weil wir fleischerne Herzen haben werden, die sagen: Für dich, Gott, alles!

Wir bitten dich, dass du uns fruchtbar machst durch deinen Heiligen Geist und dass Ströme lebendigen Wassers – Ströme von Glaube, Ströme von Liebe, Ströme lebendiger Hoffnung, Ströme von Freiheit und Kraft, Ströme von Sanftmut und Demut – hinausfliessen aus unserem Leib. Jesus, wir wollen dein Tempel sein. Und du wirst uns eine Schönheit geben, die aus uns herausbrechen wird. Wir danken dir, Herr, und wir sagen: Maranatha, komm, Herr Jesus. Amen

Kapitel 13

Wenn das Mass voll ist

Der Untergang Babylons
Offenbarung 18

Darnach sah ich einen andern Engel aus dem Himmel herabkommen, der grosse Gewalt hatte, und die Erde wurde erleuchtet von seinem Lichtglanz. Und er rief mit mächtiger Stimme: „Gefallen, gefallen ist die grosse [Stadt] Babylon" und ist eine Behausung von Dämonen und ein Schlupfwinkel aller unreinen Geister und ein Schlupfwinkel aller unreinen und verhassten Vögel geworden; denn von dem Zornwein ihrer Unzucht haben alle Völker getrunken, und die Könige der Erde haben mit ihr Unzucht getrieben, und die Kaufleute der Erde sind von ihrer gewaltigen Üppigkeit reich geworden.

Und ich hörte eine andre Stimme aus dem Himmel sagen: „Ziehet aus von ihr, mein Volk", damit ihr euch nicht an ihren Sünden beteiligt und damit ihr nicht Anteil an ihren Plagen bekommt; denn ihre Sünden haben sich bis zum Himmel angehäuft, und Gott hat ihrer Verbrechen gedacht ... Denn sie sagt in ihrem Herzen: Ich throne als Königin und „bin nicht Witwe", und Trauer werde ich nicht sehen. Deshalb werden an e i n e m Tage ihre Plagen kommen, Pest und Trauer und Hunger, und sie wird mit Feuer verbrannt werden; denn stark ist der Herr, Gott, der über sie Gericht gehalten hat.

Und weinen und klagen werden um sie die Könige der Erde ... wenn sie den Rauch ihres Brandes sehen, und werden aus Furcht vor ihrer Peinigung von ferne stehen und sagen: Wehe, wehe, du grosse Stadt, du mächtige Stadt Babylon! Denn in e i n e r *Stunde ist dein Gericht gekommen.*

Und die Kaufleute der Erde weinen und trauern über sie; denn ihren Vorrat kauft niemand mehr, den Vorrat an Gold und Silber und Edelsteinen und Perlen und Linnen und Purpur und Seide und Scharlach, und allerlei wohlriechendes Holz und allerlei Elfenbeingerät und allerlei Gerät von kostbarstem Holz und von Erz und Eisen und Marmor, und Zimt und Haarbalsam und Räucherwerk und Salbe und Weihrauch und Wein ... und [die Menge der] Pferde und Wagen und Sklaven – sogar Menschenseelen ... Die Kaufleute, die mit diesen Dingen handeln, die an ihr reich geworden sind, werden aus Furcht vor ihrer Peinigung weit weg treten weinend und trauernd und werden sagen: Wehe, wehe, du grosse Stadt, die angetan war mit Linnen und Purpur und Scharlach und übergoldet mit Gold und Edelsteinen und Perlen; denn in e i n e r *Stunde ist dieser grosse Reichtum verwüstet worden.*

Und alle Steuerleute und alle, die auf dem Meere fahren, und die Schiffsleute und alle, die auf dem Meer ihr Gewerbe treiben, traten weit weg und riefen, als sie den Rauch ihres Brandes sahen: ... Wehe, wehe, du grosse Stadt; in der aus ihrem kostbaren Gut alle sich bereicherten, die ihre Schiffe auf dem Meere hatten, denn in e i n e r *Stunde ist sie verwüstet worden.*

Frohlocke über sie, du Himmel und ihr Heiligen und ihr Apostel und ihr Propheten! denn Gott hat euch an ihr gerächt.

Und ein starker Engel hob einen Stein auf gleich

einem grossen Mühlstein, warf ihn ins Meer und sprach: So wird die grosse Stadt Babylon mit einem Schwung weggeworfen werden, und sie wird nicht mehr zu finden sein. Und ein Ton von Harfenspielern und Musikern und Flötenspielern und Trompetenbläsern wird nicht mehr in dir gehört werden, und kein Künstler in irgendeiner Kunst wird mehr in dir gefunden werden, und das Geräusch der Mühle wird nicht mehr in dir gehört werden, und das Licht der Lampe wird nicht mehr in dir scheinen, und die Stimme des Bräutigams und der Braut wird nicht mehr in dir vernommen werden – deine Kaufleute waren nämlich die Grossen der Erde –, weil durch deine Zauberei alle Völker verführt wurden; und in ihr wurde das Blut der Propheten und Heiligen gefunden und aller derer, die auf Erden hingeschlachtet worden sind. (Off. 18)

Anklänge an den „11. September"

Wir können das nicht schönreden: Hier geht es ganz eindeutig um Gericht. Und manches in dieser Gerichtsbotschaft mag einen an jenen denkwürdigen 11. September erinnern, wo ebenfalls in einer Stunde Stolz und Wahrzeichen einer Stadt in sich zusammenfielen und man während eines ganzen Monats den Rauch des Schwelbrandes über dieser Stadt bis ins Meer hinaus gesehen hat.

Damit will ich nicht sagen, dass der 11. September dieses Gericht gewesen ist, von dem hier die Rede ist. Aber zumindest gibt es uns einen Vorgeschmack, dass es nicht nur Worte sind, wenn es dreimal heisst: Das Gericht ist gekommen *„in einer Stunde"*. Was am 11. September 2001 geschehen ist, kam auch so überraschend und hatte so unermessliche Folgen. Abgesehen von den menschlichen Tragödien wurden Milliarden von Dollar in einer Stunde in Rauch und Feuer und Asche gerissen. Dann folgten

u. a. das „Grounding“ der Swissair und diese Schlingerfahrten vieler Luftfahrtgesellschaften mit Verlusten in Milliardenhöhe.

Gericht ist etwas, das tatsächlich kommen kann. Wir sind Steh-auf-Menschen. In den Neujahrsansprachen der Verantwortlichen der Regierungen wird immer wieder Optimismus verbreitet und gesagt: „Wir werden's wieder im Griff haben.“ Als hätten wir nichts gelernt, als wäre Gericht eine Legende und als könnten wir uns immer wieder so durchmausern, wie wir es bisher gemacht haben.

„Ich habe den ausgestreckten Finger Gottes gesehen“

Viele von uns kennen Pastor *David Wilkerson*. Gott hatte ihn in jungen Jahren nach New York berufen, um dort einer kaputten Jugend die Botschaft der Befreiung und Erlösung zu bringen. Wie ein Samenkorn hat er sein Leben in diese Grossstadt hineingelegt. Tausende und Abertausende sind befreit worden von ihren Drogen. Der Film „Das Kreuz und die Messerhelden“, welcher von diesen Durchbrüchen erzählt, ist rund um die Welt gegangen. Millionen von Menschen sind durch diesen Film berührt worden und haben ihr Leben Jesus übergeben. David Wilkerson, der als ein grosser Wohltäter galt, hat vor 25 Jahren seinen ganzen Ruf aufs Spiel gesetzt und eine Gerichtsbotschaft herausgegeben unter dem Titel „Die Vision“.

Bevor er darin überhaupt zur Sache kommt, schreibt er mit fetten Lettern: *„Bitte, legen Sie dieses Buch nicht beiseite, ehe Sie nicht jedes Wort gelesen haben. Ihr Leben mag davon abhängen, Sie haben nichts zu verlieren, aber alles zu gewinnen. Ich weiss, dass ich den ausgestreckten Finger Gottes gesehen habe, der sich gegen unsere Nation richtete. Mein Auftrag ist einfach. Ich soll laut rufen und diese Warnung auf alle mögliche Weise weitergeben. Ich weiss, dass die Leute mich einen Sensationsmacher nennen werden, einen Prediger von Untergang und Verzweiflung. Sogar wohlmeinende Geistliche und Kirchenführer* *werden diese Botschaft als nicht von Gott zurückweisen, doch nur so lange, bis sie in ihr Gebetskämmerlein gehen und aufrichtig prüfen, ob diese Dinge wirklich wahr sind."*

Die Not mit Gerichtsbotschaften

Gerichtsbotschaften haben etwas Eigenartiges an sich. Es fällt uns schwer, sie ernst zu nehmen. Wir glauben: „Es gibt immer wieder einen Ausgang; Gott ist nicht der Kaputtmacher." Und tatsächlich dienen Gerichte nicht dazu, einfach kaputtzumachen, sondern sie haben eine ganz besondere Bedeutung. Und in jedem Gericht gibt es auch Notausstiege und Rettung.

Wir erinnern uns an die Zeit der Israeliten in Ägypten, als die Sklaven sich vermehrten und Pharao Angst bekam und anordnete: „Alle männliche Geburt wird getötet werden auf Befehl des Pharao." Und da wurde ein Junge geboren von einem levitischen Ehepaar. Die Mutter tat das Kind in ein Kästchen und versteckte dieses Kästchen am Ufer des Nils. In einiger Distanz stellte sich die ältere Schwester hin, um zu sehen, was passiert. Und dann kam die Pharaonentochter zum Baden. Man entdeckte dieses Kästchen, und die Pharaonentochter öffnete es, sah dieses junge Leben und hatte ein Herz für dieses Kind. Sogleich kam die ältere Schwester und fragte: „Soll ich eine hebräische Amme rufen, um das Kind zu stillen?" Und dann holte sie die Mutter, und die Mutter nahm ihr Kind wieder an sich und brachte es dann, als es abgestillt war, an den Pharaonenhof. Und dort wurde Mose – „aus dem Wasser gezogen" heisst dieser Name – von dieser Prinzessin wie ein Sohn angenommen und aufgezogen. Und so gibt es immer wieder Rettung. Denn Gott ist ein Gott der Rettung, ein Gott der Hoffnung, ein Gott, der das Schreien hört.

Aber Gericht ist ebenso eine Tatsache. Als am 11. September diese Scheusslichkeiten passierten, da war in einem der beiden Türme ein Christ, der morgens zur Arbeit gefahren war. Er war im 81. Stock und sieht plötzlich, wie beim gegenüberliegenden Turm brennende Trümmer niederfallen; und er weiss, dass dort sein Chef arbeitet. Er ruft diesen Chef an, kriegt keine Antwort, geht in den Lift und saust zusammen mit anderen ins 79. Stockwerk hinunter, wo die Expresslifte waren. Und dort sind die Sicherheitsbeamten und fragen: „Was wollt ihr hier?" Und dieser junge Mann sagt: „Da drüben brennt es!" Und dieser Wachmann sagt: „Geht wieder in eure Büros, unser Turm ist sicher, da wird nichts passieren!" Und so sind Dutzende und Dutzende von Menschen diesem Tod ausgeliefert worden, weil Leute sagten: „Dieser Turm ist sicher, da passiert nichts!" Aber so sind wir Menschen. Da brennt der Turm nebenan, und wir sagen: „Geht wieder zurück ins Büro, geht an die Arbeit, es ist alles o.k."

Das war schon so zu allen Zeiten. Auch *Dürrenmatt*, der Schriftsteller, hat das gewusst: Die Leute können die Wahrheit nicht hören. Darum hat er die Wahrheit in Dramen verpackt, wo viel gelacht werden musste. Aber dahinter steckte die Wahrheit. Und die Wahrheit ist: Irgendwann ist Schluss. Dabei rede ich nicht von den Unheilspropheten, die überall nur Untergang sehen. Wir reden nicht von Panik und Angstmacherei, sondern wir reden von Realitäten. Wir reden vom Wort Gottes.

Im Johannesevangelium lesen wir einerseits, dass Jesus *„nicht in die Welt gesandt (wurde), damit er die Welt richte, sondern damit die Welt durch ihn gerettet werde." (Joh. 3,17)* Aber dieser selbe Jesus hat viermal *„Wehe!"* gerufen: *„Wehe euch Reichen! Wehe euch Satten! Wehe euch, die ihr jetzt lacht! Wehe euch, wenn Menschen gut von euch reden!" (nach Luk. 6,24-26)* Das sind Worte von Jesus!

Babylon – Symbol für das ganze Wirtschaftssystem

Die Stadt Babylon, deren Gericht hier ausgerufen wird, ist nicht eine bestimmte Stadt. Natürlich gab es einmal eine historische Stadt mit diesem Namen. Aber Babylon ist ein Symbol für etwas viel Umfassenderes, so ähnlich wie Jerusalem. Jerusalem ist auch eine historische Stadt, aber gleichzeitig ist Jerusalem die Stadt des grossen Königs, des Messias, der kommen wird, um nochmals zu herrschen. Dazu ist Jerusalem auch noch die Brautgemeinde, die im Himmel vor Gott ist und die einmal aus dem Himmel herunterkommen wird.

In Kapitel 17 erscheint Babylon im Bild dieser Hure mit dem scharlachroten Kleid, mit Gold und Flitter und Perlen, mit der Krone auf dem Haupt und den gotteslästerlichen Namen. Hier, in Kapitel 18, ist Babylon Sinnbild für die Wirtschaft, für ein System, das im Grunde genommen diese Welt beherrscht. Am Schluss des Kapitels werden die Kaufleute als *„die Grossen der Erde"*, als die Mächtigen, bezeichnet. Es ist eines, Politiker zu sein; aber man kann auf Dauer politisch nicht erfolgreich sein, wenn die Wirtschaft nicht stimmt. Das ist mit ein Grund, warum so viele Politiker auch in Verwaltungsräten sitzen.

Hinter allem steht die wirtschaftliche Macht, und diese Macht hüllt sich ja immer auch in Anonymität. Aktiengesellschaften, grosse Trusts, globale Netzwerke, bei denen keiner mehr durchsieht und man im Grunde genommen weiss: Da wird unsichtbar, verborgen gesteuert. In diesen grossen Zentren der wirtschaftlichen Macht werden die Fäden gezogen, rollen Köpfe über Nacht, werden Verwaltungsräte ausgewechselt, ganze Betriebszweige einfach eliminiert. Und wie wir es mit dem Orkan Lothar erlebt haben, gehen solche Stürme einfach durch die Industrien hindurch – Kahlschlag, um zu retten, was zu retten ist, damit die Kasse stimmt!

Die „kritische Masse" der Sünde

Das Wort unserer Offenbarung besagt nun: Diese Wirtschaft, dieses ganze System, kann einmal in einer Stunde kollabieren Und warum? Es heisst: *„Ihre Sünden haben sich bis zum Himmel angehäuft, und Gott hat ihrer Verbrechen gedacht."* Offenbar gibt es eine kritische Masse von Sünde, eine kritische Masse von menschlichem Stolz und menschlicher Arroganz. Wenn wir diese Grenze überschreiten, dann kann Gott nicht mehr länger zusehen. Es gibt eine kritische Masse von Sünde, bei der Gott, der von sich sagt: *„Ich bin barmherzig, gnädig, geduldig und von grosser Güte“,* eingreift – nicht nur um seines Namens willen, sondern um der Armen willen, um ihres Blutes willen, um ihres Schreiens willen. Gott ist ein Gott der Witwen und der Waisen, ein Gott der Entrechteten, der das Schreien der Armen hört. Und wenn an der Wirtschaft das Blut von Menschen klebt, die mit ihrem Leben bezahlen, dann gibt es eine kritische Masse, bei der Gott handeln wird. Er lässt seiner nicht spotten.

Glauben wir, wir könnten weiter so fuhrwerken mit der Schöpfung, wie wir es bisher gemacht haben? Glauben wir, wir könnten menschliche Zellen nehmen und daraus Organe züchten, damit wir menschliche Organe wie in einem Sammellager haben? Wir können *klonen*, aber das letzte Wort hat nicht die Wissenschaft, das letzte Wort hat nicht unser Profitdenken, das letzte Wort hat nicht unsere Klugheit, das letzte Wort hat nicht der Mammon, das letzte Wort hat immer noch der Schöpfer, denn das ist *seine* Schöpfung! Und vielleicht vergeht uns das Klonen, wenn die Geschöpfe, die wir geschaffen haben, dann behindert sind und Fehler haben. Dolly, das erste Schaf, das geklont worden ist, hatte bereits im zarten Alter von einigen Jahren Arthritis! Freunde, Gott lässt seiner nicht spotten. Dieses ganze Klonen ist nur Profitmacherei. Leben ist immer noch eine Gabe Gottes und nicht einfach in unserer Verfügung! Und Gott wird einmal sagen: „Jetzt reicht's!“

Denken wir an *Noah!* Als damals die kritische Masse der Sünde erreicht war, hat Gott noch einmal Zeit zur Umkehr gegeben, und Noah hat die Arche gebaut. Diese Arche war eine Botschaft an die Menschen: „Kehrt um, Gericht kann kommen!“ Aber da war nur Gelächter. Die Arche schien ein grosser Witz. Aber tatsächlich war sie der Notausstieg für eine neue Menschheit. Auch beim Bau des *Turms von Babel* war die kritische Masse der menschlichen Hybris erreicht; ebenso in *Sodom und Gomorrha*, als die Sünde stank und zum Himmel schrie.

Am Anfang unseres Wortes kommt zuerst dieser gewaltige Engel, dessen Licht die ganze Welt erhellt. Es ist, als wollte Gott nochmals Licht machen, um zu sehen: Stimmt das wirklich, ist das Mass voll? Und die ganze Erde war wie im Scheinwerferlicht dieser Engelglorie.

Wir sprechen immer wieder von Jugendkriminalität. Und das ist ein Problem. Aber es waren nicht die Jugendlichen, die den Ersten und den Zweiten Weltkrieg angezettelt haben. Es waren nicht die Jugendlichen, die sechs Millionen Juden vergast haben. Es waren nicht die Jugendlichen, die Tschernobyl gebaut haben und die alles Risiko einfach in Kauf nahmen um des Gewinnes willen. Es waren nicht die Jugendlichen, die Milliarden und Milliarden für die Raumfahrt investiert haben, damit ein Mensch auf den Mond kommt, um dann stolz zu verkünden, dass die Welt den Geist von Apollo brauche. Das waren nicht die Jugendlichen! Das sind die Erwachsenen. Die wahren Kriminellen müssen wir nicht bei den Jugendlichen suchen! Jetzt ist ein Fünfzehnjähriger mit einer Cessna in ein Hochhaus hineingekracht. Woher hat er das? Von erwachsenen Vorbildern. Und wenn dieses Mass voll ist, sagt Gott: „Ich kann in einer Stunde das alles lahm legen, was jetzt eure Sicherheit ist."

Es wird auch ein Mass an Luxus geben, wo Menschen auf einmal auf diesen Lagerbeständen sitzen bleiben werden: *„Ihren Vorrat kauft niemand mehr."* Nicht mal mehr dein Gold wird gefragt sein. Gold wird dich nicht mehr retten, Edelsteine werden dich nicht mehr retten; weder Perlen noch das feinste Holz noch Marmor – nichts mehr. Die Kaufleute werden auf ihren Lagerbeständen sitzen bleiben.

„Ziehet aus von Babylon, mein Volk!"

John Mulinde ist aus Uganda mit der Botschaft gekommen: „Jetzt ist die Zeit für Europa, noch einmal umzukehren." *David Demian*, ein Ägypter aus Kanada, ist mit der Botschaft zu uns gekommen: „Es ist jetzt – Schweiz – deine Zeit, und es ist jetzt auch die Zeit für Deutschland und Österreich, noch einmal umzukehren!" Wir haben keine Wahl! Es ist jetzt wirklich die Zeit, wo Gott noch einmal sagt: *„Ziehet aus von ihr, mein Volk!"* Das heisst nicht, aus der Welt auszusteigen. Wir sind in dieser Welt, und wir werden diese Welt mitgestalten. Aber es heisst: Ausziehen aus einem korrupten System, bei dem wir nicht mehr länger mitmachen können. Abspecken in dem Sinn, dass wir nicht mehr jeden Gag mitmachen und alles immer haben müssen, sondern dass unser Leben etwas von den wahren Prioritäten, die wir haben, widerspiegelt.

Wir haben in der Schweiz allen Grund „auszuziehen". Wir sind noch nicht am Boden. Unsere Schweizerische Nationalbank hat wieder Milliardengewinne erarbeitet. An vielen dieser Gelder hängt Blut. Es geht nicht nur um das Geld, das wir den Juden weggenommen haben, um es dann in diesem Bankenvergleich den Juden in Raten wieder zurückzugeben. Es geht um vielerlei Quellen. In Uganda verschwinden z. B. jedes Jahr zweihundert Millionen Franken in den Taschen der Regierenden. Wohin geht dieses Geld? Nach New York, nach London und nach Zürich, auf die Nummernkonti! Und darum kämpfen wir auch in der Schweiz so für das Bankengeheimnis, weil das unser Rückgrat ist, das Rückgrat der Prosperität. Aber wir als Christen, die wir um diese kritische Masse der Sünde wissen, werden die Augen nicht mehr länger verschliessen, sondern wir werden auf die Knie gehen und Busse tun, auch für diese Gelder!

In Zürich allein gibt es zweitausendfünfhundert registrierte Prostituierte, ohne die Tänzerinnen und die Nichtregistrierten, die noch einmal in die Hunderte gehen. Das ist das Geschäft mit den *Leibern*, von dem hier die Rede ist. Und es gibt auch ein Geschäft mit den *„Menschenseelen"*. In den Medien wie Fernsehen und Presse werden die Empfindungen von Menschen, beispielsweise Wut und Trauer, in Grossaufnahmen dargestellt und ausgeschlachtet. Dieser Enthüllungs-Journalismus ist Geschäft mit den Seelen der Menschen. Wir haben eine Antwort. Gott sagt zu uns: *„Zieht aus von ihr, mein Volk!"*

„In den Riss“ treten

Wenn wir glauben, dass Gott tatsächlich eingreifen wird, wenn die Sünde sich bis zum Himmel aufhäuft und das Blut schreit; wenn wir glauben, dass er sagen wird: „Ende, jetzt kommt Gericht, und zwar in einer Stunde“– und dann ist Schluss mit der Neonbeleuchtung, Schluss mit all diesen Empfängen, Schluss mit Vernissagen, Schluss mit diesen rauschenden Bällen, Schluss mit diesen Premièren an unseren Theatern und Opern, die wir mit teuren Steuergeldern finanzieren, einfach Schluss in einer Stunde –, dann hören wir zugleich den *heiligen Ruf Gottes* an sein Volk, *„in den Riss zu treten“* und noch einmal um Erbarmen zu flehen (Ez. 22,30).

Als kürzlich eine Gruppe deutscher Fürbitter und Leiter zusammen war, haben sie zu Gott geschrien. Da hatte jemand ein inneres Bild vor sich von einer Uhr, deren Zeit unmittelbar vor zwölf anzeigte; aber plötzlich kam ein Finger und hat den grossen Zeiger noch einmal zurückgedreht. Verstehen wir das? So wie Gott den Schatten der Sonnenuhr bei Hiskia zurückgehen liess, so wie er die Sonne bei Josua angehalten hat, so ist Gott bereit, diesen Zeiger noch einmal zurückzudrehen, wenn sein Volk Busse tut und sich demütigt und noch einmal um Vergebung schreit für die Nation.

Viele Christen haben gefragt: „Wo waren am 11. September die Propheten? Warum hat es denn keiner gewusst?“ Es gibt ganz viele Glieder Jesu Christi, die es gehört haben. Einer von ihnen war *David Wilkerson*. Aber er hat nicht einfach im Internet Staub aufgewirbelt, sondern er ist zusammen mit seiner Gemeinde auf die Knie gegangen, weil sie von Gott gehört hatten, dass etwas über New York kommen wird! In ihrer Kirche haben sie gefastet, gebetet, geweint und sind vor Gott gelegen. Vielleicht ist ja das Ausmass an Bewahrung an diesem schicksalhaften Tag, wovon immer gesprochen wird, auch eine Gebetserhörung dieser Frauen und Männer, die dort auf den Knien gelegen sind.

Ich sehe, wie auch in unserem Land eine Armee Gottes aufsteht und zu ihrem Gott schreit. Menschen, die diesen Warnruf gehört haben, den Warnruf durch die Sache mit der Swissair, den Warnruf durch das Unglück im Gotthard-Tunnel! Wir können uns natürlich auch wieder zurücklehnen und sagen: „Der Verkehr rollt ja wieder, alles o.k.“ Nein, Freunde, das ist eine Lüge. Was wir erlebt haben, war ein Schuss vor den Bug in diesem Land, das Gott erschaffen hat – diesem *„Herzen Europas“* mit seinen vier Kulturen, seinen vier Sprachen und dem französischen, dem italienischen, dem romanischen und diesem schwerblütigen deutschschweizer Esprit.

Gott klopft in unserer Welt noch einmal an und wartet auf unsere Antwort. *Die Gerichtsbotschaft der Offenbarung ist nicht eine Botschaft, die uns Angst machen, sondern auf die Beine bringen soll.* Gott legt es in unsere Hände, dass wir in den Riss treten und als Volk Gottes noch einmal um Erbarmen schreien; dass wir noch einmal das Wirken des Heiligen Geistes in unsere Regierungen und Parlamente hineinbeten – in Deutschland, Österreich und der Schweiz. Dafür gibt uns Gott immer wieder diese Verheissung: *„Siehe, nun schaffe ich Neues; schon sprosst es, gewahrt ihr es denn nicht?“ (Jesaja 43,19)*

Gebet

Vater, wir danken dir für die „Schrift an der Wand“, wo du mit deinem Finger schreibst: „Mene, Mene Thekel, Upharsin – Gewogen, gewogen und zu leicht erfunden“ (Dan. 5,25). Und ich danke dir, Vater, dass es diesmal heisst: „Gewogen und gewogen ...“, weil du jetzt stockst und auf deine Söhne und Töchter wartest, auf diese königlichen, priesterlichen Menschen, die das nicht nur als Abzeichen tragen und in Gemeinden leben, sondern die jetzt aufstehen für eine Nation.

Ich bitte auch, Jesus, dass du Gebetszellen, Gebetsgruppen und Wächtergebete ermutigst, ihre Landesfahnen zu kaufen und dieses Bannertuch immer wieder vor Augen zu haben. Ich bitte dich, dass du vor allem auch die Deutschen ermutigst, die sich immer noch schwertun mit ihrem Schwarz-Rot-Gold, dieses Banner anzunehmen und für diese Nation in den Riss zu treten.

Vater, noch ist Zeit, noch wartest du auf das Schreien deiner Kinder. Noch wartest du auf unsere Busse, noch wartest du auf Umkehr. Und wir wollen dir auch sagen: Wir können's nicht. Wir können gute Vorsätze fassen, und dann stockt es wieder. Wir brauchen dich, Heiliger Geist. Und wir flehen: Komm, Geist Gottes! Komm mit Feuer, komm mit deinem Wind, komm mit Wahrheit, komm mit dem Schwert des Geistes! Wir wollen nicht mehr dieselben sein!

Jesus, wir wollen verfügbar sein für dich. Unser Leben gehört nicht mehr uns, es gehört dir! Unser Leben gehört nicht mehr dem Konsum, es gehört dir! Unser Leben gehört nicht mehr dem Genuss. Wir sollen geniessen, zu deiner Ehre; aber es gehört zuerst dir! Und wir wollen dir auch sagen, dass wir bereit sind, einen Preis zu bezahlen. Und dieser Preis, der wird viel, viel kleiner sein als der Preis des Ungehorsams, wenn in einer Stunde alles zusammenbricht. Wenn die Kaufleute weinen werden und trauern und sagen: „Wehe, wehe, die grosse Stadt, sie ist dahin."

Gott, wir hängen uns an diesen Zeiger. Wir hängen uns daran mit dem ganzen Gewicht unseres Glaubens und unserer Hoffnung, dass du diesen Zeiger noch mal bewegst. Und dass du uns noch mal Raum gibst zur Busse, Raum zur Umkehr, und auch immer mehr Banker, immer mehr Manager, immer mehr Politiker ihre Knie beugen werden vor dir!

Vater, wir wollen dir sagen: Da hast du unser Leben, du kannst uns noch einmal formen, zubereiten, zurüsten. Vater, wir wollen heiss sein, nicht lauwarm. Wir wollen leidenschaftlich sein, wir wollen brennen. Wir wollen in dieser Kraft der Auferstehung leben. Wir wollen mit dir über Mauern springen. Wir wollen nicht mehr einfach paralysiert sein, gelähmt durch das, was in der Presse steht. Vater, es ist Schluss! Dein Name soll noch einmal geheiligt werden in diesem Land!

Vater, ich möchte dich um Vergebung bitten für all dieses Geld, an dem Blut klebt. Geld, das bestimmt gewesen wäre für

Drittweltländer. Geld für Afrika, Geld für Südafrika, Geld für Südamerika, für Mexiko, Geld für die Palästinenser, wo Millionen und Millionen abgezweigt worden sind auf Banken und man gleichzeitig diese Flüchtlingslager künstlich in ihrer Armut erhalten hat. Die Millionen, die abgezweigt worden sind in Indonesien, die Millionen in China, die Millionen und Milliarden in Russland. Diese Millionen, die verschwunden sind und einfach versickert in Japan, in Australien, auf den Philippinen – überall, Gott. Wir bitten dich um Vergebung, Vater, dass wir in der Schweiz immer noch mit diesem Blutgeld Schacher treiben.

Vater, bring Licht da hinein. Vater, wir bitten darum, dass dieser gewaltige Engel mit dieser Vollmacht kommt, auch in die Schweiz hinein. Und dass diese Schweiz plötzlich erleuchtet wird, dass alle Hintergründe dieser Gelder erleuchtet werden, dass alle Nummernkonti, alle Tresore, alle Keller von Banken in dieses Licht hineinkommen. Vater, dass all diese Wege von Geldströmen, auch von terroristischen Aktionen, die hier noch anonym ihr Geld haben, dass all das in dein Licht hineinkommt. Vater, es darf nicht mehr geschehen, wir schreien als deine Kinder zu dir! Wir sagen, die Siegel müssen gebrochen werden. Die Siegel dieses Schweigens, die Siegel, die über diesem Unrecht angebracht sind, diese Panzertüren! Diese Panzertüren, hinter denen Blut ist, geschlachtete Menschen, verzweifelte Völker, hungernde Kinder, Unrechtsregierungen, Aids, mangelnde medizinische Versorgung, wo wir uns noch bereichert haben, indem wir Medikamente abgegeben haben, um selber damit zu verdienen.

So segnen wir jetzt unsere Regierungen, wir segnen alle Verantwortlichen in der Wirtschaft und wir sagen: „Der Geist Gottes komme hinein, dieser Geist von Wahrheit.“ Amen

Kapitel 14

Der Durchbruch im Himmel

Vom grossen „Hallelujah"
Offenbarung 19,1-7.10

Dieses Kapitel 19 der Offenbarung ist ein gewaltiger Durchbruch, bei dem eine Schallgrenze mit einem grossen Knall durchbrochen wird. Im Neuen Testament wird nur viermal „Hallelujah" gesagt, und zwar in diesem Kapitel. Mein Traum ist, dass wir diese ersten Verse von Kapitel 19 einmal szenisch gestalten könnten. Diese Verse haben eine Dramatik in sich, welche noch stärker ist als das „Hallelujah" von Händel, bei dem alle Engländer aufstehen. Wenn dies szenisch gestaltet würde und wir uns das innerlich vorstellen könnten, was hier passiert, würde es uns von den Sitzen reissen! Hier geschieht ein gewaltiger Durchbruch.

> *Danach hörte ich etwas wie die laute Stimme einer grossen Menge im Himmel, die sprachen: Hallelujah! Das Heil und der Ruhm und die Kraft ist unsres Gottes. Denn wahr und gerecht sind seine Gerichte; denn er hat die grosse Buhlerin gerichtet, die die Erde mit ihrer Unzucht verderbte, und hat das Blut seiner Knechte an ihr gerächt.*
>
> *Und zum zweiten Mal sprachen sie: Hallelujah! Und „ihr Rauch steigt auf in alle Ewigkeit". Und die 24 Ältesten und die vier Wesen warfen sich nieder und beteten Gott an, der auf dem Throne sass,*

und sprachen: Amen! Hallelujah! Und eine Stimme ging aus vom Throne, die sprach: Lobet unsern Gott, alle seine Knechte, und die ihr ihn fürchtet, die kleinen und die grossen!

(Und nun schwillt dieses Hallelujah nochmals an, und das ganze Universum stimmt mit ein:) *Ich hörte etwas wie die Stimme einer grossen Menge und wie die Stimme vieler Wasser und wie die Stimme starker Donner, die sprachen: „Hallelujah! Denn der Herr, unser Gott, der Allmächtige, hat die Herrschaft angetreten. Lasset uns fröhlich sein und frohlocken und ihm die Ehre geben! Denn die Hochzeit des Lammes ist gekommen ..."*

Und ich warf mich vor seinen Füssen nieder, um ihn anzubeten. Und er sagte zur mir: Sieh zu, tu es nicht! Ich bin dein und deiner Brüder Mitknecht, die das Zeugnis Jesu haben. Gott bete an! – Das Zeugnis Jesu nämlich ist der Geist der Weissagung. (Off. 19,1-7.10)

Der Himmel ist ganz anders

Diese Verse mögen dem einen oder anderen eine neue Information über den Himmel geben. In dem bekannten Herrengebet „Unser Vater" beten wir ja „Dein Wille geschehe, wie im Himmel, so auf Erden". Und für viele Christen ist der Himmel noch so eine Insel der Seligen à la Böcklin. Gedämpfter Lobpreis, sicher 24 Stunden, dreifach verglast mit Lärmschutzwänden, damit nichts von dieser bösen Welt hinaufdringt, und selbstverständlich air-conditioned. Alles in grösster Harmonie! Aber dem ist überhaupt nicht so! Im Himmel gibt es sogar Krieg!

Die Erde ist dort gegenwärtig. Deine und meine Wunden sind dort gegenwärtig. Die Wunden der Völker sind im Himmel gegenwärtig. Der Heilige Geist seufzt in uns, und dieses Seufzen – auch in unserer Gebetssprache, die wir durch den Geist bekommen haben – dringt zum Himmel hoch und bewegt Gott; auch das Seufzen einer Schöpfung, die sich nach dem Offenbarwerden der Söhne und Töchter Gottes sehnt.

Es heisst: „Gott Zebaoth, Gott der Heerscharen!“ Es geht also um Heerscharen. Das sind keine Spaziergänger und Flanierer, die im Himmel shoppen, sondern das sind Heere! Denken wir nur an *Elisa:* Als sein Knecht verzweifelte, weil die Stadt Dothan von Feinden eingekesselt war, da betete Elisa: „Gott, öffne ihm die Augen, dass er sieht.“ Und dann sah dieser Knecht den ganzen Berg voll feuriger Wagen und Rosse. Nicht irgendwelche Kutschen von Wien, sondern Kriegswagen! Auch *Elia* wurde nicht mit einer feurigen Kutsche abgeholt, sondern mit einem richtigen Kriegswagen! Gott der Heerscharen!

Himmel und Erde hängen zusammen

Der Himmel ist nicht irgendwo dort oben, und wir sind da unten. Himmel und Erde hängen zusammen! So wie dein Herz, dein Geist und dein Körper zusammenhängen. Du siehst die Seele und den Geist zwar nicht, aber wenn du am Morgen aufstehst, merkst du spätestens dann, dass du eine Seele hast, obwohl kein Arzt und kein Forscher sie bis jetzt gefunden haben! Und wenn dann der Bus vor deiner Nase wegfährt, obwohl du dem Chauffeur noch gewunken hast, meldet sich deine Seele wieder! Himmel und Erde hängen so zusammen wie Geist und Seele und Leib; diese sind untrennbar miteinander verbunden!

Die Erde ist voll der Herrlichkeit Gottes. Gott ist ständig gegenwärtig. Der Himmel ist nicht nur so ein geheimer Ort, irgendwo da oben hinter den Fixsternen, sondern Himmel und Erde durchdringen sich! Die Schreie, die hochkommen, werden nicht in eine Zentrale umgeleitet, in der ein paar starke, muskulöse Engel mit einem gefestigten Herzen sitzen, die das auf Tonband aufnehmen und dann zensurieren und schauen, was man an den grossen Chef weitergibt. Sondern sie dringen ungefiltert hinauf in den Himmel! Und ich glaube, wenn nicht die vier Wesen Tag und Nacht mit gewaltigem Pathos rufen würden: „Heilig, heilig, heilig", wäre der Himmel auch von dem Schreien erfüllt, das zu den Ohren Gottes dringt. Denn er ist ein Gott, der hört; ein Gott, der sieht; ein Gott, der empfindet!

Das Leiden über die angezogene Handbrense

Können wir uns vorstellen, was der Himmel und auch die Engel leiden? Was es für den Himmel bedeutet, dass Gott nicht seine ganze Kraft und Autorität ausüben kann? Dass er nicht Pantokrator, der Allmächtige, sein kann, sondern immer noch „mit angezogener Handbremse" herrschen muss?

Gott ist noch nicht in der Fülle seiner Macht! Auf der einen Seite erleben wir zwar Heilung – körperliche Heilung, seelische Heilung, Heilung von Verletzungen des Geistes. Da geschieht Befreiung von Generationenfluch, da werden Menschen freigesetzt! Aber dann gibt es auch Fälle, wo Menschen, die Jesus in ihr Leben aufgenommen haben und in einer Therapie in einem christlichen Haus sind, sich einen Schuss setzen, und auf deren Beerdigung man dann geht. Es zerbrechen auch christliche Ehen. Es kommt auch vor, dass Menschen von Mächten freigesetzt werden und nachher plötzlich alles wiederkommt, siebenmal stärker als vorher, weil man nur aufgeräumt hat, aber nicht gefüllt ist mit dem Heiligen Geist. Das wissen wir doch! Wie haben wir zu Gott geschrien für Menschen, die krank waren – und was war das, wenn wir nachher vor diesen offenen Gräbern stehen mussten? „Gott, wo warst du?"

Kürzlich haben wir erlebt, dass ein Mann in den besten Jahren weggestorben ist. Zunächst war noch die tapfere Reaktion: „Der Herr hat's gegeben, der Herr hat's genommen." Aber nachher kam der Schmerz und die ganze Frage: „Was ist jetzt mit unserer Berufung? Was ist mit all den prophetischen Worten, die wir bekommen haben? Gott, wo bist du?" Das ist nicht Unglaube, sondern das ist der Schrei des Herzen, weil wir das Wort Gottes kennen und wissen: Jesus hat alle Macht im Himmel und auf

Erden! Aber wie oft feiert der Tod noch seine Siege! Dieser Tod, gegen den Johann Christoph Blumhardt so eine Wut hatte, so einen Zorn. In seiner Theologie war das ein fester Grundsatz: „Christen werden einmal gegen diesen Tod angehen und werden diesen Tod nicht noch verklären und beschönigen." Der Tod ist ein Feind, und es ist der letzte Feind, und wir werden uns mit dem Tod nie anfreunden!

Können wir uns vorstellen, was das für den Himmel bedeutet? Nicht nur wir hier auf Erden rufen: „Maranatha, komm', Herr Jesus!", sondern auch im Himmel rufen sie: „Wie lange noch, Gott? Wann endlich wirst du deinen Arm entblössen? Wann endlich wirst du mit diesem zweischneidigen, feurigen Schwert, das aus deinem Munde kommt, Lüge und Wahrheit, Licht und Dunkelheit scheiden?"

Von Herrlichkeit zu Herrlichkeit

Schon in *Kapitel 11* der Offenbarung ertönte ein erstes Jubelgeschrei, als die siebente Posaune geblasen wurde – und sieben, das wissen die Himmlischen, ist die Zahl der Vollkommenheit, die heilige Zahl. Und „grosse Stimmen im Himmel" riefen: *„Die Herrschaft über die Welt ist unsrem Herrn und seinem Gesalbten zuteil geworden, er wird herrschen in alle Ewigkeit." (11,15*) Dann öffnete sich der Tempel Gottes im Himmel und die Lade des Bundes wurde darin sichtbar (11,19); d. h. Gott erinnert uns: „Ich stehe zu meinem Wort. Ich werde diesen Endsieg erringen."

Aber noch ist es nicht so weit. Zuerst findet eine Scheidung im Himmel statt In *Kapitel 12* lesen wir:

> *Und es entstand Krieg im Himmel, so dass Michael und seine Engel Krieg führten mit dem Drachen. Und der Drache führte Krieg und seine Engel; und sie vermochten nicht standzuhalten, und „eine Stätte für sie war im Himmel nicht mehr zu finden". Und*

geworfen wurde der grosse Drache, die alte Schlange, genannt der Teufel und der Satan, der den ganzen Erdkreis verführt, geworfen wurde er auf die Erde, und seine Engel wurden mit ihm geworfen. Und ich hörte eine laute Stimme im Himmel sagen: „Jetzt ist das Heil und die Kraft und die Herrschaft unserem Gott und die Macht seinem Gesalbten zuteil geworden; denn hinabgeworfen wurde der Ankläger unsrer Brüder, der sie vor unsrem Gott Tag und Nacht verklagt." (12,7-10)

Und dann heisst es: *„Darum frohlocket, ihr Himmel, und die ihr darin wohnt! Wehe der Erde und dem Meer! denn der Teufel ist zu euch hinabgekommen, und er hat einen grossen Zorn, da er weiss, dass er [nur noch] eine kurze Frist hat." (12,12)*

Schon hier wird also das grosse „Jetzt" ausgerufen: *„Jetzt ist das Heil ..."* Die Himmlischen springen auf: Jetzt ist es passiert! Aber es ist noch nicht das endgültige „Jetzt". Vorher kommen noch die Zornesschalen, die grosse Buhlerin, der Untergang Babylons; und dann – endlich – kommt in *Kapitel 19* das endgültige „Jetzt", dieses vierfache „Hallelujah": *„Hallelujah! Das Heil und der Ruhm und die Kraft ist unsres Gottes." (19,1)*

„Unser Gott – Euse Gott"

Das ist etwas Wunderbares: In diesem Kapitel wird immer wieder von „unserem Gott" gesprochen – *„euse Gott"*. Verstehen wir, was da an Stolz, an Freude, an Begeisterung mitschwingt? Endlich ist er Gott, darf er Gott sein wie er ist, *„euse Gott"!*

Und die Begeisterung wächst, und zum zweiten Mal rufen sie: „Hallelujah, Hallelujah." Jetzt erheben sich sogar die Ältesten von ihren Thronen. Und nun kommen noch die vier Wesen – das eine Wesen wie ein Löwe, das andere wie ein Adler, das dritte wie ein Stier und das vierte Wesen mit einem Gesicht wie ein

Mensch; diese stehen symbolisch für die vier Evangelisten, diese „Bodyguards" unseres grossen Gottes rings um seinen Thron. Und sie alle werfen sich auf die Erde und beten „euse Gott" an.

Dann kommt eine Stimme von dem Thron in dieses Universum: *„Lobt unsern Gott, alle seine Knechte, die ihr ihn fürchtet, die kleinen und die grossen!"* Betet ihn an, gebt ihm die Ehre. Hallelujah! Und zwar alle: Charismatiker und Nichtcharismatiker! „Alle seine Knechte und die ihn fürchten!"

„Und ich hörte etwas wie die Stimme einer grossen Menge und wie die Stimme vieler Wasser und wie die Stimme starker Donner, die sprachen: Hallelujah!" Jetzt stimmen sogar die Wasser und die Donner mit in das „Hallelujah" ein.

Der Durchbruch

Und jetzt kommt's! Es heisst nicht: Er wird herrschen, sondern: *„Ebasileusen – er hat die Herrschaft angetreten"*. Er, *„der Kyrios, ho theos hämon ho pantokrator – der Herr, unser Gott, der Allmächtige"*. Jetzt geht es richtig los.

Das Lamm ist ja gleichzeitig auch Ausdruck für einen Gott, der schwach ist, der ohnmächtig ist, der sich nicht wehrt. Ein Gott, den man immer noch beleidigen und verletzen kann. Aber jetzt kommt der Herr! „Euse Gott", der PANTOKRATOR, wie ihn die Normannen in Sizilien in den Chorgewölben der Basiliken abgebildet haben, der Allherrscher!

Und dann heisst es: *„Lasset uns fröhlich sein und frohlocken und ihm die Ehre geben; denn* (warum jubeln wir, warum jauchzen wir?) *die Hochzeit des Lammes (*das Ziel der ganzen Geschichte) *ist gekommen."*

Im Autoradio habe ich von einer Hochzeit gehört. Da haben sich zwei ein Jawort gegeben, und Leute haben sich vom Morgen an die Füsse in den Bauch gestanden, um einen Blick auf diese goldene Kutsche zu werfen. Die Frau kam mit einer fünf Meter langen Schleppe! Die hat sich bereitet für diesen Tag. Und wir bereiten uns auch, Freunde. Es ist Zeit, dass die „Schleppen" wieder kommen! Nicht mehr so billiges Christentum, so schäbiges, sondern Christen mit Schleppen. Mit dem Bewusstsein: Selig sind diejenigen, die eingeladen sind zu diesem Hochzeitsmahl des Königs, des Lammes.

Die Predigt eines Baumes

Heute hat mir ein Baum gepredigt. Der wurde so abgehauen, dass man noch ein Täfelchen „Wanderweg" dranmachen konnte. Und unter der Schnittstelle sind ringsum Äste rausgewachsen. Es sind nicht mehr diese gewaltigen Säulen – Menschen, die sich als Apostel oder Propheten bezeichnen. Jetzt ist es die Braut. Und aus diesen Schnittstellen spriesst es ringsherum heraus. Und wir zusammen bilden dann eine Krone. Nicht mehr die grossen Einzelkämpfer und Sprinter, welche die geistliche Olympiateilnahme geschafft haben. Wir sind die Braut! Und diese Braut bereitet sich jetzt. Und Gott gibt uns diese Kleider.

Der Geist der Prophetie

Am Ende unsres Abschnittes heisst es: *„Das Zeugnis Jesu nämlich ist der Geist der Weissagung* (Prophetie*)."* Prophetie ist eine Gabe Gottes, die wir uns nicht nehmen können, sondern die von Gott geschenkt wird. Dabei können wir das Herz Gottes für unsere Mitmenschen oder für ein Volk erkennen und Dinge sagen, die sonst niemand weiss. Wir gehen „über's Wasser" und sprechen diese Dinge aus; und Menschen erfahren durch den Geist der Prophetie, wie Gott wirklich ist.

Wir können einen wirklichen Propheten oder eine Prophetin immer daran erkennen, dass unsere Herzen weich werden. Wenn Propheten früher in unsere Gemeinden kamen und anfingen, für jeden Einzelnen zu prophezeien, musste ich oft weinen, weil ich gesehen habe: So ist Gott, so ist sein Herz, so denkt er über meine Freunde. Dies ist die *Gabe der Prophetie.* Man kann sie auch trainieren und darin wachsen. Paulus sagt dazu: *„Bemüht euch um die Gaben des Geistes, am meisten aber um die Gabe der prophetischen Rede!“ (1. Kor. 14,1; Luth.)*

Aber dann gibt es noch eine *andere Art von Prophetie*. Und diese Prophetie ist genau gleichwertig. Jesus hat dem Pilatus gesagt: *„Ich bin dazu geboren und dazu in die Welt gekommen, dass ich für die Wahrheit zeuge.“ (Joh. 18,37)* Und die Wahrheit Gottes in dieser Welt zu bezeugen, das ist Prophetie. Jesus war ein Prophet.

Wenn also z. B. die ersten Christen gesagt haben: *„Kyrios Jesus – Herr ist Jesus!“*, dann kamen sie in Lebensgefahr. Denn damit brachten sie zum Ausdruck: Es gibt nur einen Herrn, nur einen Gott. Das ist Jesus, der Erhöhte, und nicht der Cäsar in Rom, der von uns verlangt, dass wir seinem Bildnis Weihrauch opfern. Zu Tausenden sind Christen vor die Löwen geworfen worden oder wurden als brennende Fackeln für Wagenrennen an Pfähle gebunden, weil sie dies bezeugt haben: „Die Wahrheit ist, es gibt nur einen Herrn – Jesus.“ Das ist Prophetie, das ist echte Prophetie.

In dieser Weise müssen wir wieder prophetisch werden. Wie eine angehende Hebamme, die neulich sagte: „Es gibt ein Lebensrecht für Leben, was Gott geschenkt hat.“ Das ist Prophetie. Das ist Bezeugen der Wahrheit. Und dafür wirst du als Fundamentalist oder als Spinner oder als nicht zeitgemäss verschrien. Heute ist die Stunde der Prophetie, des Geistes Jesu, wo wir wieder die Wahrheit bekennen müssen.

Jesus besteht alle Vergleiche

Im Zusammenhang mit den Terroranschlägen, die geschehen sind, wurde oft gesagt: „Die Religionen dürfen nicht an ihren Extremen beurteilt werden – sprich Bin Laden, Taliban usw. Es gibt einen Islam, der ist weich.“ Aber manchmal sind die Extremen näher an der Wahrheit als die Lauwarmen! Jesus war ein Extremer! Niklaus von Flüe war ein Extremer! Franziskus von

Assisi war ein Extremer! Die Wiedertäufer zur Zeit Zwinglis waren die Extremen! Und hinterher sehen wir, dass sie der Wahrheit näher gewesen sind; wie auch viele andere Christen, die man als Extreme beschimpft hat.

Eine Religion wird gemessen an ihrem Gründer! Der Islam wird gemessen an seinem Propheten, an Mohammed, und nicht an einem humanistischen Islam. Und unser Christentum wird gemessen an Jesus Christus – diesem Jesus, der einmal gesagt hat: *„Du kannst nicht zwei Herren dienen, nicht dem Mammon und Gott" (nach Mat. 6,24);* diesem Jesus, der gesagt hat: *„Wer nicht allem entsagt und sein Kreuz auf sich nimmt, kann nicht mein Jünger sein" (nach Luk. 14,27);* diesem Jesus, der gesagt hat: *„Ihr seid das Salz der Erde ... ihr seid das Licht der Welt" (Mat. 5,13+14);* diesem Jesus, der prophezeit hat: *„Wenn ich von der Erde erhöht bin, werde ich alle zu mir ziehen" (Joh. 12,32),* und schliesslich: *„Gehet hin und machet alle Völker zu Jüngern ... und lehret sie alles halten, was ich euch befohlen habe!" (Mat. 28,19+20)*

Das ist unser Herr Jesus, der als Lamm Gottes für eine Menschheit am Kreuz gestorben ist und den Teufelskreis der Schuldzuweisung durchbrochen hat.

Wir brauchen uns unseres Herrn Jesus Christus wahrhaftig nicht zu schämen! Er besteht alle Vergleiche mit Mohammed, mit Buddha und wer sich sonst noch Religionsgründer nennt. Ich bin stolz auf „euse Gott"!

Gebet

Gott, wir fiebern mit dir auf diesen Tag zu, wo du endgültig und für immer die Herrschaft antreten wirst. Wir fiebern mit den Heerscharen, den Engeln, den Vollendeten, den Märtyrern, allen Völkern und Nationen und auch einer geknechteten Schöpfung diesem Tag entgegen, wo wir schreien werden: „Euse Gott, unser Gott." Vater, wo keiner mehr einen inneren Ruck braucht, um dich anzubeten, sondern wo wir stolz sein werden.

Jesus, du gibst uns wieder eine Vision zurück, auf was wir hinleben. Nicht auf UNO, auf EU, sondern auf die Hochzeit des Lammes. Auf den Tag, wo diese Kräfte von dir, die Leidenschaft für die Welt, die du in deinem Sohn offenbart hast, die Wahrheit, die Gerechtigkeit, alles noch mal freigelassen wird. Wenn du, Gott, freigelassen bist und nicht mehr durch dein Erbarmen und durch deine Gnade mit den Völkern, mit den Einzelnen, mit Gemeinden und Städten zurückgehalten bist. Wir danken dir, Gott, und sehnen uns nach diesen Tag. Amen

Kapitel 15

Das Fest aller Feste

Von der „Hochzeit des Lammes“
Offenbarung 19,7-9

„*Lasset und fröhlich sein und frohlocken und ihm die Ehre geben! Denn die Hochzeit des Lammes ist gekommen, und sein Weib hat sich gerüstet, und ihr wurde gegeben, sich zu kleiden in glänzendes reines Linnen.*“ *Das Linnen nämlich sind die gerechten Taten der Heiligen. Und er* (der Engel) *sagte zu mir: Schreibe: Selig sind die, welche zum Hochzeitsmahl des Lammes geladen sind. Und er sagte zu mir: Diese Worte sind wahrhaftige Worte Gottes. (Off.19,7-9)*

Warum sagt der Engel mit einem solchen Nachdruck noch einmal: *„Diese Worte sind wahr, sind wirklich wahr, es sind Worte Gottes.“* Als ob ein Engel lügen würde! Warum muss das im Rahmen dieses Bibelbuches noch mal so hervorgehoben werden, dass dies wirklich wahre Worte sind und aus dem Herzen Gottes kommen? Es hat wahrscheinlich *zwei Gründe*:

Am Ende: die Freude

Der *eine* ist, dass wir uns schwer tun mit dem Gedanken, dass diese Hochzeit für unseren Gott wirklich so wichtig ist. Unser

Christsein ist so getrimmt auf Dienst, „Ministry", Arbeit. Und manchmal können wir nicht abschalten und haben den Eindruck, das geht in der Ewigkeit so weiter. Es ist auch immer viel von Gericht die Rede – Weltgericht, Lohngericht, Werkgericht und wie man das alles nennt –, und irgendwann kommt dann auch noch einmal diese Hochzeit. Es fällt uns so schwer zu glauben, dass wir einer Hochzeit entgegengehen, nicht zuerst einem Gericht! Aber das Gericht ist sozusagen einfach die Schmutzschleuse, durch die es geht.

Gott wartet sehnsüchtig auf diese Hochzeit, die das Ziel der ganzen Heilsgeschichte und der ganzen Menschheitsgeschichte ist: die Zusammenführung des Bräutigams und der Braut, nämlich der Menschheit, die sich diesem Jesus und ihrem Gott und Erlöser geschenkt hat! Auch Jesus hat diese Hochzeit, die der Vater ihm bereitet, sehr bewegend geschildert. Nicht zuletzt im Bild der *Heimkehr des verlorenen Sohnes* beschreibt er im Grunde genommen dieses Fest.

Die Rehabilitierung des Sohnes

Der *zweite Grund* dafür, dass der Engel die Worte von der Hochzeit noch einmal so ausdrücklich unterstreicht, ist der, dass Gott bei diesem Fest darauf brennt, seinen Sohn zu rehabilitieren. Darum heisst diese Hochzeit: *„die Hochzeit des Lammes"*. Es ist nicht die Hochzeit eines Arrivierten, der jetzt endlich mal die Macht hat, viele Kronen auf dem Haupt trägt und „einen Namen hat, den niemand kennt". Es wird *die Hochzeit des Lammes* sein, dieses Sohnes Gottes, der alles für den Vater hingegeben hat und in die Welt kam, nicht um bedient zu werden, sondern um selber zu dienen; dieses Mannes, der über seinem Kreuz die Aufschrift hatte: *„König der Juden"* – diese Spottschrift eines Gottessohnes, der angenagelt war, unfähig, noch irgendetwas zu tun. Er konnte Gott nur noch um Vergebung bitten für all das, was Menschen hier unwissend angerichtet hatten.

Gott wird diesen Sohn noch einmal rehabilitieren – ihn, der

alles gegeben hat und zur Sünde und zum Fluch wurde. Vor seinem Kreuz standen die Religiösen und Frommen in Gestalt der Schriftgelehrten und Pharisäer, lachten und sagten: „Wenn das Gott wäre, dann müsste er doch herabsteigen!" Darum kann auch der Islam, der eine Religion ist, die sich der Macht verschrieben hat, mit diesem Kreuz nichts anfangen. Die Zeitung *„Der Blick"* hat ja davon geschrieben, dass die grossen Scheichs sich bereit erklärt haben, Geld in unsere neue Swiss-Line zu investieren, wenn der Name „Cross" – „Kreuz" verschwindet. Ob das jetzt zutrifft, weiss ich nicht; ich weiss nur, dass dieses Kreuz ein Ärgernis ist für alle Religionen, ja auch für viele Christen!

Es ist ein Ärgernis, dass ein *Gott als Lamm* kommen kann – schutzlos und wehrlos. Und darum muss es noch einmal die *Hochzeit des Lammes* sein, weil Gott sich dazu stellt: „So bin ich, so habe ich mich euch in die Hände gegeben, so habe ich mich von euch annageln lassen, um euch zu zeigen: Das ist meine Liebe für euch, ich nehme alles auf mich!"

Darum ist Gott so voller Leidenschaft, dieses Lamm Jesus für seine Hingabe und seinen Gehorsam zu ehren. Dafür, dass er zu nichts geworden ist – Dreck, Sünde, Fluch, Abschaum der Welt, dem jeder schallend ins Gesicht schlagen und den jeder anspeien konnte; zu nichts für seinen Vater, damit dieses Heil der Welt zugute kommt. Darum wird es die Hochzeit des Lammes sein! Dieses Lamm wird noch einmal erhöht werden, und wir werden an diesem Hochzeitsfest teilnehmen. Wir, die wir ja oft Wölfe sind und nicht Lämmer, wir werden noch einmal wissen, was es heisst, mit einem Lamm „verheiratet" zu sein!

Das Abendmahl: die Vorwegnahme der Hochzeit

Man redet immer von dem letzten Abendmahl, als Jesus das Obergemach mit den Polstern für sich und die Jünger – inklusive Judas (!) – hat reservieren lassen. Ich glaube, dass dieses Abendmahl im Grunde genommen eine Vorwegnahme der Hochzeit des Lammes war, quasi ein Sinnbild für die Hochzeit des Lammes. Das Lamm mitten unter den Jüngern, denen er noch die Füsse gewaschen hat, mit denen er das Brot gebrochen und denen er den Kelch gegeben hat: „Trinket alle daraus!"

Und wir feiern jetzt durch die zwei Jahrtausende hindurch immer noch die Hochzeit des Lammes in dieser verborgenen Gestalt, diesem Bissen Brot und diesem Schluck Wein! Aber es wird einmal die Zeit kommen, wo es nicht mehr der Schluck Wein und der kleine Bissen Brot sein werden, sondern wo Gott seinem Sohn die Hochzeit bestellt. Schon Jesaja redet von den alten, wunderbaren Weinen, und Jesus spricht im Gleichnis vom Hochzeitsmahl von den gemästeten Ochsen, die bereit sind an diesem Hochzeitsfest.

Die Braut, die über ihren Bräutigam strahlt

Dabei hat Gott nur eine Sehnsucht: dass der Sohn eine Braut bekommt, die mitzieht, mitjubelt, sich mitfreut und dem Sohn die Ehre gibt; eine Braut, die strahlt über alle Mundecken bis zu den Ohren über diesen Bräutigam! Darum war es damals eine tiefe Enttäuschung für Gott, als er – während Jesus leibhaftig auf Erden war – die Hochzeitsgäste eingeladen hatte und sie alle ihre Entschuldigungen vorbrachten. Der Acker war wichtiger, die jungverheiratete Frau, die Ochsen – alles war wichtiger! Dafür hat Jesus dann dieses Mahl mit den Sündern, Zöllnern und Ehebrechern vorweggenommen und mit ihnen gefeiert.

Es heisst: „Selig sind, die gerufen sind – die verstanden haben, dass sie berufen sind – zu dem Hochzeitsfest des Lammes!" Selig, selig, selig! Diese Worte sind wahr! Sie kommen aus dem Herzen Gottes, aus diesem Schrei Gottes, dieses Lamm noch einmal zu rehabilitieren und das Fest aller Feste, das Fest der Ewigkeit, zu feiern und dieses Lamm zu erhöhen. Die Alten haben das ja wunderbar dargestellt, das Lamm, das auf dem Altar steht und angebetet wird. Aber wir werden dann nicht nur anbeten, sondern wir werden Braut sein, und da wird die Vermählung stattfinden!

Die Braut, die sich bereitet

Es heisst, dass sich die Braut bereitet hat! Wir können das von uns noch nicht sagen: „Wir haben uns bereitet." Aber wir sind dran! Und wir lesen auch, *wie* die Braut sich bereitet hat: Es wurde ihr *glänzendes reines Linnen* gegeben, um sich damit zu kleiden. Was ist damit gemeint?

Freunde, wir fallen immer wieder in die Fallen Satans und des „religiösen Geistes" hinein, wenn es um diese Bereitung der Braut, d. h. um die *Heiligung* geht. Wir glauben immer, dass wir selber etwas aus uns machen müssen. Auf einem unserer Seelsorge-Seminare war ein Gast aus einer besser gestellten Familie. Ein Mitarbeiter hat, vom Heiligen Geist geführt, die Eingebung gehabt, dieser Frau zu sagen: „Dann wären Sie ja jetzt in diesem edlen Geschlecht eine Sünderin, die erste Sünderin!" Und da hat sie es begriffen: „Ich muss nicht mehr blaublütig sein, nicht mehr edel, nicht mehr etwas Besonderes, sondern ich darf eine Sünderin sein." Und dann kam so die Freude des Geistes über sie, und sie hat nur noch gelacht und gelacht, dass sie jetzt eine „Sünderin" sein darf! Nicht mehr eine „Von" und nicht mehr eine „Zu", sondern eine Sünderin! Aber eine Sünderin, die angenommen und reingewaschen ist und in der Jesus durch seinen Geist wohnt! Daher beginnt *Heiligung* immer damit, nichts mehr aus sich zu machen, sondern dieses Kleid von Jesus zu empfangen, dieses Kleid, das nur er geben kann.

Das strahlend weisse Gewand der Liebe

Das strahlend weisse Gewand, das ist die Liebe, die ausgegossen ist in unsere Herzen durch den Heiligen Geist und mit der wir Gott lieben. *„Gott lieben von ganzem Herzen, von ganzer Seele, mit all unseren Kräften, mit dem ganzen Gemüt" (nach Mark. 12,30)* – das ist das strahlend weisse Gewand. Und daneben können wir noch Ecken und Kanten haben, das ist Gott völlig egal! Die werden wir haben, solange wir hier auf Erden sind. Wir

Christen sind patentiert darauf: Wir wollen immer Perfektion! Aber du wirst zuallererst daran gemessen, ob du *„Gott liebst von ganzem Herzen, mit ganzer Seele, mit all deinen Kräften und mit deinem ganzen Gemüt“*.

1. Korinther 13 – ganz neu

1. Korinther 13 ist das *Hohelied der Liebe*. Ich verstehe es jetzt ganz neu. Es heisst dort:

> *Wenn ich in den Zungen der Menschen und der Engel rede, habe aber die Liebe nicht, so bin ich ein tönendes Erz oder eine klingende Schelle. Und wenn ich [die Gabe der] Rede aus Eingebung habe und alle Geheimnisse weiss und alle Erkenntnis und wenn ich allen Glauben habe, sodass ich Berge versetze, habe aber die Liebe nicht, so bin ich nichts. Und wenn ich alle meine Habe zur Speisung [der Armen] austeile, und wenn ich meinen Leib hingebe, damit ich verbrannt werde, habe aber die Liebe nicht, so nützt es mir nichts. (1. Kor. 13,1-4)*

Früher habe ich das immer so verstanden: „Wenn etwas nicht aus Liebe geschieht, also wenn ich meinen Leib nicht aus Liebe gebe, oder wenn ich meine Habe zur Speisung der Armen nicht aus der Liebe gebe, oder wenn ich prophetisch rede nicht aus der Liebe heraus oder Berge versetze nicht aus der Liebe, dann ...“ Aber heute bin ich davon überzeugt: Hier ist an erster Stelle die *Liebe zu Gott* gemeint! Ich kann nämlich durchaus auch in Sprachen reden, ich kann in Engelszungen singen, ich kann alle Erkenntnisse und Offenbarung haben, ich kann wunderbar in prophetischem Gebet weissagen, ja ich kann sogar mein Leben hingeben für die Armen – ich kann das alles tun auch ohne diese erste Liebe zu Gott von ganzem Herzen. Ja, weil das andere mich so fasziniert und in Atem hält und so wichtig ist, und weil die

Leute so viel Bedürfnisse haben, kann ich mir darüber – so scheint es dann – diesen Luxus nicht mehr leisten, zuerst Gott mit dieser umfassenden Liebe zu lieben. Und doch ist dies das absolut Erste. Es ist das einzige strahlend weisse Gewand: diese Liebe zu Gott, nicht zuallererst die Liebe zu den Armen und denjenigen, die mich brauchen! Das ist das strahlend weisse Gewand! Daraus wird dann auch alles andere fliessen.

Diese brennende Liebe zu Gott aus ganzem Herzen hat keiner von uns aus sich heraus, die kann uns nur *durch den Heiligen Geist* gegeben werden (Röm. 5.5)! Darum sind wir auch, wenn wir diese Liebe haben, jetzt schon vollkommen! Im Neuen Testament sind *„die Teleioi – die Vollkommenen"* diejenigen, die diese Liebe von Gott haben. Vollkommen sein können wir nur in dieser Liebe, in diesem strahlend weissen Gewand, das Gott uns gibt und mit dem wir ihn anbeten.

Und wenn wir diese Liebe haben, dann spielen die Ecken und Kanten und Sparren, die du noch hast, für Gott überhaupt keine Rolle. Gott schaut das Herz an! Und wenn wir ihm diese Liebe wieder zurückspiegeln, dann ist Gott überwältigt Und er weiss: Das wird mal einer sein, der meinem Sohn die Ehre geben wird.

Neue Prioritäten

Dies bedeutet auch, dass wir in unserem Leben neue Prioritäten setzen müssen, damit wir immer wieder diese Liebe empfangen und von ihr trinken können. Das ist der Grund, warum wir in Gottesdienste gehen. Sicher haben wir auch ganz bestimmte Erwartungen an Gott Aber zuerst sind wir dort, um von Gott diese Liebe zu empfangen, damit wir Gott wieder lieben können mit der Liebe, mit der er uns liebt. Und es ist dieselbe Liebe, mit der Gott seinen Sohn geliebt hat. Diese Liebe ist in dir durch den Heiligen Geist, und damit können wir *„Gott lieben von ganzem Herzen, ganzer Seele und mit all unseren Kräften"*. Dann gibt es Dinge, die für uns nicht mehr so wichtig sein werden. Und wir werden uns auch nicht mehr an gewissen Diskussionen beteiligen.

Das war ein endloses Palaver unter den Frommen zur Zeit Jesu: *„Darf man dem Kaiser Steuern zahlen?"* Da gab es unzählige Seminare zu diesem Thema. Und in allen Hauskreisen und Hausgruppen wurde immer wieder darüber diskutiert: „Dürfen wir, müssen wir – oder müssten wir uns sogar dagegen wehren?" Und jetzt endlich fasst sich einer ein Herz und sagt: „Meister, müssen wir Steuern zahlen? Von dir müssen wir jetzt dieses wegweisende Wort bekommen." Und Jesus sagt: *„Gebt mir so eine Münze."* Dann schaut er sie an und sagt: *„Wessen Bild ist das?"* Dann sagen sie: *„Des Kaisers."* Dann wirft er ihnen diese Münze wieder zu und sagt: *„So gebet denn dem Kaiser, was des Kaisers ist, und Gott, was Gottes ist" (Luk. 20,25),* dreht sich um und geht weiter. Das sind die Prioritäten Jesu; er diskutiert nicht mehr lange über die Steuern.

Und als die Tempelsteuer-Eintreiber kamen (Mat. 17,24-27) und dem Petrus diese Fangfrage stellten: *„Zahlt dein Meister die Tempelsteuer?",* geriet er in Verlegenheit, weil er Jesus ja nicht irgendwie in ein schlechtes Licht bringen wollte. Deshalb antwortete er ihnen: „Ja, natürlich zahlt er die Tempelsteuer." Und hinterher sagt dann Jesus zu Petrus: „Du, Petrus, hör mal, in der Welt, wer zahlt eigentlich Steuern, die Königssöhne oder die Untertanen?" Da antwortet Petrus: „Ja, die Untertanen." Dann sagt Jesus: „Dann wären wir, Petrus, eigentlich frei, wir sind doch Söhne unseres himmlischen Vaters. Da müssten wir doch keine Steuern zahlen. Aber damit's jetzt keinen Streit gibt, nimm deine Angel, geh zum Meer und wirf sie rein. Und dem nächsten Fisch, der anbeisst, öffne den Rachen, und da drin wirst du ein Vierdrachmen-Stück finden, und dann zahlst du die Tempelsteuer für mich und für dich." Punkt. So leben wir! Keine Zeitverschwendung mehr für so unnützes Zeug.

Da ich jetzt auch so im vorgerückten Alter bin, kann ich immer besser – wie ich das früher beobachtet habe – ältere Menschen verstehen, die in der *Zeitung* alle Todesanzeigen gelesen haben, und überhaupt die ganze Zeitung von vorne bis hinten. Aber die Zeit ist vorbei! Auch mit dem *Surfen*. Es gibt ganz bestimmte Dinge, die will ich sehen, die „Favorites". Aber einfach so zum Zeitvertreib herumsurfen, das ist einfach nicht mehr drin. Wir haben eine Vision, ein Ziel, und dieses Ziel ist die Hochzeit des Lammes, und dass das Reich Gottes hier auf Erden mit Macht durchbricht. Für diese Vision leben wir.

Der Test in den Umständen

Gott wird uns auch in Umstände hineinführen, wo er uns testen wird, ob wir ihn wirklich *„aus ganzem Herzen, ganzer Seele und mit allem Verstand"* lieben werden. Ich hatte gerade kürzlich wieder ein Telefonat mit jemandem, der jetzt seit Jahren durch unwahrscheinliche familiäre Anfechtungen geht. Immer und immer wieder „haut es rein", und dann kommt die Frage: „Warum kann Gott das nicht verhindern?" Es geht immer bis zum Äussersten, und dann rettet Gott noch mal, aber es geht immer bis zum Äussersten. Unsere Seele schreit: „Warum?" Aber Gott testet uns. Werden wir ihn *„lieben von ganzem Herzen, mit ganzer Seele, mit all unserem Verstand und all unserem Gemüt"*, auch wenn wir durch solche Situationen gehen? Das ist die Testfrage. Darum sagt der Psalmist: *„Wenn mir gleich Leib und Seele verschmachtet, so bist du doch, Gott, allezeit meines Herzens Trost und mein Teil." (Ps. 73,26; Luth.)* Das heisst: „Auch wenn ich nichts mehr habe auf der Erde, aber dich lass ich nicht, Gott." Und Paulus schreibt: *„Mich kann überhaupt nichts von Gott scheiden, weder Leben noch Tod, weder Krankheit, weder Schwert noch Hunger, noch Blösse, nichts kann mich mehr scheiden, weil du, Gott, mir das Wichtigste bist!" (nach Röm. 8,35-39)*

Die „arme Kirche" als Braut

Diese Liebe zu Gott wächst unter uns wieder auf. Das ist so begeisternd! Heute habe ich einen *Brief von einem Pfarrer* aus Ostdeutschland bekommen. Darin schreibt er: „Es schlummert noch etwas in meinem Herzen, und manchmal regt es sich leise. Es ist die Vision einer geistlichen Erneuerung meiner evangelisch-lutherischen Landeskirche in Sachsen. Ich sehe so viel Niedergang, da ist unter den Erweckten so viel Frust über das, was Kirche darstellt. Da ist tatsächlich so viel Verachtenswertes, und doch sehe ich in dieser armen Kirche die Braut Christi. Noch geht sie in Lumpen, noch wird sie verlacht und verspottet von der Welt, auch von denen, die brennend im Geiste sind, doch sie wird wieder eine geschmückte Braut werden. Ich werde oft nicht verstanden, wenn ich für meine Kirche eintrete, manche werfen mir falsche Anhänglichkeit vor ..." Da ist ein Mann, der hat diese Hoffnung noch nicht aufgegeben, dass auch in einer Landeskirche nicht nur „gesprenkelte Pfarrer" und „gesprenkelte Bischöfe" sind, sondern dass es auch da Frauen und Männer geben wird in diesem „strahlend, blendend weissen Gewand" der Liebe zu ihrem Gott.

Die gerechten Taten der Heiligen

Und dann sagt der Engel, diese strahlend weissen Gewänder sind gleichzeitig *„die gerechten Taten der Heiligen"*. Darunter verstehe ich die Taten, die Gott für uns vorbereitet hat: Wir sind *„erschaffen in Christus Jesus zu guten Werken, zu denen uns Gott zum voraus bereitet hat, damit wir in ihnen wandeln sollten" (Eph. 2,10)*. Können wir uns so etwas Verrücktes vorstellen? Dass Gott vor Grundlegung der Welt die Werke vorbereitet hat, in denen wir heute wandeln sollen? Das sind *„die gerechten Taten der Heiligen"*, d. h. dass wir nur das tun, was Gott für uns vorbereitet hat, und das andere nicht.

Wie oft ist wohl Jesus an diesem Gelähmten bei der „schönen Pforte" vorbeigegangen? Und es wäre Jesus ein Leichtes gewesen, damals dieses spektakuläre Wunder zu wirken und den Gelähmten zu heilen. Aber Gott hat gesagt: „Nein, das hab ich für den Petrus und den Johannes aufbewahrt." Und so hat der Judas dem Gelähmten wahrscheinlich aus seinem Klingelbeutel immer wieder mal was in die Büchse geworfen, und Jesus ging dran vorbei und hat in Gedanken vielleicht schon den Petrus und den Johannes gesegnet, die diesen Mann einmal auf die Beine stellen und sagen werden: *„Silber und Gold habe ich nicht; was ich aber habe, das gebe ich dir: Im Namen Jesu Christi von Nazareth steh auf und geh umher!" (Apg 3,6; Luth.)*

Das sind *„die gerechten Taten der Heiligen"*. Da muss man „Ja" sagen können, und da muss man „Nein" sagen können. Und das „Nein" fällt uns Christen immer noch so unheimlich schwer, weil „Nein" dann für uns immer gleich Härte ist, ohne Mitleid, ohne Erbarmen. Wir möchten immer noch lieb sein. Aber wenn wir nicht „Nein" sagen können, werden wir das Reich Gottes und die gerechten Taten verpassen, die Gott für uns vorbereitet hat.

Der predigende Strauch

Vor dem Haus habe ich einen Strauch, der predigt mir immer. Ich weiss nicht, wie der das macht, aber er blüht immer wieder, den ganzen Winter über. Sobald das Thermometer ein bisschen nach oben geht, treibt er schon wieder Blüten. Ich weiss, dass diese Blüten garantiert wieder erfrieren werden, und dann hängen diese dunkelbraunen, erfrorenen Blüten da. Aber woher nimmt der Strauch die Kraft, sobald es wieder warm wird, neue Blüten zu treiben – obwohl dies praktisch sinnlos ist? Seine ständige Predigt an mich ist: „Geri, das sind die Christen. Auch wenn die Hochzeit des Lammes vielleicht noch nicht morgen oder übermorgen ist, und wenn du noch viele ‚Gesprenkelte' siehst, treib die Blüten dieser Gottesliebe! Treib die Blüten dieser Erwartung und ruf': ‚Jesus, komm bald!'"

Die Freudentränen des Vaters

Das wird ein Fest sein im Himmel, wenn Gott alle Tränen abgewischt hat und wir „schunkeln" werden im Himmel. Hallelujah!

Ja, für dieses Fest und für diese Freude wird sich alles lohnen. Vor allem wird sich alles lohnen für diesen Gott, wenn wir ihm noch einmal in das Gesicht sehen und keine Tränen mehr haben. Aber ich bin überzeugt: Diesem Vater werden die Tränen über das Gesicht laufen, wenn endlich eine Braut da ist, die bereit ist, diesem Bräutigam die Ehre zu geben und zu jubeln und zu jauchzen und dieses Lamm zu feiern und zu erheben. Und sie werden tanzen wie der „Lump am Stecken", und sie werden schunkeln mit den Engeln und den Erzengeln zusammen. Was wird das sein! Und dieser Vater wird weinen, und du wirst in das Gesicht dieses Vaters sehen. Und du wirst sagen: „Vater, Gott sei Dank haben wir überwunden und sind nicht in diesem depressiven Gestrüpp und in all diesen Widerwärtigkeiten hängen geblieben, sondern haben uns immer wieder einfach dir hingehalten, auch wenn wir nichts gespürt haben."

Liegen wie die Katze

Du musst nicht immer meinen, wenn wir beten oder vor Gott sind, müsse was geschehen. Manchmal hast du Kopfweh, rasendes Kopfweh, und du kannst keinen vernünftigen Gedanken mehr fassen. Und in dir läuft überhaupt nichts ab – kein Film, kein prophetisches Bild, kein Bibelwort und gar nichts, sondern vielleicht nur ein Gedanke: Kaffee! Aber du liegst vor deinem Gott, egal wie. Und er sieht: Du liegst wenigstens! Es gibt doch nichts Schöneres, als wenn eine Katze auf deinem Schoss liegt; sie braucht nicht mal zu schnurren, aber wie schön, wenn sie auf deinem Schoss liegt. Und wenn du nur vor deinem Gott liegst, das genügt vollkommen, ohne Worte! Aber Gott sieht: Du liegst wenigstens.

Jeden Morgen ein Streichholz anzünden

Vor ein paar Jahren war ein „Weisser Vater", ein katholischer Priester aus Uganda, bei uns und hat gepredigt. Dabei hat er

Streichholzbündelchen verteilen lassen. Er hat uns gelehrt und gesagt: „Jeden Morgen, wenn ich erwache, ist das Erste, was ich tue, ein Streichholz anzuzünden und zu sagen: ‚Heiliger Geist, mach mich wieder zu einem Feuer an diesem Tag.'" Wir brauchen solche Hilfen. Wenn's dir schwer fällt, dann nimm eine Streichholzschachtel an dein Bett; und wenn du am Morgen erwachst, dann zünde ein Streichholz an, halte es hin, bete und sage: „Heiliger Geist, erleuchte mich heute wieder. Komm wieder mit dieser Liebe des Vaters, damit ich ihn lieben kann und damit ich heute die gerechten Taten tue."

Gebet

Jesus, wir freuen uns mit deinem Vater, dass du einmal diese Ehre bekommen wirst, der du alles hingegeben hast – Ehre und Ansehen bei Menschen, Zeichen und Wunder. Und alles hast du hingegeben und bist als Weizenkorn in die Erde gefallen und gestorben.

Und wir wollen dir so danken, Heiliger Geist, dass du die Liebe Gottes heute überall ausgiesst. Es gibt keine Altersschichten mehr, überall fangen Menschen an, in dieser Leidenschaft für Jesus zu brennen. Und nicht nur einfach im Lobpreis zu brennen, sondern auch dafür, diesen Namen hinauszutragen und diese gerechten Taten zu tun.

Vater, wir bitten um Vergebung, wo wir immer noch mit uns beschäftigt sind, uns noch verbessern wollen und immer noch nicht verstanden haben: Es ist dieses strahlend weisse Gewand deiner Liebe, die du uns täglich schenkst. Und dieses Gewand können wir jeden Morgen wieder anziehen, und wenn wir nachts aufwachen und von Sorgen geplagt werden, dann können wir dieses Gewand jederzeit anziehen.

An erster Stelle stehst du, Gott. Heiliger Geist, brenn es uns richtig ein, dass dann von uns Ströme fliessen, wo dann wirklich Berge bewegt werden, wo Arme gespeist werden, wo wir in Gefängnisse gehen können, wo wir Leben hingeben können, wo wir prophetisch reden können, hinein auch in Völker und Nationen! Und wo wir in neuen Sprachen reden, nicht nur in der Gebetssprache, sondern eine neue Alltagssprache, die geprägt ist von Hoffnung, geprägt ist von Glauben, geprägt ist von dieser Hochzeit des Lammes.

Oh, Gott, danke, dass wir diesen Leib, diese Braut bilden dürfen, einander einhängen und miteinander marschieren. „When the Saints go marching in", Herr, was wird es einmal sein, wenn wir einmarschieren werden, diese Braut! Und vorne steht er, neben dem Vater, dieses Lamm!

Heiliger Geist, füll uns immer neu. Erinnere uns immer neu, dass wir dich bitten zu kommen, dich bitten, uns zu füllen. Amen

Kapitel 16

Der letzte Triumphzug

Vom Reiter auf dem weissen Pferd
Offenbarung 19,11-16

Und ich sah den Himmel geöffnet, und siehe da, ein weisses Pferd, und der darauf sass, heisst „Treu und Wahrhaftig", und mit Gerechtigkeit richtet er und führt er Krieg. Seine Augen aber waren (wie) eine Feuerflamme, und auf seinem Haupte waren viele Kronen, und er trug einen Namen geschrieben, den niemand weiss als er selbst.

Und er war angetan mit einem Kleide, das in Blut getaucht war, und sein Name lautet „Das Wort Gottes". Und die Heere im Himmel folgten ihm nach auf weissen Pferden, bekleidet mit weissem reinem Linnen. Und aus seinem Munde geht ein scharfes Schwert hervor, dass er die Heiden damit schlage, und „er wird sie mit eisernem Stabe weiden", und er tritt die Kelter des Zornweins des Grimms des allmächtigen Gottes. Und er trägt am Kleid, und zwar an seiner Hüfte, den Namen geschrieben „König der Könige und Herr der Herren". (Off.19,11-16)

Es gibt einen ganz üblen Spruch: „Ich glaube nur, was ich sehe." Aber es ist genau umgekehrt: Das, was wir jetzt glauben, werden wir einmal sehen. Vielleicht nicht in derselben Gestalt, vielleicht völlig anders, weil Gott ein Gott der Überraschung ist. Aber was wir glauben – heute! –, das werden wir sehen! Dies kommt auch in einem Lied zum Ausdruck, in dem es heisst: *„Your ears will hear – eure Ohren werden hören. Your eyes will see – eure Augen werden sehen.“*

Wir werden sehen, was wir glauben

Du wirst deinen *Jesus* einmal sehen, Auge in Auge. Du wirst deinen *Gott, den Schöpfer* von Himmel und Erde, einmal sehen – den, der das ganze Universum mitsamt den Sternen geschaffen hat; den Sternen, deren Licht wir heute wahrnehmen, obwohl es bereits vor fünfhundert Lichtjahren von ihnen ausgestrahlt wurde. Diesen Schöpfer, *deinen Vater*, der dich schon vor der Schöpfung erwählt und berufen hat und dein Leben auf seinem Herzen getragen hat, diesen Vater wirst du sehen.

Und du wirst auch *den Heiligen Geist* sehen. Das ist nicht eine Wolke, so eine Dunstwolke, sondern der Heilige Geist ist eine Person. Er ist es, der den Leib Jesu in dieser Zeit aufbaut, der bewirkt, dass die Knochen der verschiedenen Konfessionen wieder zusammenrücken, dass Fleisch um unseren inneren Menschen wächst und Muskeln und Sehnen entstehen, damit wir endlich aufstehen, marschieren und im Geist wandeln. Diesen Geist mit seinem Odem, diesen Geist, der zu uns redet, der uns tröstet, der uns in alle Wahrheit führt, diesen Geist wirst du einmal sehen!

Du wirst den *Michael* sehen und den *Gabriel*, die Erzengel. Du wirst die vier lebenden Wesen sehen, die um den Thron Gottes sind und Tag und Nacht rufen: „Heilig, heilig, heilig.“ Du wirst die vierundzwanzig Ältesten sehen, die mit den wunderbaren Schalen, in denen die Gebete der Heiligen gesammelt werden, vor dem Thron Gottes sind. Alles wirst du sehen! Du wirst *diese Welt Gottes* sehen, die unseren Augen jetzt noch verborgen ist.

Gott lässt uns durch den Vorhang schauen

Aber jetzt ist es noch so wie bei einem Schultheater. Da gibt es vorne einen Vorhang. Und diese Vorhänge sind ja nicht perfekt; da gibt es immer noch so Spalten, um durchzuschauen. Oder der Vorhang ist zu kurz; und wenn dahinter ein Bühnenwechsel stattfindet, dann kannst du unter diesem Vorhang durchschauen, und du siehst die Füsse und Beine. Und manchmal siehst du durch den Spalt schon, was sich da hinten bewegt; und dann kommt schnell eine Hand und zieht den Vorhang wieder zu.

Heute ist mir etwas Merkwürdiges passiert. Ich bin mit diesem Predigttext schwanger gegangen und sass weit weg vom Schuss irgendwo im Zürcher Oberland auf einer Bank am Waldrand an einem ganz verlassenen Weg. Und ich sagte diesen griechischen Text vor mich hin, wo es heisst: *„idu hippos leukos – sieh da, ein weisses Pferd“.* Und plötzlich kommt tatsächlich von der rechten Seite ein weisses Pferd! Und auf dem Schimmel sitzt ein junges Mädchen mit kecker Mütze und reitet am mir vorbei. Der Schimmel stutzt einen Moment, weil er mich sieht, und ich sag dieser netten jungen Dame noch: „Haben Sie ein schönes Pferd!“

Dann hab ich das so innerlich verdaut. Das war doch merkwürdig – hat Gott diese junge Dame mit ihrem weissen Pferd vorbeigeschickt? Und nach einer Weile höre ich wieder Hufschläge, und die Dame kommt zurück und reitet noch mal an mir vorbei. Aber nicht genug, kaum ist sie entschwunden, wieder Hufgetrampel – jetzt kommen zwei weisse Pferde und noch ein braunes! Es war, als hätte Gott mir den Vorhang so ein bisschen geöffnet und ich hätte hindurchschauen können.

So ist Gott! Er macht das immer wieder, um uns zu ermutigen. Beim einen ist ein bisschen Licht im Zimmer, und der andere hört eine Stimme, und der Dritte sieht ein Wolkengebilde usw. Das sind alles Dinge, die geschehen, um uns zu ermutigen, am Glauben festzuhalten. „Deine Ohren werden hören und deine Augen werden sehen.“

Dies gilt nicht nur für die Kinder Gottes, die ihr Leben diesem

Gott anvertraut haben, das gilt für die ganze Welt! Und einmal wird „jedes Knie sich beugen“ und „jede Zunge bekennen“, weil sie Jesus, den Herrn, in ganzer Klarheit sehen werden.

Die Überraschung

Es heisst: *„Und ich sah dem Himmel geöffnet ...“* Das ist nicht nur so eine Redensart, wie wir sie unter Christen manchmal zu sagen pflegen: Wir wünschen uns einen „offenen Himmel“ über einem Gottesdienst oder über einem Seminar oder über einem Dorf. Nein, jetzt geht der Himmel endgültig auf, und auf Breitleinwand sieht die ganze Welt in einer Zentralschau in den Himmel hinein.

Aber Gott wäre ja nicht Gott, wenn er uns nicht immer neu überraschen würde. Wenn ich jetzt von einem „offenen Himmel“ rede, dann würde ich denken: „Jetzt stehen sie da Spalier, die Erzengel und die Engel, und das Beste wird jetzt vornan gestellt.“ Aber das Erste, was Johannes sieht, ist ein weisses Ross! Ein weisses Pferd! Gibt es Pferde im Himmel? Ich dachte, Gott wäre so demütig, dass er allenfalls noch himmlische Esel hätte – aber Pferde!

Jesus – mit dem Heer von weissen Pferden

Aber wir wissen, jetzt ist die Stunde, wo der Vater seinen Sohn erhöht. Und ich könnte mir denken: Dies war die gewaltigste Überraschung, die Gott seinem Sohn machte, diesem Sohn, der als König der Juden und Herr dieser Welt auf einem Esel in Jerusalem eingeritten war. Jetzt wird Jesus das weisse Pferd vorgeführt. Können wir uns das vorstellen – der Himmel hält den Atem an, als Jesus dieses weisse Pferd besteigt. Und nicht nur er allein hat dieses weisse Pferd, sondern die Heerscharen auf weissen Pferden folgen ihm. Er ist ja der Gott Zebaoth, Gott der Heerscharen – alle haben weisse Pferde! Können wir uns dieses

Bild vorstellen: Tausende, Zehntausende, Hunderttausende von weissen Pferden? Und allen voran Jesus auf seinem weissen Pferd!

Die Welt, die sagt: „Ich glaube nur, was ich sehe“, soll Jesus noch einmal ganz anders sehen. Sie soll diesen Jesus, der an einem Kreuz gehangen hat, diesen Zimmermann von Nazareth, der – menschlich gesehen – unehelich empfangen worden ist, diesen Ausgestossenen und Verworfenen, der zur Sünde geworden ist und über den man gelacht hat – diesen Jesus sollen sie noch einmal mit ganz neuen Augen sehen: Jesus auf dem weissen Pferd, das Heer von weissen Pferden hinter ihm. Wissen wir, wie gewaltig das klingt, wenn die vielen Pferde mit ihren Hufen schlagen!

Weiss ist ja auch die Farbe der Hochzeitspferde; die Hochzeitskutschen werden von weissen Pferden gezogen. Und der hier auf dem weissen Pferd sitzt, bleibt der Bräutigam.

Jesus – mit den Kronen

Und noch eine Überraschung. Jesus sagte von sich: „Ich bin demütig und sanftmütig. Wer der Erste sein will, der muss der Letzte sein. Ich bin nicht gekommen, um mir dienen zu lassen, sondern ich bin gekommen, um euch zu dienen, mein Leben hinzugeben als Lösegeld für viele.“ Und nun trägt dieser Jesus auf seinem Haupt viele Diademe, viele Kronen! Wenn wir Christen ab und zu Schmuck tragen, machen wir’s ganz bescheiden. Irgendwo noch eine Perle, so versteckt, am Revers oder um den Hals. Aber der Vater im Himmel schmückt seinen Sohn jetzt „bis zum Geht-nicht-mehr“. Ich möchte mal sehen, wie das überhaupt geht: „viele Kronen auf dem Haupt“. Hat der Vater die Kronen aufeinander geschichtet? Können wir uns vorstellen, was für ein Glitzern, was für ein Glänzen von diesen vielen Diademen ausgehen wird, die auf seinem Haupte sein werden?

Jesus – mit ganz neuen Namen

Der Name Jesus oder Christus taucht eigentlich gar nicht auf. Es heisst: „Der auf dem Pferd sitzt." Jesus hat hier ganz neue Namen! „Jesus" – das war der Name für die irdische Zeit, und mit diesem Namen rufen wir ihn heute noch an. Aber wenn der Himmel aufgeht, hat Jesus viele neue Namen!

Und auch wir werden einen neuen Namen haben. Für eine neue Zeit, für eine neue Welt werden wir neue Namen haben! Es wird keine Erinnerungen mehr geben an das, was einmal gewesen ist. Ein neuer Name! So wie bei den Dominikanerinnen in St. Niklausen, die in ihrem Kloster vorwiegend Frauen aufnehmen, die aus dem Zuchthaus kommen, die gemordet oder andere kriminelle Taten vollbracht haben. Und jede Frau, die in dieses Kloster kommt, kriegt einen neuen Namen. Das ist schon ein Stück Himmel.

Jesus, der Christus, der Gesalbte, bekommt neue Namen. Früher hiess es von ihm, dass er Gott vertraut hat. Aber jetzt wird das zu einem eigenen Namen: *„pistos – Treu"*, und weiter: *„aläthinos – Wahrhaftig"*. Das sind nicht Eigenschaftswörter, sondern Namen!

Wir kennen Eigenschaftswörter in Verbindung mit Personen. Mancher nennt sich treu, mancher nennt sich wahrhaftig – und dann sind wir doch enttäuscht voneinander. Aber von diesem Jesus wirst du nie, nie, nie enttäuscht sein! Daher heisst es in einem Lied: *„Jesus, du bist mein bester Freund!"* Jesus hat gesagt, seine Freundschaft besteht darin, dass er sein Leben für dich hingibt. Darum heisst er mit seinem neuen Namen *„pistos – Treu"*. Und weiter: Jesus ist wahrhaftig. Was er sagt, das meint er auch! Er denkt nicht etwas und sagt etwas anderes; sondern er sagt, was er denkt und was in seinem Herzen ist. Darum heisst er mit seinem neuen Namen: „aläthinos – Wahrhaftig". Er ist „der Treue" und „der Wahrhaftige".

Und dann kommen noch die anderen Namen: „König der Könige, Herr der Herren." Das sind nicht Attribute, mit denen man jetzt die Funktion dieses Reiters beschreibt. Das sind Namen wie

„Müller“ und „Keller“. „König der Könige“ heisst er, und „Herr der Herren“. Und das trägt er nicht einfach so auf einem Anstecker, wie wir bei Konferenzen solche Kärtchen haben, sondern das ist mit grossen Buchstaben über seine ganzen Lenden und Schenkel geschrieben: „KÖNIG DER KÖNIGE, HERR DER HERREN!“

Zu denjenigen, die immer gesagt haben: „Es gibt noch andere Herren, es gibt noch andere Könige, es gibt noch andere Wahrheiten, es gibt noch andere Religionsstifter, es gibt noch andere Wege“, zu ihnen kommt er jetzt als der „KÖNIG DER KÖNIGE, HERR DER HERREN“. Und zugleich als das Lamm Gottes, das sich vor uns hingekniet hat, um uns die Füsse zu waschen.

Können wir spüren, was für eine Kraft von dieser Vision ausgeht? Was für eine Majestät, was für eine Würde aus diesem offenen Himmel auf die Völker herniederkommt! Darum heisst es: *„Sie werden schreien, wenn sie sehen, in wen sie gestochen haben!“ (nach Sacharja 12,10)* Der ist ja wirklich König, der ist ja wirklich Herr, der ist ja wirklich der einzige Weg, der ist ja wirklich die Wahrheit, der ist ja wirklich Gottes Sohn! Nicht nur so eine Türvorlage, auf der man seine schmutzigen Schuhe abstreift, damit man sein Gewissen wieder etwas erleichtern kann.

Jesus – mit dem blutgetränkten Mantel

Was mich tief berührt: In diesem Meer von Reitern mit weissen Kleidern reitet einer zuvorderst mit den vielen, vielen Kronen, der „König der Könige, Herr aller Herren“, und *sein Mantel ist getaucht in Blut!* Können wir uns das vorstellen? Wie aus diesem unabsehbaren Heer von Reitern dieser rote, dieser purpurrote Mantel heraussticht!

Manche Ausleger sagen: „Dieser Mantel ist bespritzt mit dem Blut von Getöteten.“ Aber ich sehe das anders. Jesus kommt nicht als Schlächter! Sein Mantel ist nicht getaucht in Blut, das er vergiesst, sondern es ist das Blut der Menschen, die wir getötet haben. Das ist das Blut von Millionen und Millionen zerstörter Leben, die nicht leben durften. Das ist das Blut der Gefolterten, das ist das Blut der Geschundenen.

Wir haben davon kaum eine Ahnung. Aber wir haben nicht einen Gott mit einem steinernen Herzen, sondern einen Gott, der um jedes Haar weiss, das von deinem Kopfe fällt, und um jeden Sperling, der vom Dache fällt. Das ist unser Gott! Und jeder Seufzer und jeder Schrei und jeder Tropfen Blut betrifft ihn. *„Was ihr getan habt einem von diesen meinen geringsten Brüdern, das habt ihr mir getan." (Mat. 25,40)* „Fristenlösung" – das tun wir Gott an! Wenn wir töten, dann töten wir im Grunde genommen das Ebenbild Gottes. Wenn wir einander ohrfeigen, so dass das Blut fliesst, wie ich es letzte Woche gesehen habe, dann ohrfeigen wir Gott. Wir sind sein Ebenbild, egal, ob du bekehrt bist oder nicht. Das ist das Leiden Gottes. Darum steht das Lamm vor dem Thron „wie geschlachtet" und leidet all dieses Leiden mit! Jetzt wieder in Saudi-Arabien, wo die Christen verfolgt werden; in Indien, wo die Hindus und die Moslems abgeschlachtet werden. Sein Mantel, in Blut getaucht, das ist sein Leiden; es ist dein und mein Leiden, was an diesem Mantel klebt.

Das ist der Jesus, der kommt. Er hat zwar diese vielen Kronen. Er hat diesen Namen „König der Könige, Herr aller Herren". Aber er kommt immer als der, der mit dir weint und mit dir leidet. Der hinabsteigt in alle Tiefen, und der dein Herz kennt und jeden Schrei hört.

Ich glaube, das ist das Erschütterndste: Wenn eine Welt einmal merkt, wen sie verworfen haben, und wenn sie sehen, dass er so ein Gott ist! Nicht dieser Kirchengott, den wir uns gebastelt haben. Nicht dieser Abzocker, der nur Geld für sein Reich will. Nicht der Spassverderber, der – wie wir früher geglaubt haben – uns ins Kloster schickt, weil er uns das Leben nicht gönnt. Nein, wenn wir entdecken, wer dieser Gott wirklich ist, und wie nahe er uns, dir und mir, wirklich ist – das wird die Welt erschüttern.

Jesus – das Wort Gottes

Es gibt noch einen Namen, mit dem er genannt wird: *„ho logos tou theou – das Wort Gottes."* Und diejenigen, welche die Bibel kennen, wissen, dass ja im Johannesevangelium im 1. Kapitel dieses Wort geschrieben ist: *„Im Anfang war das Wort, und das Wort war bei Gott, und das Wort war Gott." (Vers 1)* DAS WORT GOTTES – das ist der Name Jesu. Jesus ist gekommen und hat gepredigt; und wir reden von Worten Jesu, von einem neuen Gebot Jesu, von der Bergpredigt über das Reich Gottes. Aber im Grunde genommen *ist er selber das Wort.*

Wir werden auch noch einmal erschüttert sein über unseren Umgang mit der Bibel. Manchmal kommt es mir vor, als würden wir die Bibel behandeln wie einen behinderten Menschen im Rollstuhl. Wir müssen dieses Wort schieben, wir müssen es füttern, damit es attraktiv wird. Mit Videoclips und allem Möglichen müssen wir dieses Wort ein bisschen aufmöbeln und ihm auf die Sprünge helfen. Und wir müssen an diesem Wort herumschrauben und -machen, damit es für moderne Ohren wieder hörbar und annehmbar wird.

Aber das ist der Name Jesu: *„Das Wort Gottes."* Wenn wir das einmal begreifen, dass uns in der Bibel nicht ein Buch begegnet, sondern *Jesus, das Wort Gottes,* dann stellt sich nicht mehr die Frage, ob einer wie Jona im Walfisch sein kann. Dann stellt sich nicht mehr die Frage, ob in der Bibel dies oder jenes so richtig ist (worüber jener bekannte Schriftsteller *Werner Keller* einmal ein Buch geschrieben hat: „Und die Bibel hat doch Recht"). Wir müssen Jesus nicht beweisen; wir müssen sein Wort nicht beweisen. *Er selber ist das Wort.*

Jesus – mit dem scharfen Schwert aus seinem Munde

Und dieses Wort, das aus seinem Munde hervorkommt, ist ein *zweischneidiges, scharfes Schwert*. Wenn dieses Wort durch den Geist Gottes freigesetzt wird, werden wir noch einmal staunen, dass es wieder schneidet und wie ein Messerstich in unsere Herzen geht. Und wir werden schreien: „Ihr Herren, was müssen wir tun?“ Wenn dieses Wort wieder zu einem Hammer wird, der Felsen zerschmeisst, und nicht nur ein kleiner Steinbruch für Konfirmandensprüche, schöne Kalenderzettel, Andachten und Predigttexte ist … Wenn das Wort wieder das Schwert ist, das aus dem Munde Gottes kommt, aus dem Munde dieses Reiters … Darum haben Jesus und die Reiter hinter ihm auch keine Waffen. Es ist nur das WORT.

Einmal haben wir's in der näheren Geschichte hier in Europa erlebt, dass dieses Wort wieder zum scharfen Schwert wurde. Auf der Kanzel des Grossmünsters, als jener Leutpriester von Einsiedeln kam und das ganze Matthäusevangelium durchgepredigt hat, dieser ehemalige Bauernsohn von Wildhaus, *Ulrich Zwingli*. Und als *Martin Luther* auf der Wartburg dieses Wort in eine deutsche Fassung übertragen und im Grunde genommen eine deutsche Sprache mitgeformt hat, da war dieses Wort wieder ein Schwert, das geschieden und durchgeschnitten hat in den Völkern Europas. Und lasst uns beten und anhalten, dass dieses Wort wieder mehr wird als Predigtwort, Trostwort, Seelsorgewort oder prophetisches Wort. Dass es Wort wird, das ein scharfes Schwert aus dem Munde dieses Königs der Könige ist, das wieder Nationen und Könige richten wird. Dieses Wort wird es sein, mit dem Jesus regieren wird.

Das Wort – hineingezeugt in unser Leben

Jesus hat gesagt: *„Wer euch hört, der hört mich …“ (Luk. 10,16)* Das heisst: Die Worte Gottes sind hineingezeugt in unser Leben. Wir können Wort Gottes auch wie in einem Reagenzglas haben und dort künstlich befruchten; und dann ist es biblisches Wissen. Dann wissen wir alles todrichtig. Aber Wort Gottes muss in unser Leben hineinkommen, nicht in ein Reagenzglas von Wissen. Der Geist muss es in uns hineinzeugen, und da drin muss es wohnen. Und da drin muss es wachsen. Und dann wird da drin dieses Schwert geboren, das scharf ist. Dann wird da drin dieses Wort geboren, was Nationen aufweckt und verändert.

Wenn wir treu und wahrhaftig sind, dann wird der Heilige Geist in uns dieses Schwert schmieden, aus Liebe und Leidenschaft für die Menschen und aus Wahrheit; dieses *Wort-Schwert*, das die Wahrheit in Liebe festhält und schneiden wird. Und es wird zu einer Stimme für die Nationen werden, und wir werden wieder eine Stimme in den Medien bekommen. Dann wird das geschehen, was der Prophet vorausgesehen hat, dass ein Hunger nach diesem Wort ins Land kommen wird (Amos 8,11) und Menschen Schlange stehen werden, um dieses Wort zu hören.

Der Kampf des Antichristen

Hier wird noch einmal ganz klar: Der entscheidende Kampf auf dieser Welt richtet sich gegen diesen „König der Könige und Herrn der Herren". Und darum richtet er sich auch gegen Gottes Volk, die Juden. Dies drückt sich u. a. ganz einfach darin aus, wie wir im Westen über das jüdische Volk sprechen, ohne zu wissen, was in Israel überhaupt geschieht. Es gibt nichts zu beschönigen; das jüdische Volk macht Fehler und häuft Schuld auf sich. Aber es ist, wie wir wissen, ein Überlebenskampf. Und wenn die *Neue Zürcher Zeitung* über ein Selbstmordattentat in Jerusalem, wo zehn Personen getötet wurden (darunter ein einjähriges Kind) und ein paar Dutzend Menschen zum Teil schwer verwundet wurden, den Titel „Explosion in Jerusalem" setzt, dann spricht das Bände. Zehn Juden weg, ein kleines Kind weg, dreissig verwundet – und dann schreibt man diesen harmlosen Titel „Explosion in Jerusalem", als wäre eine Gasleitung explodiert.

Der Kampf richtet sich letztlich gegen diesen „König der Könige". Dahinter steckt der Antichrist, den ich nicht personifizieren muss. Dieser antichristliche Geist ist überall in der Welt – in den Parteien, im Schulsystem, im Krankenwesen, im Gesundheitswesen, in unseren Kulturen. Das ist ein antichristlicher Geist, der nicht will, dass einer über uns König ist und herrscht!

„Das ist mein Bauch, das ist meine Sexualität, das ist meine Freizeit, das ist mein Leben, über das ich verfügen kann.“

Je entschiedener wir Christen Farbe bekennen werden und je mehr das Wort unseres Gottes von diesem Papierschwert, das sich nach allen Seiten biegen lässt, zu diesem scharfen Schwert wird, zu einer Stimme, die aus dem Munde Jesu kommt, desto mehr wird dieser antichristliche Geist dagegen aufstehen. Das wird dich und mich betreffen. Wir müssen uns keine Illusionen machen. Das scharfe Schwert hat einen Preis, aber es hat auch Frucht – tausendfältige, hunderttausendfältige. Nationen werden aufwachen, weil dieses Schwert wieder schneidet: Geist und Seele, Lüge und Wahrheit, Licht und Dunkelheit, Esoterik und Wahrheit, Pseudoliebe und wirkliche Liebe, Perversion und Erfüllung in den Ordnungen Gottes!

„Your ears will hear – eure Ohren werden hören!“ Du wirst seine Stimme hören. *„Your eyes will see – deine Augen werden sehen!“* Dein Herz wird beben. Und es wird alles noch einmal völlig anders sein, denn Gott wartet mit Überraschungen auf. *„Was kein Auge gesehen und kein Ohr gehört hat und keinem Menschen ins Herz emporgestiegen ist, was alles Gott denen bereitet hat, die ihn lieben.“ (1. Kor. 2,9)*

Der Triumphzug

Nehmen wir noch einmal etwas Abstand und schauen auf dieses Bild der Offenbarung: Jesus auf dem weissen Pferd, mit dem blutdurchtränkten Mantel, zusammen mit den Heerscharen der Himmel. Da erkennen wir den letzten Triumphzug Christi, auf den wir zugehen. Es ist ein Bild, das in seiner Erhabenheit und Majestät nicht zu überbieten ist. Über diesem Bild lagert eine Stille, wie wir sie als Schweizer aus dem Hochgebirge kennen. Diese Stille und Erhabenheit angesichts der Bergmassive, die vor uns in ihrer Majestät entfaltet dastehen. Auch wenn hier davon die Rede ist, dass er Krieg führen, die Heiden mit eisernem Stabe weiden und die Kelter des Zornweines Gottes treten wird.

Aber dieser ganze Triumphzug ist erfüllt von einer Ruhe, Erhabenheit und Grossartigkeit, die nichts Drängendes mehr an sich hat, keine Ungeduld, nichts Kämpferisches, sondern es ist alles Sieg!

Gebet

Vater, wir danken dir für alles, wo du uns immer wieder als dieser barmherzige und gnädige Gott begegnest. Wir danken dir für alle Zeiten der Erquickung, danken dir für alle Zeichen, die du immer wieder wirkst. Immer wieder gibst du diese Zeichen. Einfach um uns noch mal zu sagen: „Halt noch ein bisschen aus! Ehre mich mit deinem Glauben!"

Wir wollen wie die Jünger sagen: Herr, mehre uns den Glauben. Gott, dass wir dir total und in allem vertrauen können. Dass wir es jetzt schon wissen: Du bist der Treue, du bist der Wahrhaftige, du bist der König der Könige über allen Situationen, über allen Entscheidungen.

Und ich segne euch auch im Namen dieses Treu und Wahrhaftig zu einem neuen Feuer des Vertrauens, zu einem neuen Feuer des Glaubens, dass ihr überzeugt sein könnt von diesen Dingen, die ihr noch nicht seht. Und ich segne euch auch, dass dieses innewohnende Wort in euch wächst, dass es Fortschritte macht und dass es alle seine falschen Rundungen verliert und zu einem Schwert geschmiedet wird durch den Geist Gottes, das aus eurem Munde kommt. Amen

Kapitel 17

Wenn Gott auf der Erde regiert

Vom Tausendjährigen Reich
Offenbarung 20,1-6

Und ich sah einen Engel aus dem Himmel herabkommen, der den Schlüssel der Unterwelt und eine grosse Kette in seiner Hand hatte. Und er ergriff den Drachen, die alte Schlange, die der Teufel und der Satan ist, und legte ihn auf tausend Jahre in Fesseln und warf ihn in die Unterwelt, schloss zu und versiegelte über ihm, damit er die Völker nicht mehr länger verführte, bis die tausend Jahre vollendet wären. Nachher muss er auf kurze Zeit losgelassen werden.

Und ich sah Throne, und sie setzten sich darauf, und es wurde ihnen das Gericht übergeben; und [ich sah] die Seelen derer, die enthauptet worden waren um des Zeugnisses über Jesus und um des Wortes Gottes willen und die das Tier nicht angebetet hatten noch sein Bild und das Malzeichen weder auf ihre Stirne noch auf ihre Hand angenommen hatten, und sie wurden [wieder] lebendig und herrschten mit Christus tausend Jahre. Die übrigen Toten wurden nicht [wieder] lebendig, bis die tausend Jahre vollendet waren. Das ist die erste Auferstehung. Selig und heilig, wer Teil hat an der ersten Auferstehung! Über diese hat der zweite Tod keine Macht, sondern sie werden Priester Gottes und Christi sein und mit ihm herrschen die tausend Jahre. (Off. 20,1-6)

Der „Pfahl im Fleisch" in der Theologie

Diese sechs Verse sind ein „Pfahl im Fleisch" der fast 2000-jährigen Theologiegeschichte. Sie sind ein Pfahl im Fleisch eines jeden denkenden Christen. Es geht hier um die Lehre vom Tausendjährigen Reich. Im Griechischen heisst tausend *„chilia"*, und darum spricht man auch vom *„Chiliasmus"*, eben vom Tausendjährigen Reich oder – mit einem anderen Wort aus dem Lateinischen – vom *„Millenium"*.

Tausendjähriges Reich bedeutet: Jesus kommt nicht nur auf die Erde, um die gläubigen, wiedergeborenen Christen, deren Öllampen brennen, in einer Rettungsaktion abzuholen, so wie ein Helikopter, der kommt und uns evakuiert. Sondern es heisst: Jesus wird wiederkommen und tausend Jahre zusammen mit denen, die überwunden haben, regieren, nachdem zuvor der Satan, die alte Schlange, der Drache, der Diabolos, der Durcheinanderbringer, wie immer er heisst, durch einen Engel gebunden worden ist.

Eine brennende Flamme der Hoffnung

Es ist eine ganz leidvolle Geschichte mit diesem wunderbaren Abschnitt. Aber für mich persönlich gehört er zum absolut Unverzichtbaren! Diese Botschaft vom Tausendjährigen Reich ist für mich ein leuchtendes Juwel, ein Edelstein. Und sie ist etwas, was Jüngerinnen und Jünger Jesu auf ihrem Herzen tragen. Dieser Text ist sozusagen eine brennende Flamme der Hoffnung, und alle Hoffnung entzündet sich immer wieder an diesem Text.

Eine „harte Rede“

Es gibt noch andere „sperrige“ Texte, z. B. im Johannesevangelium in Kapitel 6. Da sagt Jesus einmal: *„Wer mein Fleisch isst und mein Blut trinkt, bleibt in mir und ich in ihm.“(Joh. 6,56).* Die Exegeten haben dann gemeint: „Dieser Text wurde später hinzugefügt, er ist nicht jesuanisch.“ Und ähnlich kritisch war ja auch die Reaktion der Leute damals zur Zeit Jesu. Es wird erzählt, dass viele Menschen murrten, sich von Jesus abwandten und sagten: „Diese Rede ist zu hart, da machen wir nicht mehr mit.“ Und Jesus dreht sich zu seinen zwölf Jüngern um und fragt: *„Wollt etwa auch ihr hinweggehen?“ (Joh. 6,67)* Petrus gibt dann die überraschende, wunderbare Antwort: *„Herr, zu wem sollten wir gehen? Du hast Worte ewigen Lebens.“ (Joh. 6,68)*

So ist es auch mit diesem Offenbarungs-Text, diesem so genannten *Tausendjährigen Reich*. Wir Christen haben, vom vierten Jahrhundert an, in den offiziellen Kirchen diese Lehre vom Tausendjährigen Reich fast ausnahmslos rausgeschmissen. In dem repräsentativen „Lexikon für Religion in Geschichte und Gegenwart“ steht, dass dies eine unmögliche Lehre sei. Sie passe überhaupt nicht, weder zur katholischen noch zur lutherischen Theologie. Auch die Reformatoren haben diese Lehre vom Tausendjährigen Reich zur Seite gelegt. Wer sie dann später aufgegriffen hat, das waren die Täufer, die württembergischen Pietisten und dieser berühmte Arnold Bengel – ganz wunderbare geistliche Väter. Aber diese weitgehende Verachtung des Tausendjährigen Reiches hat Konsequenzen, die wir zu tragen haben.

Verdünnte Hoffnung

Wir Theologen standen vor diesem Text wie der Suppenkaspar und sagten über Jahrhunderte: „Diese Suppe ess ich nicht!“ Und Gott hat uns diese Suppe immer wieder mal hingehalten, und der Suppenkaspar blieb bei seiner theologischen Meinung: „Diese

Suppe ess ich nicht." Und dabei wurde er immer dünner und dünner, bis er nur noch ein Strich in der Luft war. Oftmals ist die Hoffnung der Christen, wenn wir sie abklopfen und untersuchen, sehr, sehr dünn. Viele Christen glauben vielleicht noch an ein Leben nach dem Tod. Aber dann frag ja nicht weiter! Wenn's hoch kommt, heisst es vielleicht: „Mein Name ist geschrieben im Buch des Lebens; aber alles Weitere weiss ich nicht."

Gott ist total real

Aber so ist Gott nicht. Es heisst vielmehr in einem Lied: „ … dass die Welt erkennt und sieht: *Jesus lebt und regiert!"* Wir haben keinen furchtbar „geistlichen" Gott. Er ist Geist, aber er ist nicht „geistlich"! Er ist heilig, aber er ist nicht „fromm"! Er ist Gott, aber er ist total natürlich und real! *Dieser Gott ist Mensch geworden!* So real ist er! Wenn er so geistlich gekommen wäre, mit einer wunderbaren Morgenröte … Aber er kam so völlig normal, dass niemand in Bethlehem überhaupt auf dieses Ereignis aufmerksam wurde, ausser den Hirten und noch drei gelehrten Herren, die da irgendwo in die Sterne geguckt haben und einem Stern gefolgt sind (wo wir uns noch bekreuzigen würden, weil das Astrologen waren).

Und wie war das mit *Ostern?* Da hätte ich wahrscheinlich ein grandioses Finale inszeniert: „Auferstanden!" Aber was macht Jesus? Er macht ein kleines Frühstück für seine Jünger, kniet am Boden und versucht, die Flamme anzufachen, liest Holz zusammen und brät einen Fisch. Das ist Ostern, diese gewaltige Offenbarung! So real ist unser Gott!

Und was war an *Pfingsten?* Was hätte das für ein Spektakel sein können, wenn der Geist Gottes, der über dem Chaos gebrütet hat, ausbricht hinein in eine Welt. Aber da war so eine Reihe Männer, die sich etwas läppisch benahmen, als wenn sie betrunken wären. Und die Leute haben etwas gelächelt: „Was ist denn mit denen da? Die haben Wein getrunken!" So ist Gott. Weil wir so geistlich sind, haben wir auch dieses Tausendjährige Reich aufgemöbelt und ausgemalt, bis wir hinterher ein Disneyland hatten. Da wurde geträumt in allen Farben, wie das denn irdisch zu- und hergeht. Ja, es wird irdisch zu- und hergehen; aber wir werden wahrscheinlich noch überrascht sein, wie Jesus kommen wird.

Jesus mit dem Sandwich

Es gibt ein kleines Büchlein von *Adrian Plass:* „Der Besuch". Man kann es ruhig auf dem Nachttisch haben, und man kann es auch an einem Abend durchlesen. Viele werden nicht einschlafen können, bevor sie sich nicht dieses schmale Bändchen bis zum Ende verinnerlicht haben. Das ist gute Theologie, evangelische Theologie, was dieser Mann schreibt.

Er schildert eine Gemeinde, und Jesus hat sich eingeladen, diese Gemeinde zu besuchen. Man hat für seinen Empfang alles vorbereitet. Es soll natürlich ein „Riesenbahnhof" werden, wenn Jesus kommt. Und einer hatte dann den Job, das Programm aufzustellen und die Leute richtig zu platzieren. Die Nervosität wuchs und wuchs und wuchs. Als dann der Sonntag da war, an dem dieser Gast kommen sollte, sass man erwartungsvoll im Gottesdienst. Der Manager hatte ein gedrucktes Programm und eine Kopie für den Gast, damit er weiss, wann seine Einsätze sind. Der Chor war bereit, alles war bereit – und plötzlich merkt man, der ist ja schon da und sitzt ganz still in der hintersten Reihe. Der Manager hätte ihn nicht einmal bemerkt, wenn nicht jemand anders in der Gemeinde ihn erkannt hätte. Der bringt ihn dann nach vorne. Und Jesus dreht sich zur Gemeinde um und fragt: „Hätte jemand ein Sandwich für mich?" Und eine gütige Frau eilt dann zur Küche und kommt zurück mit einem Glas Tee und einem Sandwich. Und dieser Gast setzt sich auf die Altarstufe und fängt genüsslich an, sein Sandwich zu essen und den Tee zu trinken.

Der Manager steht daneben und will jetzt endlich mal diesem Gast das Programm überreichen, damit er beginnen kann. Aber

Jesus sieht ihn ganz merkwürdig an, und dann schaut er in die Gemeinde hinein und sieht plötzlich eine Frau. Und er geht zu dieser Frau hin, und die Frau beginnt zu weinen. Plötzlich ist eine ganze Traube von Menschen um diesen Gast herum. Schmerz steigt auf, Freude steigt auf, Jubel steigt auf, Heilung geschieht. Und plötzlich wendet Jesus sich auf der anderen Seite einem jungen Mann zu, der völlig verkrampft in seiner Bank sitzt, die Hände ineinander gekrallt; und er sagt zu diesem Mann nur: „Mach dir keine Sorgen." Der springt auf und schmeisst sich diesem Gast vor die Füsse. Dann geht Jesus den Mittelgang raus aus der Kirche, und der Manager hinter ihm her. Jesus dreht sich um und sagt: „Willst du mit mir kommen?" Und der Manager sagt: „Aber wir sind es gewohnt, die Gottesdienste in der Kirche zu feiern." Aber Jesus fragt nur: „Willst du mit mir kommen?" So beginnt diese Gutenachtgeschichte.

Ich weiss nicht, wie es mit dem Tausendjährigen Reich sein wird. Aber ich kenne keine Geschichte, die über so etwas Aufregendes, Dramatisches, Revolutionäres so trocken, mit so wenig Worten, ohne Farben, nur schwarz-weiss berichtet wie unser Text. Und Johannes mahnt uns: Wir sollen zu dem, was er sieht und hört, nichts hinzufügen und nichts wegnehmen (Off. 22,18+19). Wir haben diese Lehre vom Tausendjährigen Reich zugrunde gerichtet, weil wir dazugefügt haben, statt dieses Geheimnis, diese Flamme der Hoffnung, in unseren Herzen zu tragen wie Maria das Geschenk, das durch den Heiligen Geist gezeugt worden ist.

Das Wesen des Christentums

Eines der Bücher von *Walter Nigg,* das ich am meisten liebe, ist das Buch über das Tausendjährige Reich, mit dem Titel „Das ewige Reich" und dem Untertitel „Die Geschichte einer Hoffnung". Dieser Mann hat ganz tief in das Herz Gottes hineingesehen. Und er hat den Satz geprägt: „Der Chiliasmus, das Tausendjährige Reich, ist das Wesen des Christentums." Was wollte er damit sagen? Das Wesen des Christentums ist, dass Gott Fleisch wird, dass er real wird. Und was sagte dieser Manager bei Adrian Plass? „Ich glaubte, es käme jetzt ein grosser Auftritt, und es ist alles so real."

Jesus kam. Es war nicht der grosse Auftritt, aber es war sehr real. Sohn der Maria und des Pflegevaters Joseph, Zimmermann von Nazareth, so real ; bis zum Kreuz und bis zu den Wundmalen, die er auch als Auferstandener seinen Jüngern zeigte – ganz real.

„Dein Reich komme – auf Erden"

Gott will noch einmal real werden in dieser Welt! Diese Welt soll noch einmal sehen und erkennen, wie es ist, wenn Gott in dieser Welt lebt und herrscht und regiert! Da würde meine Theologie nicht mehr aufgehen, wenn all das, was Hoffnung ist, nur dort oben im Himmel stattfindet. Wir haben jetzt 2000 Jahre gebetet: „Dein Reich komme." Wohin? Nicht in den Himmel – da ist Jesus –, sondern „auf Erden". Was wäre das auch für eine Haltung, wenn wir bei der Entrückung verschwinden und die Schöpfung zurücklassen würden! Glauben wir nicht, dass diese ganze Schöpfung auch nach dem Erlöser hungert, den sie nach diesen Tausenden von Jahren wieder erkennt? Das ist mir ein billiges Christentum, sich einfach so aus dem Staub zu machen, nachdem wir diese Erde mit unserem Blut und all diesem Umweltgift versaut haben.

Reale Hoffnung in Nahost

Gott wird noch einmal kommen, und zwar sehr real! Aber vielleicht wird das völlig anders sein, als wir uns das vorstellen. Er muss heute sehr real kommen, so wie die Situation politisch, gesellschaftlich und wirtschaftlich aussieht. Ein „geistlicher" Gott wird das Schicksal nicht wenden, wir brauchen einen realen Gott. Das wissen auch die Juden. Immer mehr orthodoxe Juden verzweifeln und sagen: „Es gibt nur noch eine Lösung: dass der Messias kommt.“ Das ist die reale Hoffnung.

Wie wollen wir denn den Nahost-Konflikt lösen? Da sind Millionen und Millionen von Arabern, die zwar die Hand schütteln und Verträge unterschreiben; aber das erklärte Ziel des Islam ist es, dass dieses Land und diese Stadt Jerusalem dem Islam gehören.

Es gibt nur eine Hoffnung, nicht nur für den Nahen Osten, sondern für die ganze Welt. Dieselben Menschen, welche die Sprengstoffgürtel um ihren Leib schnallen, gespickt mit Nägeln, werden keine Hemmungen haben, auch so mit Atombomben umzugehen. Das Menschenleben zählt nicht, wenn nur Schaden entsteht. Und Leute, die in dieser Mentalität leben, wären fähig, Nationen zugrunde zu richten. Denken wir nur an den 11. September, wo 3000 Menschen auf einen Schlag ausgelöscht wurden. Wir haben nur eine Hoffnung, und das ist der reale Gott! Und wenn der Geist und die Braut sagen: „Komm“, dann meinen wir nicht einfach, dass wir abhauen aus dieser Welt, sondern dann meinen wir, dass Jesus noch einmal in dieser Welt herrscht und regiert.

Der geistliche Kampf

Und wie fängt alles an? In unserem Text kommt ein ganz gewöhnlicher Engel ohne Namen, ohne besondere Qualitäten, vom Himmel. Stellen wir uns mal vor, was das für ein Affront ist. Jetzt geht es ans Eingemachte; jetzt geht es gegen Satan – die Schlange, den Drachen! Und wir glauben, dass jetzt der ganze Himmel aufgeboten würde. Doch Gott schickt nur irgendeinen Engel mit dem Schlüssel. Und so ein „dienstbarer Geist“ kommt mit dem Schlüssel und einer Kette daher. Wie viel mehr Autorität ist uns gegeben, den Jüngerinnen und Jüngern Jesu? Was hat Jesus gesagt? *„Siehe, ich habe euch die Macht gegeben ... über alle Gewalt des Feindes; und er wird euch keinen Schaden zufügen.“ (Luk. 10,19)*

Ich weiss, dass Kämpfen immer so etwas Anrüchiges an sich hat. Wir sind doch eine friedliebende Religion. Als ich einmal auf einer Konferenz vom geistlichen Kämpfen gesprochen habe, kam ein Sozialarbeiter, hat mir seinen Schuh hingeschmissen und gesagt: „Ihr kriegerisches Reden.“ Wir haben es noch nicht begriffen, womit wir es in der Welt eigentlich zu tun haben. Das gilt auch für den *Nahen Osten:* Es sind nicht einfach „die bösen Israelis“, und es sind auch nicht einfach „die bösen Palästinenser“, sondern dahinter steckt eine Macht, welche die Völker verführt! Und es ist ein Kampf auf Leben und Tod.

Das Erste, was in unserem Offenbarungs-Wort geschieht, ist: Der Drache wird ergriffen. Der Engel kämpft gar nicht mit diesem Drachen, er ergreift ihn einfach, er bindet ihn, wirft ihn in den Abgrund, verschliesst mit dem Schlüssel und versiegelt, so wie man das Grab Jesu einmal versiegelt hat.

Ist das nicht etwas Gewaltiges, dass wir wissen, die Schlüssel der Hölle und des Totenreiches sind am Gurt Jesu, im Himmel? Nicht der Tod hat länger die Schlüssel, sondern Jesus hat die Schlüssel. Dies ist eines der ganz gewaltigen Worte: *„Fürchte dich nicht! Ich bin der Erste und der Letzte und der Lebendige, und ich war tot, und siehe, ich bin lebendig in alle Ewigkeit und habe die Schlüssel des Todes und des Totenreiches.“ (Off. 1,17+18)* Das ist unser Herr!

Es wird also mit schlichten Worten berichtet: Ein Engel kommt herab vom Himmel, trägt einen Schlüssel, hat eine Kette, packt den Drachen, bindet ihn für tausend Jahre, wirft ihn in die Grube, versiegelt und verschliesst, *„damit er die Völker nicht mehr verführte, bis die tausend Jahre vollendet wären. Nachher muss er auf kurze Zeit losgelassen werden.“*

Viele Christen sind für die Allversöhnung. Sie möchten den Teufel und alle Dämonen möglichst ins Reich Gottes hineinbringen, weil wir doch so eine zivilisierte Religion sind. Gott wartet unendlich lange, auch mit dem Teufel. Aber der Schlange ist der Kopf bereits zertreten; und ein Engel genügt, um ihn zu packen und ihm die Fesseln anzulegen.

Wir werden gegen die Finsternismacht aufstehen

Wir werden keine Städte für Jesus gewinnen, wir werden keine Nation für Jesus gewinnen, wenn wir die Macht der Finsternis nicht zurückdrängen. Wenn Jüngerinnen und Jünger Jesu aufstehen und das Blut des Lammes proklamieren, wenn sie diesen Namen Jesu proklamieren, da fürchtet sich die Finsternis und da gewinnen wir Land.

Pastor *Yonggi Cho* hat in Korea, einem buddhistischen Land voll von Götzentempeln, bei Null angefangen; und wer die buddhistischen Tempel kennt, der weiss, was für eine Power von dämonischen Mächten in diesen Bollwerken drin ist. Yonggi Cho hat jeden Tag fünf Stunden gebetet. Glauben wir, dieses Land ist umsonst das Land, das heute am meisten Missionare aussendet? Glauben wir, dieses Land sei umsonst das Land mit den meisten Gebetsbergen; das Land, in dem sie schon morgens um fünf Uhr, bevor sie zur Arbeit gehen, miteinander zu Gott schreien? Glauben wir, Yonggi Cho habe umsonst eine Gemeinde von 750 000 Menschen? Das sind Menschen, die er dem Teufel abgerungen hat. Aber zuerst mussten sie diese Macht der Finsternis zurückdrängen.

Ich weiss, das ist auch ein „Pfahl im Fleisch" der Christen. Wir haben's viel lieber friedlich und harmonisch. Und wir haben ja auch in Jesus den „Frieden, der höher ist als alle Vernunft". Wir sind nicht die Schläger und die Rocker, sondern wir sind Kinder Gottes, die sich immer wieder ihrer Rüstung entledigen und am Vaterherz anlehnen dürfen. Aber wenn es um Menschenleben geht, wenn es um Nationen geht, dann werden wir gegen die Finsternismacht aufstehen.

Die Überwinder auf den Thronen

Auch *das Zweite* ist gewaltig: Johannes sieht Throne. Darauf sitzen die Überwinder, die tausend Jahre zusammen mit Jesus regieren. Und er zählt diejenigen auf, die enthauptet worden sind, und diejenigen, die ihre Knie nicht gebeugt haben vor dem Tier; die weder in ihrem Denken die Masstäbe der Welt angenommen haben noch an ihren Händen dieses Mal tragen, dieses Zeichen einer Welt und ihrer Werte, ihrer Logik und ihrer Vernunft – sondern die überwunden haben.

Diese „Überwinder“ sind aber nicht nur die Enthaupteten und die, die den Löwen vorgeworfen wurden oder in Konzentrationslagern gestorben sind. Sondern es heisst im letzten Sendschreiben an die Gemeinde in Laodicea: *„Wer überwindet* (d. h. die Sünde überwindet, die Umstände überwindet, Depression und Verletzungen überwindet in der Kraft des Blutes Jesu, wer vergibt, entlässt, loslässt, Joche zerbricht, nicht mehr mit dem Finger zeigt), *dem will ich verleihen, mit mir auf meinem Thron zu sitzen …“ (Off. 3,21)* Das ist Tausendjähriges Reich! Das ist nicht Schlaraffenland, wo einem die gebratenen Tauben ins Maul fliegen. Hier geht es darum, dass noch einmal eine Welt den Frieden Gottes schmeckt und spürt! Und da werden wir alle, wenn wir überwinden, mit dabei sein.

„Mit euch zusammen will ich regieren!“

Das sind nicht leere Versprechungen. Das ist nicht die Rübe vor der Nase, damit wir laufen, sondern das ist unser Gott, der sagt: „Nicht alleine, ich will mit dir zusammen, mit euch, die ihr überwunden habt, zusammen regieren!“ Was ist das für eine Zukunft, was für eine Hoffnung! Nicht die Tatsache, dass wir auf den Thronen sitzen werden, sondern dass wir Priester dieses Gottes sind und mit Jesus herrschen und für eine Welt Verantwortung übernehmen dürfen. Stellen wir uns einmal vor, was für ein Klimawechsel das sein wird. Da werden nicht nur die Gletscher am Nordpol abbrechen, das Eis schmelzen und unsere Gletscher in der Schweiz für die Touristen kleiner werden, sondern da wird es einen totalen Klimawechsel geben, wenn Jesus unter uns real da ist.

Wir können uns das nur schwer vorstellen. Vom Verstand her wird jede Zelle schreien: „Unmöglich, wie soll das gehen?“ Genauso wie Maria sagte: *„Wie soll das zugehen, da ich von keinem Manne weiss.“ (Luk. 1,34)* Freunde, alles, was in der Bibel geschieht, ist – menschlich gesehen – total unmöglich. Sogar dass du gerettet wirst und in dir den Geist Gottes trägst, der dich verwandelt in das Bild Jesu, ist doch total unmöglich. Ich, dieser „Misthaufen“, gerettet und verwandelt, eine neue Schöpfung – wie ist das möglich?!

Nach unseren irdischen Massstäben ist alles unmöglich. Aber ich behalte diese gewaltige Hoffnung in meinem Herzen, dass Jesus einmal ganz real in Jerusalem sein wird. Auf wen oder was wollen wir denn noch hoffen? Sicher nicht auf unsere politischen Führer – die können etwas flicken, etwas beruhigen und ein wenig auf die Reihe bringen. Aber wir brauchen den König; und wir brauchen Jüngerinnen und Jünger, die überwinden und die bereit und würdig sind, einmal mit ihrem Jesus auf dem Thron zu sitzen und mit ihm zu regieren.

Die Überwinder mit den Wundmalen

Wir müssen ja noch so kämpfen, bis ein Christ es vielleicht einmal hinauf in die Regierung schafft. Wir wären schon froh, wenn wiedergeborene Christen in den Regierungen der Kantone und in den Stadtregierungen sitzen würden. Es ist oft so eine mühsame Sache. Aber wenn Jesus wiederkommt und wenn du überwunden hast, dann wirst du verwandelt werden in sein Bild. Dann schaust du nicht mehr auf deinen Intelligenzquotienten oder deine Minderwertigkeit und all dieses schäbige Zeug, sondern dann wirst du auf den Thronen sitzen. Und zwar wirst du dort nicht sitzen, um dich in dieser Würde zu sonnen, sondern auf den Thronen sitzen nur Menschen, die „überwunden“ haben – nur zerbrochene Menschen; nur Menschen, die das Leiden kennen; nur Jakobs, die durch Pniel hindurchgegangen und zu Israel geworden sind; nur Menschen, die selber auch Wundmale haben. Wundmale sind ja nie eine Schande, sondern Wundmale sind Gelegenheiten für Gott, uns zu Überwindern zu machen.

Und ich freue mich, wenn diese Juden, die überwinden, ihren Messias erkennen werden. Dann werden sie, die durch so viel Scheusslichkeiten hindurchgegangen sind, auf den Thronen sitzen! Und auf den Thronen werden auch palästinensische Christen sitzen. Jüngerinnen und Jünger aus allen Nationen werden dort sitzen – alle diejenigen, die überwunden haben. Es lohnt sich!

Gebet

Vater, du bist ein absolut genialer Gott. Wir bewundern deine Sanftmut und Demut, dass du so etwas Wunderbares in deinem Herzen vorbereitet hast; und du verbirgst das unter diesen dürren Worten und Sätzen, versteckst dieses Juwel, diesen leuchtenden Diamanten in diesen sechs Versen drin, die eine ganze Welt revolutionieren werden. Wo Völker wieder zum Leben kommen, wo es nicht mehr eine erste und eine zweite und eine dritte Welt gibt, und auch keine vierte mehr, sondern wo es die Welt ist, die nochmal schmeckt und sieht, wie freundlich der Herr ist!

Jesus, ich preise dich, dass du dann kommst und nicht eine Show für dich machst. Und dass in diesem Text nicht zuerst dein Thron erwähnt wird, sondern unsere Throne, die Throne der Überwinderinnen und Überwinder. Und dass du dich zurücknimmst und sagst: „Sie werden herrschen mit mir zusammen."

Jesus, was für eine Berufung, Priesterinnen und Priester unseres Gottes und unseres Herrn, des Messias, des Gesalbten Gottes, zu sein! Was für eine Berufung, einmal mit dir Verantwortung für eine Welt zu übernehmen. Und wir bitten auch noch um Vergebung da, wo wir lässig gewesen sind, träge gewesen sind, da, wo wir uns um Verantwortung gedrückt und die Politik anderen überlassen haben.

Jesus, ich preise dich, dass du uns formst, dass du Charaktere formst, Frauen formst, Männer formst, Alte und Greise formst, die Priesterinnen und Priester sein werden und einmal mit dir herrschen werden. Wir danken dir so herzlich.

Wir segnen die Jugend, die aufgebrochen ist, und wir stellen sie unter den Schutz des Blutes des Lammes und sagen: „Was der Vater gepflanzt hat, das kann niemand mehr ausreissen." Wir stellen alle, die Jesus als ihren Herrn bekennen und die oft auch auf schwierigen Wegen sind – die mit dem Gegenwind kämpfen, mit Verletzungen, mit den Umständen, mit Arbeitslosigkeit, Drogen, Rauchen, Alkohol, Schuldgefühlen –, wir stellen sie unter den Schutz des Blutes Jesu, dass ein Funke dieser Hoffnung hineinfällt in ihre Herzen und dass ihr Leben eine Hoffnung bekommt, eine lebendige Hoffnung! Und dass du, der du jetzt noch irgendwo an einer Sucht hängst oder in kaputten Beziehungen drin, dass du weisst: Jesus wartet darauf, weil er mit dir regieren will, weil er dich erwählt hat, einmal mit ihm Verantwortung zu übernehmen für eine kaputte Welt.

Und dafür lohnt sich alles; und ich will dir, Jesus, einfach mein Herz geben und sagen: Du in mir und ich in dir. Ich hab keine Wahl mehr – für diese Welt, für diese Ströme von Blut, für all diese Schreie von gemarterten, gefolterten Menschenleben, für diese Heere von Kindern, wo immer noch Kinderarbeit ist, für diese Heere von Frauen, die immer noch ausgebeutet und versklavt werden in den Sexshops und in den Freudenhäusern. Jesus, dafür nimm mein Leben ganz, nimm mich hin.

Jesus, wir bitten für die messianischen Gemeinden in Israel, wir bitten für die palästinensischen Gemeinden, die Christen dort. Wir wollen noch einmal sehen, dass Jerusalem diese Stadt ist, wo die Völker sich versammeln und ihre Schätze bringen werden, wo Staatsoberhäupter einkehren, um Licht und Erkenntnis zu finden und Weisung zu empfangen – seien sie vom Weissen Haus oder vom Kreml oder von China, von Neu Delhi oder von wo auch immer.

Wir bitten, Jesus, komm über unsre Geschwister mit der Kraft der Auferstehung, dass sie überwinden werden! Und wir sagen euch, Brüder und Schwestern, ihr werdet auf den Thronen sitzen und mit Jesus regieren, und ihr werdet Priesterinnen und Priester des Allerhöchsten sein! Amen

Kapitel 18

Das Weltgericht

Die Bücher werden geöffnet
Offenbarung 20,11-15

Und ich sah einen grossen weissen Thron und den, der darauf sass; und vor seinem Angesicht floh die Erde und der Himmel, und es fand sich keine Stätte [mehr] für sie. Und ich sah die Toten, die grossen und die kleinen, vor dem Throne stehen, und es wurden Bücher geöffnet; und ein andres Buch wurde geöffnet, das [das Buch] des Lebens ist. Und die Toten wurden gerichtet auf Grund dessen, was in den Büchern geschrieben war, nach ihren Werken.

Und das Meer gab seine Toten [wieder], und der Tod und das Totenreich gaben ihre Toten [wieder]; und sie wurden gerichtet, jeder nach seinen Werken. Und der Tod und das Totenreich wurden in den Feuersee geworfen. Dies ist der zweite Tod, der Feuersee. Und wenn jemand nicht im Buch des Lebens aufgezeichnet gefunden wurde, so wurde er in den Feuersee geworfen. (Off. 20,11-15)

Kein Dichter der Weltliteratur hätte dieses letzte Gericht so schildern können, wie es hier geschieht. Das konnte nur der Geist Gottes mit dem Seher Johannes. Denken wir z. B. an „Das grosse Welttheater“ des Spaniers *Calderon,* welches vor der Fassade des Klosters Einsiedeln aufgeführt wird. Und wie kann man solche grossen Ereignisse künstlerisch ausschmücken, wie es *Michelangelo* in der Sixtinischen Kapelle getan hat! Aber hier, in unserem Textabschnitt, wird in ein paar wenigen Worten und Sätzen das Gewaltigste zum Ausdruck gebracht, was je ein Mensch fassen könnte.

Als Erstes sagt Johannes: *„Ich sah einen Thron"*, und dann fügt er an: *„einen grossen, weissen"*. Weiss ist die Farbe für die Wahrheit, für die Reinheit und für die Sündlosigkeit. Darum sind die Kleider der Gerechten weiss, darum trägt der katholische Priester als Sinnbild dafür die „Alba", den weissen Rock. Und hier im Himmel ist ein gewaltiger Thron, gross und weiss! Dann sagt Johannes weiter: *„Und ich sah den, der darauf sass"*, ohne nähere Beschreibung. Er sagt lediglich, dass vor dem Angesicht dessen, der auf dem Throne sass, Erde und Himmel fliehen und nirgendwo mehr gefunden werden. So gewaltig ist das Antlitz dessen, der auf dem Thron sitzt! Dann fährt Johannes fort: *„Und ich sah die Toten, die grossen und die kleinen …"* Gemeint sind jetzt nicht die Erwachsenen und die Kinder, sondern die sozial, gesellschaftlich, karrieremässig Grossen und Kleinen, die „Heavies" und der kleine Mann. Und was sagt er? *„Sie stehen vor dem Thron."* Punkt!

Ein unendlicher Zug von Toten

Und es werden Bücher geöffnet und noch ein anderes Buch wird geöffnet, welches das *„Buch des Lebens"* ist. Und die Toten werden gerichtet auf Grund dessen, was in den Büchern geschrieben ist, d. h. nach ihren Werken. Und ein unendlicher Zug von Toten kommt und kommt und kommt … Das Meer gibt seine Toten wieder her, der Tod selber und das Totenreich geben die Toten wieder her. Nichts, was je gelebt hat, verscharrt oder verbrannt worden ist, dessen Asche in alle Winde zerstreut wurde … nichts, nichts, nichts, kein Fötus, nichts bleibt zurück. Alles, was je Odem und Leben hatte, ist in diesem unendlichen Zug drin, der kommt und kommt und kommt … und vor diesem Thron steht.

Allein vor Gott

Es ist eigenartig. In diesem Text gibt es einen Wechsel in der Atmosphäre. Da hat sich etwas gewendet. Zuerst kommt dieser gewaltige Thron in diesem leuchtenden Weiss und dann die leere Bühne! Alle Kulissen der Erde und des Himmels werden in einem Moment abgeräumt, und zurück bleibt nur der Thron. Keine Anbetung, keine Engelheere, keine Ältesten, kein Altar … nichts, nichts, nichts. Eine leere Bühne, wie reingefegt! Nur der weisse Thron und der, der darauf sitzt! Der Mensch und Gott, Gott und der Mensch.

Man hat viel mit diesem Weltgericht manipuliert. Menschen haben aus Angst vor diesem Gericht ihr Leben Jesus anvertraut – oder wie man das sonst nennen kann –, haben Messen lesen lassen, der Kirche Vermögen vermacht und vieles mehr. Das Weltgericht wurde über den Portalen der grossen Kathedralen in Stein gehauen, es wurde gemalt, und es wurde darüber gesungen und gedichtet.

Es geht alles einem Ende zu

Worum geht es? Die Weltgeschichte und die Geschichte Gottes mit dieser Schöpfung und mit uns Menschen läuft auf ein Ende zu. Es gibt einmal ein Ende. Das ist schlicht die Realität. Unser Herz sagt es uns: „Alle Menschen müssen sterben, auch ich." Und der Hebräerbrief bringt dasselbe so klar zum Ausdruck: *„Den Menschen steht bevor, einmal zu sterben, danach aber das Gericht." (nach Hebr. 9,27)*

Man kann über siebzig Jahre alt sein, wie ich es jetzt z. B. bin, und sich noch jugendlich fühlen. Aber ich weiss: Mein Leben hat ein Ende! Und so gewiss ich weiss, dass mein eigenes Leben ein

Ende hat, wenn Jesus nicht vorher kommt, so gewiss hat diese Welt und Schöpfung mit dem ganzen Menschengeschlecht einmal ein Ende.

Wir können das nicht fassen, weil es bei uns immer weitergeht. Es geht auch nach dem 11. September weiter. Der letzte Stahlträger wurde weggeräumt, und dann wurde ein Fest gefeiert, dass jetzt endlich diese entsetzliche Ground-Zero-Szene aufgeräumt und aus dem Blickfeld genommen ist. Auf den Autobahnen wird nach Unfällen das Blut wieder weggewaschen und die Leitplanken wiederhergestellt. In Tschernobyl werden die Spuren wieder verwischt. In Hieroshima und Nagasaki blühen die Bäume wieder. Die Städte, die nach dem Zweiten Weltkrieg zerbombt waren, stehen wieder mit neuen, wunderbaren Skylines, und der alte Kern ist wieder historisch nachgebildet. Wir schaffen es immer wieder weiterzumachen. Wir sind Stehauf-Frauen und Stehauf-Männchen. Aber die Realität ist: Wir gehen dem Ende entgegen.

Warum ist das so? Gott hat seinem Sohn eine Hochzeit verheissen; und Jesus hat seinerzeit den Jüngern versprochen: *„Ich werde von jetzt an von diesem Gewächs des Weinstocks nicht trinken bis zu jenem Tage, wo ich es mit euch neu trinken werde im Reiche meines Vaters." (Mat. 26,29)* Der Vater will seinem Sohn die Braut zuführen und die Hochzeit soll beginnen. Und dann wird wirklich das Leben beginnen! Gott hat unendlich lange in dieser Barmherzigkeit, dieser Ausdauer, dieser Geduld, diesem Erbarmen über seine Geschöpfe – und dem Gestank des Todes in der Nase – gelebt!

Der Todesgestank von Jahrtausenden

Wissen wir, was das für ein Todesgestank ist, der zum Himmel hinaufsteigt? Was für ein Smog des Todes? Wenn kein Haar von unserem Haupt fällt ohne das Wissen Gottes, wenn jeder Schrei, der je geschrien wird in dieser Welt, von Gott gehört wird – was bedeutet das für Gott, der durch all die Jahrhunderte und Jahrtausende hindurch das alles erträgt bis zu dem Tag, wo er einmal „alles in allem“ ist! Das ist das Ziel: Dass Gott wieder alles in allem ist, dass alles in das Leben hineinkommt, dass dieser Todesgestank aufhört, dass es ein Glück gibt, und zwar ein Glück in der Gemeinschaft mit diesem Gott, dass es wieder eine neue Schöpfung gibt, einen neuen Himmel, eine neue Erde, keine Tränen mehr, kein Geschrei mehr, keine Krankheit mehr, keine Erinnerung mehr, nichts mehr, nichts! Alles neu!

„Siehe, ich mache alles neu.“ (Off. 21,5) Das ist das Ende, das ist die Vollendung! Darauf gehen wir zu, dass alles neu wird – endlich! Wir haben doch die Nase voll von diesem Gestank des Todes, von diesem gedrosselten Leben, wo auch wir Christen immer wieder drin gefangen sind.

Und darum kommt einmal ein Ende. Gott sei Dank! Deshalb sagt die Schrift, dass diejenigen, die im *Buch des Lebens* geschrieben sind, mit Zuversicht und mit Freude, wie Luther sagt, diesem Gericht entgegensehen! Ja, hoffentlich, wenn endlich das Ende kommt! Am Altar vor dem Thron Gottes schreien sie schon lange: *„Wie lange noch, Gott, wie lange noch?“*

Die göttliche Reihenfolge

Dabei hat alles eine bestimmte Ordnung. Nur Menschen, die aus der Seele und aus einer falschen Geistlichkeit heraus ins Schwärmen gelangen, die fangen an „auszumalen“, so wie die Kinder im „Malibüchli“. Paulus, ein Mann, der wie Johannes ebenfalls im dritten Himmel war, bringt es auf einen ganz kurzen Nenner.

In 1. Korinther 15 sagt er:

> *„Denn da der Tod durch einen Menschen gekommen ist, kommt auch die Auferstehung der Toten durch einen Menschen. Denn wie in Adam alle sterben, so werden in Christus auch alle lebendig gemacht werden. Jeder aber in der ihm bestimmten Ordnung: als*

Erstling Christus, hernach die, welche zu Christus gehören, bei seiner Wiederkunft, dann das Ende ...“ (1. Kor. 15,21-24)

Ist das nicht wunderbar? Es ist völlig klar: Jesus wurde als Erster auferweckt, dann kommt er wieder. Bei dieser Wiederkunft Jesu werden alle, die im *Buch des Lebens* geschrieben sind, (in der so genannten ersten Auferstehung) auferweckt und werden mit Jesus zusammen tausend Jahre regieren. Dann wird Satan noch mal kurz losgelassen, und dann kommt das Gericht, das Weltgericht. Dies in einigen kurzen Zügen.

Der absolut gerechte Gott

Auch dieses Weltgericht ist im Grunde genommen eine Offenbarung des Wesens unseres Gottes. Auf diesem Thron sitzt nicht ein Tyrann, obwohl das ein Tag des Zornes ist, des heiligen Zornes – wir haben schon in den vorhergehenden Kapiteln davon gehört. Auf diesem Thron sitzt der absolut gerechte Gott, den wir immer angeklagt haben: „Warum, Gott, hast du das zugelassen? Wie konntest du Auschwitz überhaupt geschehen lassen und nicht dafür sorgen, dass die Zufahrtswege der Eisenbahnen durch die Alliierten bombardiert wurden? Warum, Gott, hast du es zugelassen, dass dies oder jenes in meinem Leben geschehen ist – warum, warum, warum?“ Und wir werden auf diesem weissen, gewaltigen Thron einen Gott erleben, der absolut gerecht ist. Ein Gott, der von sich sagt: *„Habe ich etwa Wohlgefallen am Tode des Gottlosen ... und nicht vielmehr daran, dass er sich von seinem Wandel bekehre und am Leben bleibe?“ (Ezechiel 18,23)*

Dreimal hat Gott seine Gerechtigkeit offenbart! Zum ersten Mal im Volk der Juden – bei dieser Gesetzgebung *am Sinai*. Dann hat er seine Gerechtigkeit *in seinem Sohn Jesus* offenbart. Paulus sagt in Röm. 3: *„Die Gerechtigkeit ist erschienen“* – sie wurde offenbar in diesem Menschensohn Jesus, in seinem Leben, in seiner Hingabe, dass er sich als Lamm für dich und mich hat schlachten lassen. Und schliesslich wird diese Gerechtigkeit Gottes in dem *Finale des Weltgerichtes* noch einmal offenbart!

Ist das nicht wunderbar? Vor diesem Thron gibt es kein Ansehen der Person. Jeder steht vor diesem Thron! Jeder! Er lässt sie alle kommen, alle! Den Hintersten und Letzten, jedes ungeborene Leben, jedes behinderte Leben, jedes zerschundene Leben, jedes verscharrte Leben. Alles wird vor diesem Thron stehen, weil es Schöpfung unseres Gottes ist. Die Grossen und die Kleinen, die mit Namen und die Namenlosen, die mit den vielen Beziehungen und diejenigen, die überhaupt keine Lobby haben. Alle werden wir dort stehen, und wir werden erleben, dass es bei Gott kein Ansehen der Person gibt.

Gott sieht das Herz an, und wenn er jetzt richtet, dann richtet er über *das Verborgene!* Im Römerbrief ist von diesem Tag des Gerichts über das „Verborgene" die Rede, *„wann Gott das Verborgene der Menschen richten wird nach meinem Evangelium durch Jesus Christus." (2,16)* Auch im 1. Korintherbrief heisst es: *„Darum richtet nichts vor der Zeit, bis der Herr kommt, der auch das Verborgene der Finsternis ans Licht bringen und die Ratschläge der Herzen offenbar machen wird ..."(4,5)*

Gott will jetzt nicht einfach Schluss machen, „gehauen oder gestochen", sondern da werden *Bücher* aufgetan. Aber nicht nur die Bücher, in denen alles über die Werke geschrieben ist, sondern auch dieses eine „andere" Buch – das *„Buch des Lebens"*! Auch das ist vor ihm gegenwärtig. Und nun wird in diesen Büchern gelesen, was über jeden Einzelnen drinsteht. Als wollte Gott jetzt noch einmal anhand ihrer Werke die Millionen und Milliarden von Menschen prüfen, die vielleicht nie von Jesus gehört haben, die nach den Gesetzen ihrer Religion gelebt haben oder deren Leben von Anfang an zerschunden war. Und es heisst ausdrücklich: *„Sie wurden gerichtet, ein jeder nach seinen Werken."*

Der Triumph der Gerechtigkeit Gottes

Das ist der grösste Triumph der Gerechtigkeit Gottes – dieses Gottes, der absolut gerecht, absolut treu, absolut wahr ist. Dieser gerechte Gott sitzt noch einmal auf diesem weissen Thron und richtet nach Recht und Gerechtigkeit. Da gibt es keine Parteinahme, da werden Dinge ins Licht kommen. Und wie im Matthäusevangelium Kapitel 25 werden die Leute sagen: „Mensch, das war mir gar nicht bewusst, dass das ein Werk war, das gezählt hat." Und andere: „Aber Herr, wir haben dich doch gekannt, mit dir gegessen und getrunken." Gott richtet das Verborgene.

Der „unbekannte Gott"

Was ist es, das uns an diesem Text so ungemein verunsichert? Durch die ganze Offenbarung hindurch stand vor diesem Thron immer das Lamm Gottes. Und in all diesen Wehen und Plagen, Schlägen und Zerstörungen, in all diesem Blut, in all diesen Posaunen, gebrochenen Siegeln und Zornesschalen hörte man irgendwo durch alles hindurch immer den Herzschlag Gottes, den Herzschlag der Gnade. Man hörte immer und immer wieder dieses Rufen des Lammes! Und hier vor diesem weissen Thron, da sieht Johannes nur den, der auf dem Thron sitzt.

Das sind die Heere der Toten, die vielleicht nie eine Begegnung mit dem Evangelium und mit Jesus Christus hatten. Und die werden diesem Gott begegnen, dem Gott, von dem Paulus einmal gesagt hat: *„Das ist dieser unbekannte Gott, den ich euch verkündige" (nach Apg. 17,23);* dem Gott, der sich in Jesus Christus offenbart hat. Und jedes Knie wird sich vor diesem Herrn beugen und jede Zunge wird bekennen, dass Jesus der Herr ist.

Aber es werden zuerst die Knie und die Zungen derer sein, die Jesus und seine Botschaft gehört haben, die im Konfirmandenunterricht waren, die getauft wurden, die immer und immer wieder dieses Klopfen hörten. Sie werden ihre Knie beugen, und ihre Zungen werden bekennen: „Es ist Jesus. Er ist wirklich Herr!“

Aber diese Milliarden und Milliarden von auferweckten Toten werden einmal vor diesem Thron und vor diesem Gott stehen, dem Gerechten, dem einzig Lebendigen, dem Gott über alle Götter, dem Schöpfer von Himmel und Erde – und sie werden noch einmal erkennen, wer Gott ist! Nicht der, den man mit Joghurt und Milch am Morgen baden muss, wie bei den indischen Göttern; nicht der, den man mit Blumen bekränzen muss; nicht der, um den man den ganzen Tag „herumdudelt“; nicht der, dem man Opfer von Askese bringt. Sondern er ist der Gerechte, der Eine, der Lebendige, vor dem Himmel und Erde fliehen. Es ist dieser so genannte „zweite Himmel“, der flieht, dieser Wohnort der Mächte und Kräfte in den Lüften. Es ist diese Erde, die das Blut von Menschen getrunken hat, die flieht.

Jeder kommt zu seinem Recht

Und da sitzt dieser eine lebendige Gott. Und vor ihm die Bücher, und jeder kommt zu seinem Recht. Die Aborigines, die Ureinwohner, die Indianer, die ausgebeuteten Nacht- und Stripteasetänzerinnen, die Dirnen – jeder kommt zu seinem Recht. Die Strichjungens die ausgebeuteten Arbeitskräfte, die von Mafia und totalitären Regimes Unterdrückten – jeder kommt zu seinem Recht. Auf dem weissen Thron sitzt der gerechte Gott, und da sind die Bücher und da ist das Buch des Lebens.

Jetzt müssen wir unser Leben in Ordnung bringen

Weiter will ich nicht gehen, das müssen wir auch nicht. Wir haben alle die Gelegenheit, jetzt unser Leben in Ordnung zu bringen, jetzt! Wir kennen Jesus, wir kennen das Kreuz. Wir können den Heiligen Geist einladen, dass er unser Leben vollständig umgestaltet und verwandelt in das Bild Jesu. Gott hat gesagt: *„Ich habe dich bei deinem Namen gerufen, du gehörst mir." (nach Jesaja 43,1)* Darum können wir sagen: *„Ob wir leben oder sterben, wir gehören immer dem Herrn." (nach Röm. 14,8)* Darum wissen wir: Wir sind in die Hände dieses Gottes gezeichnet! Darum wissen wir: Wir kommen nicht in ein Strafgericht. Darum wissen wir: Wenn Jesus wiederkommt, werden wir in der Auferstehung der Toten diesem Jesus entgegenentrückt und werden mit ihm leben und regieren und herrschen.

Ich habe dieses Bild noch einmal vor Augen malen wollen, weil eine Welt – eine moslemische Welt, eine buddhistische Welt, eine animistische Welt, eine hinduistische Welt, eine tibetanisch-buddhistische Welt, eine atheistische, marxistische Welt, eine kapitalistische Welt – diesen Gott erkennen wird, auf den wir gespuckt haben, den wir lächerlich gemacht haben, vor dem wir uns nicht gefürchtet haben. Erd und Himmel fliehen vor dem Angesicht dieses Gottes, eine stumme Schöpfung flieht vor ihm, und wir machen uns immer noch lustig und reden von Selbstbestimmung und vielem mehr.

Diesen absolut gerechten Gott werden wir, wird eine Welt, noch einmal erkennen. Dieser absolut gerechte Gott wird richten. Und nicht nur mit Strafprotokollen, diesen vielen Milliarden Strichen, die da gemacht wurden. Nein, sondern mit dem Buch des Lebens, dem *„allo biblion – dem anderen Buch"*, weil er ein gerechter Gott ist.

Der Tod wird getötet

Nach diesem Gericht – so heisst es – wird der Tod und das Totenreich in den Feuersee geworfen. Das ist der „zweite Tod", dieser Feuersee. Das endgültige Ende von allem Widergöttlichen, von allem, das seine Knie vor diesem Gott nicht beugen will. Von allem, das sich immer noch lieber die Zunge abbeisst, als diesem Gott zu sagen: „In deinem Namen wollen wir leben!" Das ist der zweite Tod.

Und vielleicht bekommen wir durch diesen Text eine winzige Ahnung, was für eine Macht dieser Tod ist. Jesus hat dem Tod die Macht genommen und die Schlüssel des Totenreiches. Er hat der Schlange den Kopf zertreten. Aber der Teufel kommt vorher zu diesem zweiten Tod, bevor der Tod als der letzte Feind mit seinem Reich in diesen Pfuhl geworfen wird. Das ist dieses Bollwerk, diese Macht des Todes, die durch die Jahrtausende hindurch gefüttert und gefüttert und gefüttert wurde – Tod, Tod, Tod, Tod, Tod!

Die Sünde – der Stachel des Todes

Wir wissen: Der Stachel des Todes, dieser tödliche Stachel, mit dem er sticht, das ist die Sünde! Die Sünde, das ist die Nahrung für den Tod, die ihn immer mehr aufbläht und seinem Reich Macht gibt. Aber dieser Tod, auch wenn er der letzte Feind sein wird, wird in den Feuerpfuhl geworfen. Und Paulus bricht aus in Jubel, wo er sagt: *„Der Tod ist verschlungen in Sieg. Tod, wo ist dein Sieg? Tod, wo ist dein Stachel?" (1. Kor. 15,55)*

Tod und Sünde – unsere grössten Feinde

Jetzt verstehen wir, warum wir als Christen keine grösseren Feinde als den Tod und die Sünde haben. Die Sünde ist der Stachel des Todes, und mit jeder Sünde füttern wir die Macht des Todes, so dass dieser Tod wieder neu stechen und neu dieses Gift aussprühen kann. Darum hassen wir die Sünde. Wir hassen sie, weil sie der Stachel dieses letzten Feindes, dieses Bollwerkes der Macht des Todes und des Verderbens ist. Und es gibt gar keine anderen Christen – wenn wir das kapiert haben – als Christen, die erklärte Gegner des Todes sind. Verstehen wir das? Wir werden gegen diesen Tod kämpfen, und zwar in jedem Menschenleben. Auch dort, wo es scheinbar aussichtslos ist.

Wir waren kürzlich an einer Beerdigung bzw. an einer Dankfeier für einen Mann des Reiches Gottes; einen Mann, der dem Leibe Jesu „auf seinen Knien“ gedient hat und der unter uns war wie ein Diener, der Geringste von allen. Sein Körper wurde zerfressen von Krebs. Aber seine Frau und die Kinder haben gekämpft, und Freunde und viele – auch wir – haben gekämpft. Der Tod wird keinen nehmen, er wird spüren, dass er auf Granit beisst. Und wenn er einen nimmt, dann werden wir daraus eine Siegesfeier machen. Und wir werden diesen Gott anbeten und wir werden die Herrschaft Gottes an unseren so genannten „Beerdigungen“ ausrufen.

Darum ist eine Sterbehilfe-Organisation wie „Exit“ ein Bund mit dem Tod. Nicht der Plastiksack ist die Lösung. Die Lösung ist nur das Blut Jesu Christi und der Glaube – dieser unerschütterliche Glaube, dass da, wo Menschen mit dem Tod kämpfen, der auferstandene Jesus sich erhebt wie bei Stephanus, als er gesteinigt wurde. Und wenn einer leidet, unsäglich leidet, wird Jesus aufstehen und wir werden mitkämpfen und mitfasten und mitweinen und mitschreien. Und wir werden gegen diesen Tod ansingen, weil wir wissen: „Du, Tod, bist zwar der letzte Feind, aber du kommst in diesen Feuerpfuhl.“ Und wir sagen es jetzt schon im Glauben: *„Der Tod ist verschlungen in Sieg. Tod, wo ist dein Sieg? Tod, wo ist dein Stachel?“* Darum gehört es dazu, dass Tote wieder auferweckt werden. Es gehört dazu, dass Leben dem Tode wieder abgerungen wird.

Der Hass gegen die Sünde

Aber vor allem wollen wir die Sünde hassen. Wir haben keine Vollmacht gegen den Tod, wenn wir nicht – durch das Blut Jesu Christi abgewaschen – ein Leben in Reinheit führen, immer wieder aufstehen, den Schmutz zum Kreuz bringen und uns durch die Wahrheit heiligen lassen. Darum hat Paulus seinen Freunden in Korinth gesagt, die er *Heilige und Gerechte* nennt: *„Deshalb sind unter euch viele Kranke und Schwache und ein gut Teil sind* *entschlafen.“ (1. Kor. 11,30*) Warum? „Weil ihr nicht in dieser ganzen Radikalität der Heiligung lebt, in dieser ganzen Liebe zu eurem Gott, weil ihr immer noch halbe Sache macht.“

Stosstrupp gegen den Tod

Wir wollen gegen den Tod angehen! Wir sind wie ein Stosstrupp gegen den Tod. Gott wird das alles dann einmal „in einem Aufwasch“ erledigen. Aber jetzt schon, wo wir wissen, die Erlösung naht, formiert sich diese Guerillatruppe der Christen, formieren sich diese Protestleute gegen den Tod, den wir nicht mehr Erlöser nennen, sondern Feind. Feind! Und wir formieren uns als Gemeinde Jesu Christi zu dieser Guerillatruppe, und wir werden dabei „auf das Wasser gehen“. Wir werden ganz zaghaft beginnen und auch anfangen, für Verstorbene zu beten, nicht in Leichtsinn. Wir werden, auch wenn der Tote nicht aufersteht, Gott ehren – einfach damit, dass wir in der Leichenhalle stehen und sagen: „Gott, du bist der Gott des Lebens. Der Tod ist verschlungen in Sieg. Wir werden leben, auch wenn wir sterben, denn das ist nur der erste Tod. Aber wir werden teilhaben an der ersten Auferstehung und in dieser ersten Auferstehung dem Fürsten des Lebens entgegengehen.“

Gebet

Oh Gott, wir danken dir, dass du so bist, wie du bist – barmherzig, gnädig, geduldig, von grosser Güte. Gott, dass du nicht schon längst die Nase voll hast von all diesem Verwesungsgestank, von diesem Todesgeruch, von all diesem Schreien, von all diesem Leiden, von all dem, was hier auch als Frucht der Sünde unter uns geschieht. Dass du, Gott, das immer noch einatmest. Und dass du immer noch, immer noch, immer noch dieses Ende ein bisschen hinausgeschoben hast, weil du nicht den Tod des Sünders willst, sondern dass er umkehre und lebe. Gott, wir danken dir, dass du bist, wie du bist, auch ein gerechter Gott! Vater, diese Welt schreit wieder nach Gerechtigkeit.

Und du, Gott, hast es nicht eilig, du nimmst dir noch mal unendliche Zeit, und jeder und jede wird vor dir stehen. Jeden würdigst du noch mal, dass er vor dir stehen wird, vor seinem Schöpfer, der ihm das Leben gegeben hat. Was bist du für ein Gott!

Wir beten dich an und, Vater, fast können wir es nicht über unsere Lippen bringen, dass du unser Gott bist, den wir noch einmal anbeten wollen in einer Tiefe, in einer Zerbrochenheit, in einer Leidenschaft, in einer Hingabe, mit einem Jubel, mit einer Freude, mit Jauchzen, das die Wände zittern werden.

Gott, du wirst einmal „alles in allem" sein. Und dann wirst du, Jesus, alles dem Vater zurückgeben und wirst dich selber wieder diesem Vater unterordnen, und es wird nur dieser eine Gott sein, alles in allem! Gott und das Lamm, und der Geist und die Braut, und der neue Himmel und die neue Erde. Amen

Kapitel 19

Das Finale

Ein neuer Himmel und eine neue Erde
Offenbarung 21,1-8

Und ich (Johannes) sah einen neuen Himmel und eine neue Erde; denn der erste Himmel und die erste Erde sind verschwunden, und das Meer ist nicht mehr. Und ich sah die heilige Stadt, das neue Jerusalem, von Gott her aus dem Himmel herabkommen, gerüstet wie eine Braut, die für ihren Mann geschmückt ist.

Und ich hörte eine laute Stimme vom Throne her sagen: Siehe da, die Hütte Gottes bei den Menschen; und „er wird bei ihnen wohnen, und sie werden sein Volk sein, und Gott selbst wird bei ihnen sein. Und er wird alle Tränen abwischen von ihren Augen", und der Tod wird nicht mehr sein, und kein Leid noch Geschrei noch Schmerz wird mehr sein; denn das Erste ist vergangen.

Und der auf dem Throne sass, sprach: „Siehe, ich mache alles neu." Und er sagte [zu mir]: Schreibe; denn diese Worte sind zuverlässig und wahr. Und er sprach zu mir: Es ist geschehen. Ich bin das A und das O, der Anfang und das Ende. Ich will dem Dürstenden aus dem Quell des Wassers des Lebens geben umsonst. Wer überwindet, wird dies ererben,

„und ich werde sein Gott sein, und er wird mein Sohn (und meine Tochter) *sein".*

Den Feiglingen aber und den Ungläubigen und Befleckten und Mördern und Unzüchtigen und Zauberern und Götzendienern und allen Lügnern ist ihr Teil in dem See, der von Feuer und Schwefel brennt, und dies ist der zweite Tod. (Off. 21,1-8)

Am Morgen des Endspiels der letzten Fussballweltmeisterschaft zwischen Deutschland und Brasilien am 30. Juni 2002 hat die *Frankfurter Allgemeine Zeitung (FAZ)* ein besonderes Titelblatt herausgebracht: Nichts anderes als eine grosse grüne Seite, und darauf dieses eine Wort „Finale". Und so nähern wir uns jetzt in der Offenbarung des Johannes diesem „Finale".

Noch sind wir nicht ganz dort, auch wenn wir von der Endzeit sprechen. Vielleicht ist es gerade „Halbzeit". Noch herrscht der Tod, noch werden die Völker durch den Teufel verführt. Noch gibt es Blutvergiessen, Krieg und Kriegsgeschrei, Hungersnöte, Zerstörung durch Überschwemmungen, Erdbeben, Seuchen und vieles mehr. Aber das wissen wir inzwischen: Das Finale wird nicht mehr ein Kampf sein zwischen Gott und diesen letzten Mächten, dem Teufel und dem Tod. Das Finale wird überhaupt kein Kampf mehr sein. Es wird etwas völlig Neues sein. Johannes versucht, dieses „Finale" nicht im Rausch der Gefühle und Erregung, in der Ekstase über all das, was er jetzt sieht, auszubreiten, sondern er tut das mit wenigen Strichen und Worten.

Eine neue Schöpfung

„Und ich sah einen neuen Himmel und eine neue Erde." Johannes blickt in eine *neue Schöpfung* hinein. So wie Gott bei der ersten Schöpfung über eine brandneue Schöpfung geblickt hat: die Meere, die Berge, die Seen, die Hügel die Tierwelt, die Sterne, die Sonne, den Mond, dazu den Menschen, den er nach seinem

Bilde geschaffen hat; und Gott sagte: *„Es ist sehr gut." (nach 1. Mose 1,31)*

Johannes kann jetzt als der erste Mensch *die neue Schöpfung* sehen. So wie der erste Mensch auf den Mond gegangen ist, darf Johannes als erster Mensch diese neue Schöpfung sehen, die neue Erde, den neuen Himmel – dieses grossartige Finale, das Gott sich und seiner Braut bereitet hat. Und Johannes verliert nicht viele Worte darüber. Er stellt nur fest: *„Und ich sah einen neuen Himmel und eine neue Erde."*

Keine Bedrohung mehr durch das Meer

Das Einzige, was Johannes noch heraushebt, ist: *„Das Meer ist nicht mehr."* Vielleicht sind die Juden da besonders sensibel, was das Meer betrifft. Wir erinnern uns an die Geschichte vom Roten Meer, wo sie mit dem Rücken zum Meer standen, und vor ihnen diese Übermacht der Ägypter, der Kavallerie, die ihnen nachsprengte, um sie wieder in die Sklaverei zurückzuholen. Kein Ausweg mehr! Und die einzige Fluchtmöglichkeit war dieses scheussliche Meer, das ihnen jede Möglichkeit zu überleben abschnitt. Die Juden wissen, was es heisst, wenn „kein Meer ist". Und die heutigen Juden haben noch diesen Ausspruch im Ohr: „Wir werden sie ins Meer werfen, wenn wir kommen, wir, diese Hunderte von Millionen." Und sie kennen die Vorstellung, noch einmal vor einem Meer zu stehen und hineingetrieben zu werden. Mit diesem Meer verbindet sich ja vor allem beim jüdischen Volk, was auch wir oft nennen: ein Meer von Tränen, ein Meer von Blut, ein Meer von Leid, ein Meer von Sorgen, ein Meer von tief vergrabenen Schreien, ein Meer von Ängsten. Aber jetzt heisst es: *„Das Meer ist nicht mehr."*

Das neue Jerusalem – wie eine Braut

Johannes sieht diese neue Schöpfung, diesen neuen Himmel, ohne Meer! Er sieht sie nicht durch Schöpfungstage hindurch, wie dies bei der ersten Schöpfung der Fall war. Sondern diesmal kommt aus dem Himmel, von Gott her, die heilige Stadt. Das neue Jerusalem kommt auf diese neue Erde herab, bereitet wie eine Braut, die geschmückt ist. Im Griechischen heisst es *„kekosmemenäm"*, da hört man das Wort *Kosmetik* heraus. Das hat etwas mit Schönheit zu tun – schön gemacht, überaus schön für ihren Mann!

Das ist der Beginn des Finales: Die Braut kommt in der Gestalt dieses himmlischen Jerusalems, dieser heiligen Stadt. Dies sind genau genommen zwei verschiedene Bilder. Aber dieses himmlische Jerusalem, diese geschmückte Braut, kommt hernieder auf diese Erde. Kein erster Schöpfungstag, kein zweiter, kein dritter. Wir werden dann noch hören, dass es da keine Sonne mehr gibt, keinen Mond mehr, keine Sterne mehr – das Lamm ist die Leuchte! Auch kein vierter, kein fünfter, kein sechster Schöpfungstag, sondern dieses himmlische, neue Jerusalem, diese gewaltige Braut, kommt direkt von Gott aus dem Himmel auf die Erde.

Darin liegt ein Geheimnis. Jesus hat ganz klar gesagt, dass *„der Sohn des Menschen auf den Wolken des Himmels kommen wird" (nach Mat. 24,30).* Und Paulus hat davon geschrieben, dass die „bräutlichen Menschen", die Jesus als die Hoffnung auf die Herrlichkeit in ihrem Herzen tragen, dem kommenden Menschensohn „entgegenentrückt" werden (1.Thess. 4,17). Es ist das Volk, die Schar aus allen Völkern, Nationen, Zungen und Stämmen, die dieses *„Baruch habah b'shem Adonai – Gesegnet sei, der da kommt im Namen des Herrn"* in ihrem Geist zusammen mit dem Heiligen Geist rufen. Es gibt also eine Entrückung.

Es ist so, als würde Jesus nun diese Menschen zu sich „entrücken"; hinauf zum Vater, hinauf in die Brautkammer, damit der Vater selber diese Braut noch einmal schmückt, sie zubereitet für seinen Sohn, ihr diesen letzten Schliff gibt. Der Vater und der Geist rüsten also diese Braut zu, die jetzt schon auf dieser Erde zubereitet ist, aber noch einmal hinauf in die Brautkammer des Himmels, zum Vater, entrückt werden wird. Und dort wird diese Braut zubereitet. In jedem Fall kommt dann eine fertige Braut

„ohne Runzeln und ohne Flecken“, welche die Herrlichkeit vom Himmel hat, wie es später heissen wird. Und diese Braut, dieses neue Jerusalem, wird die neue Erde füllen! Was für ein Geheimnis!

Gott wohnt bei den Menschen

Und jetzt das Allerschönste. Es kommt eine grosse Stimme, die ruft: *„Seht, die Wohnung Gottes bei den Menschen.“* Freunde, das ist es, was wir gesungen, gehofft und geglaubt haben, wofür viele von uns gestorben sind, worauf die Juden durch die Jahrhunderte und die Jahrtausende hindurch in dieser Hoffnung auf Immanuel gewartet haben: *dass Gott wieder unter uns wohnt.*

Nicht nur in einer Hütte, die bedeckt ist mit Ziegenfellen, nicht nur in einem Tempel, wo lediglich ein Einziger in das Allerheiligste hineinkann, nicht nur in diesem Menschen Jesus von Nazareth, in dem wir den Vater gesehen haben und in dem Gott Fleisch geworden ist und unter uns wohnte. Sondern jetzt wirklich wahrhaftig, zum Anfassen, zum Sehen: *„idou – sieh*, die Wohnung Gottes bei den Menschen!“ Und *„er wird bei ihnen wohnen“* – nicht nur diese Jahre in der Stiftshütte, nicht nur diese Jahre im Tempel, nicht nur diese dreiunddreissig Jahre in Jesus, nicht nur diese zweitausend Jahre durch den Geist, sondern jetzt wird Gott leibhaftig in seiner Fülle unter den Menschen wohnen!

Wir spüren, wie es aus Johannes förmlich herausbricht. Die Völker werden mit Gott zusammen sein. Und dann überschlägt sich noch einmal diese Stimme: *„Autos ho theos – Gott selbst wird bei ihnen sein.“* Nicht mehr der Geist, nicht mehr die Engel, nicht mehr einfach die Gegenwart Gottes im Wort und im Lobpreis. *„Autos ho theos“ – Gott selbst“* wird mit ihnen sein! Das gewaltigste „Immanuel“ ereignet sich. Das ist das Finale, wenn Gott wieder unter seinem Volk wohnt – wie im Paradies, wo er in der Abendkühle mit seinen Menschen Adam und Eva, die er nach seinem Bild geschaffen hat, gewandelt ist. Gott wieder unter uns! Gott wieder zum Anfassen! Die Einheit von Gott und Mensch! Gott wieder alles in allem mit den Menschen, mit seiner Schöpfung zusammen!

Gott wischt alle Tränen ab

Und was wird dieser Gott zuerst machen? *„Er wird alle Tränen abwischen von ihren Augen!“* Als wir vor einiger Zeit in Kanada waren, da erlebten wir einen Lobpreis. Ein junger Schwarzer war am Keyboard und hat gespielt. Und er war so ergriffen und hineingenommen in diese Liebe zu seinem Gott, dass ihm die Tränen über die Wangen gelaufen sind. Der Scheinwerfer ist auf diese Tränen gefallen, und plötzlich sah ich diese Tränen als Gold auf seinen Wangen. Ich konnte meine Blicke nicht mehr lösen. Ich wusste, Tränen geweint aus Schmerz, Tränen geweint aus Liebe, Tränen aus dem Leiden um Jesu willen, Tränen der Sehnsucht – das ist Gold für unseren Herrn!

Auch wenn die Braut aus der Brautkammer kommt, wird sie noch Tränen haben – Tränen der Liebe, Tränen der Anbetung, Tränen des Überwältigtseins. Was kann denn diese Braut anders tun, als Tränen zu haben? Als Erstes wird Gott jede Träne aus ihren Augen abwischen. Das heisst: Immanuel, das heisst: Gott unter uns!

Wir staunen, wenn ein *Reinhard Bonnke* an einer „Feuerkonferenz“, wo vielleicht 3000 oder 5000 Pastoren anwesend sind, einen jeden Pastor durch Handauflegung segnet, damit das Feuer des Heiligen Geistes auf ihn fällt. Freunde, zu unserer Braut werden einmal Millionen und Milliarden von Menschen gehören; und Gott wird jedem Einzelnen, den er mit Namen kennt, jede Träne persönlich von seinen Augen abwischen! Das ist Finale!

Das Erste, was dieser Gott tut – und wieder spüren wir dieses Herz Gottes, dieses Vaterherz – ist es, persönlich jedem seine Tränen abzuwischen. Das ist unser Gott! Nicht ein gewaltiges Oratorium zusammen mit den himmlischen Heerscharen, wo dieser Gott nochmal angebetet wird und wir schreien und rufen und danken können, sondern das Erste: Dieser Gott neigt sich über jedes Menschenleben und wischt die Tränen ab!

Kein Tod mehr, kein Leid mehr, kein Schmerz mehr

Wir alle sind gebrannte Kinder. Und wir können uns eine Welt ohne Tod gar nicht mehr vorstellen. Irgendwann schlägt's immer wieder zu! Wir können uns eine Welt ohne Leid, ohne Schmerz, ohne Schreien gar nicht mehr vorstellen. Wir haben uns so daran gewöhnt. Wenn wir es in Prozentzahlen fassen wollen, wo Krankenheilungen oder Totenauferweckungen geschehen, dann kommen wieder diese Fluten, Katastrophen oder Kriege und machen alle diese Zahlen wieder zunichte; und der Tod „grinst". Es ist, als möchte Johannes für uns, die gebrannten Kinder, die wir jetzt vor dieser Vision stehen, vor diesem Gemälde eines neuen Himmels und einer neuen Erde, als möchte er uns zurufen und sagen: „Freunde, es gibt keinen Tod mehr! Freunde, es gibt kein Leid mehr, es gibt keinen Schmerz mehr. Es wird nicht mehr geschrien. Es ist vorbei."

„Siehe, ich mache alles neu!"

Und dann kommt dieses Gewaltige: Zum ersten Mal in diesem Buch der Offenbarung spricht Gott selbst! Zum ersten Mal! Der auf dem Throne sitzt, spricht: *„Siehe, ich mache alles neu."* Das ist das erste Wort, das Gott in diese neue Erde, in diesen neuen Himmel hineinspricht.

Paulus hat bereits im Glauben von dieser Neuschöpfung gesprochen: *„Ist jemand in Christus, so ist er eine neue Kreatur; das Alte ist vergangen, siehe, Neues ist geworden." (2. Kor. 5,17; Luth.)* Wir tragen diese neue Schöpfung in uns, dieses Neue, absolut Brandneue, „was kein Auge gesehen, kein Ohr gehört, in keines Menschen Herz gekommen ist". Dieser innere *neue*

Mensch, den Gott durch seinen Geist in dir und in mir schafft. Aber das ist noch nicht alles. Wer wüsste nicht um die Narben, die wir immer noch von dem Alten her tragen? Menschen, die früher einmal ohne Gott gelebt haben und jetzt noch ihre Tätowierungen tragen, Spuren ihrer Sucht, die eingegraben sind, oder Menschen, die wie ein Jakob hinken. Wie viele Verletzungen, Wunden des Alten sind noch da.

Aber jetzt heisst es: *„Siehe, ich mache alles, alles, alles neu!"* Das ist das erste Wort Gottes über dieser neuen, absolut neuen Schöpfung. Das ist nicht nur eine verbesserte Auflage, wo es dann unter anderen Umständen wieder weitergeht. Das ist absolut neu! Menschenleben in der Gegenwart Gottes, wie wir uns das jetzt nie vorstellen könnten; Völker, wie wir sie uns nie vorstellen könnten; ein Zusammenleben von Menschenkulturen und Prägungen, wie wir es uns nie vorstellen können, weil Gott das jetzt freisetzt.

Das alles ist so unfassbar, so irrational, was hier steht. Wir können ja immer nur von uns aus denken. Wenn ich Christ bin, dann bin ich zufrieden, wenn ich ein bisschen sanftmütiger oder demütiger werde, oder wenn die Menschen sagen, dass dies oder jenes besonders an mir ist. Aber das alles ist ja, solange wir hier leben, immer noch gekoppelt mit dem Fleisch. Aber das Fleisch wird nicht mehr sein, d. h. dieses Versuchliche, Anfechtbare. Es wird absolut neu sein. Alles wird neu werden, alles! Und Gott wird nicht mehr ein Gott sein, den wir immer wieder suchen, den wir immer wieder in dieser Sehnsucht nach seiner Nähe greifen wollen, sondern Gott wird unter uns sein – zum Anfassen für jeden, für die Völker gegenwärtig!

Und darum sagt Gott gleich im nächsten Satz zu Johannes: *„Schreibe!"* Was soll er schreiben? *„Diese Worte sind zuverlässig und wahr."* Schon einmal, als von der Hochzeit des Lammes die Rede war – auch so unfassbar, so irrational –, hiess es: *„Schreibe ... Diese Worte sind wahrhaftige Worte Gottes." (Off. 19,9)*

Es gibt unter uns so eine Sitte oder Unsitte. Wenn wir Dinge erzählen, dann sagen wir manchmal: *„echt!"*. Zum Beispiel:

„Ich war *echt* in drei Stunden auf dem Säntis.“ Oder wenn man dann das noch betonen will: „Also ich lüge nicht, es ist sicher so, echt.“ Und so demütigt sich Gott, der nicht lügen kann, dessen Wort Wahrheit und Geist ist, und sagt nochmal dem Johannes: „Schreib meinen Freunden, schreib meinen Kindern: *Siehe, ich mache alles neu.* Diese meine Worte sind absolut zuverlässig, sie sind wahrhaftig, es gibt nichts daran zu zweifeln, das wird das Finale sein, auf das ihr zugeht.“

Es ist geschehen

Und dann heisst es: *„Es ist geschehen.“* Im Griechischen ist es nur ein einziges Wort: *„gegonan“*. Es ist geschehen! Jetzt ist es durch! Jetzt ist es passiert! Das erinnert an das eine Wort, das Jesus noch am Kreuz gesagt hat: *„Es ist vollbracht!“* Und so wie damals mit diesem einen Wort die Errettung und Erlösung der Menschheit durch das Blut dieses Sohnes in Kraft gesetzt worden ist, ist jetzt durch dieses Schöpferwort Gottes: *„Siehe, ich mache alles neu“,* diese Fülle der Gottheit sichtbar in Kraft gesetzt worden.

Dann heisst es: *„Ich bin das A und das O, der Anfang und das Ende.“* Wir Christen haben ja immer geglaubt, dass Gott der Schöpfer ist; aber jetzt sehen wir auch, dass er das Ende ist, nicht nur der Anfang. Dieses Ende, das sich so lange hinausgezögert hat. Immer wieder sassen andere auf den Thronen und haben dieses Ende für sich in Anspruch genommen; diese Herrscher auf den Thronen, die Hure Babylon, dieses Tier aus dem Abgrund, diese falschen Propheten. Überall haben Menschen das für sich beansprucht: „Wir sind die Letzten!“ Und jetzt sagt Gott: *„gegonan – es ist geschehen.“* Jetzt ist es offenbar: „Ich bin Alpha und Omega. Ich bin der Erste, aber jetzt bin ich auch der Letzte!“ Gott alles in allem!

Lebendiges Wasser für die Durstigen – umsonst

Dann sagt Gott: *„Ich will dem Dürstenden aus dem Quell des Wassers des Lebens geben umsonst."* Dieser Gott hat nichts anderes auf dem Herzen, als jeden Menschen zu tränken, jeden Menschen in seinem Herzen zu stillen, jeden Menschen satt zu machen, damit jeder von uns weiss: „Ich bin angekommen, ich bin jetzt im Vaterhaus. Nichts mehr kann mich aus den Händen dieses Gottes reissen." *„Autos ho theos – Gott selbst"* ist mit uns! Nicht mehr irgendwo weit weg, sondern jetzt unter uns, mit uns! Gott und Mensch zusammen!

„Wer noch Durst hat ..." Wie können sie denn noch Durst haben in der neuen Welt, unter dem neuen Himmel, in der Gegenwart Gottes? Aber es ist, als ob Gott durch die Jahrtausende der Erfahrung geprägt wäre, wo er immer wieder dem Menschen zu trinken gegeben hat, Brot vom Himmel gegeben hat, sich selber in seinem Sohn gegeben hat, uns das Blut seines Sohnes zu trinken gegeben hat, damit wir versöhnt werden mit ihm. Darum sagt er: „Ich will dem, der durstig ist, zu trinken geben aus der Quelle des lebendigen Wassers umsonst!"

Und dieses *„umsonst"* kennen wir schon. Das ist ja das Wesen des Evangeliums. Es war schon das Evangelium bei Jesaja: *„Kommt her und kauft ohne Geld und umsonst Wein und Milch!" (55,1; Luth.)* Und wie viel mehr gilt in dieser neuen Welt: *Umsonst – „dorean",* umsonst, umsonst, umsonst! Gott ist ja unter uns. Es ist, als würde er dem Johannes nochmal sagen: „Sag's ihnen, meinen Freunden, meinen Kindern; allen, die noch diesen Lebensdurst haben, die innerlich schreien, die noch nicht gestillt sind: Ich bin ein Gott, der dem, der Durst hat, zu trinken gibt aus der Quelle des lebendigen Wassers."

Ich hatte kürzlich in der Nacht einen Traum, der mich erschreckte und den ich nicht gleich deuten konnte. Ich sah drei Ziegen in der Wüste, da gab's nur Steine, nur Sand, nur Staub. Und jede dieser drei Ziegen war angebunden mit einem Strick an einem Pfahl, so wie man das ab und zu bei diesen Tieren macht.

Und mein erster und einziger Gedanke war: „Diese Tiere haben nichts zu fressen!“ Ich sah ein Tier, wie es mit seinem Maul Steine aufgehoben hat – und links und rechts flogen die Steine weg –, um etwas Essbares zu finden, nicht nur Staub, nicht nur Mörtel, nicht nur irgendwelche Kieselsteine. Dieses Bild hat so eingeschnitten. Und später las ich wieder: „Sag dem Dürstenden, sag dem Hungrigen: Ich bin ein Gott, der dem Dürstenden Wasser gibt aus der Quelle des lebendigen Wassers. Ich bin ein Gott, der euch satt macht.“

Und dieser Ruf geht an jeden: „Wenn du noch durstig bist, dann komm’, trinke von diesem Gott, iss von diesem Gott.“ Er will nicht, dass wir hungern und dürsten und nach Leben schreien. Er will, dass wir leben und in diese Fülle des Lebens hineinkommen – vielleicht unter Tränen, unter Leid, unter Schmerz und der Sorge im Nacken. Aber wir glauben, dass er „alles neu“ machen wird, dass es keinen Tod mehr geben wird, kein Leid, keinen Schmerz, keinen Schrei.

Wer überwindet …

Es heisst noch: *„Wer überwindet, wird dies ererben.“* Und da schliesst sich wieder ein Kreis. Die Briefe an die sieben Endzeitgemeinden in den ersten Kapiteln der Offenbarung reden ja von diesem „Überwinden“; und hier heisst es noch einmal als Ermutigung für uns: „Bleib dran! Gib jetzt nicht auf! Das Finale steht vor uns.“ Wir wollen dieses Finale sehen. Wir wollen dabei sein. Durch die ständigen Bilder in der Presse und in den Medien haben wir Schmerz und Blut und Meere von Hunger und all das mitbekommen, aber jetzt wollen wir das Finale nach diesem Blutbad und nach diesen Tränen sehen. Wir wollen diesen Gott sehen, der jedem – den Juden, den Palästinensern, den Leuten aus dem Irak, Iran, von Südafrika, von Südamerika, von Taiwan, von Nepal, von Tibet, von überall wo auch immer – diese Tränen abwischt. Das wollen wir sehen, wir wollen zu diesem Finale kommen!

Am „Hals des Vaters“

Freunde, es war düster genug. Aber jetzt wird es grün. Und Grün ist die Hoffnung! Und wir wollen als Menschen mit erhobenem Haupt, die eine lebendige Hoffnung haben, durchgehen und überwinden. Das lohnt sich. Gott sagt dir: „Ich werde dein Gott sein. Und du wirst mir Tochter sein, du wirst mir Sohn sein.“ Können wir hören, was in diesem Wort mitschwingt? „Du, du, du wirst mir Sohn sein, du, du, du wirst mir Tochter sein.“ Spüren wir die Liebe? Spüren wir, was da von diesem Gottesherzen mitschwingt, wenn er dich endlich in die Arme nehmen kann? Darum spricht Johannes gar nicht von der neuen Erde. *Das absolute Finale, das ist Gott unter uns, die Gegenwart Gottes, eben seine Herrlichkeit unter uns!*

Als der Vater des berühmten Theologieprofessors Adolf Schlatter im Sterben war, haben sie ihm ein Lied von den goldenen Gassen gesungen. Da hat dieser alte, sterbende Mann gesagt: „Geht mir weg mit diesem Plunder. *Mir genügt es, wenn ich dem Vater am Hals hängen kann.“* Mir genügt es, wenn ich diesem Gott Sohn sein kann, das ist die neue Welt, der neue Himmel! Das ist das absolut Neue, das ist das Finale, wenn ich meinem Vater am Hals hänge, wenn er mir die Tränen abwischt, wenn er wieder Gott ist, wenn wir wieder sein Volk und seine Völker sind.

Es gilt, jetzt zu diesem Gott zu stehen

Freunde, was für eine Aussicht. Was für eine Vision. Wollen wir nicht durchhalten? Wollen wir nicht heute wieder den Entschluss fassen, diesen Marathon anzutreten? Manchmal mag man nicht mehr, aber dann heisst es: „Wieder aufstehen!“ Nicht einfach, weil wir Jüngerinnen und Jünger sind, sondern um dieser Vision willen, weil wir dieses Ziel um jeden Preis erreichen wollen. Da wollen wir dabei sein.

Und darum gilt es auch, jetzt zu diesem Gott zu stehen. So

wie eine junge Frau, die jetzt eine Ausbildung antritt, mir gesagt hat: „Ich will, dass nach der ersten Woche alle in meiner Klasse wissen, dass ich Christ bin.“ Wir können nicht mehr Monate und Jahre warten, bis uns irgendeiner dabei ertappt, dass wir vielleicht in eine Freikirche gehen. Wenn du eine neue Stelle antrittst oder bereits wenn du dich bewirbst, sag es klar, dass du einen Gott hast. Wir können nicht mehr hin und her wanken, sondern es gilt, jetzt zu diesem Gott zu stehen, weil er zu uns steht.

Er steht zu uns in aller Schwachheit, in aller Gebrochenheit, in aller Hilflosigkeit. Dieser Gott steht zu uns! *„Er hat sich nicht geschämt“,* sagt der Hebräerbrief, *„uns Brüder zu nennen“ (nach 2,11).* Jesus hat sich nicht geschämt, diesem Gehenkten, der neben ihm am Kreuz hing, diesem Dieb und Mörder, zu sagen: *„Heute wirst du mit mir im Paradiese sein.“ (Luk. 23,43)*

Gott steht zu dir, er schaut nur dein Herz an. Du musst nicht ein supergeistlicher Mensch sein. Das beeindruckt Gott nicht. Gott beeindruckt nur ein Herz, das ihn liebt. Und da gibt's noch viele Ecken und Kanten und Löcher, und es gibt noch viele Anfechtungen, aber solange du diesen Gott liebst, ist alles in Ordnung. Wir haben Gott zu lieben von ganzem Herzen und uns zu diesem Gott zu stellen – und dann werden wir in diesem Finale mit dabei sein.

Gebet

Jesus, ich glaube, wir gehen jetzt auf dieses Finale zu. Die Zeit läuft, und wir spüren, wie alles viel schneller, viel intensiver geht, viel rascher kommt. Und wir spüren, wir müssen wach sein, wir können nicht mehr schlafen. Wir müssen geistesgegenwärtig sein, d. h. voll Geistes, damit wir wach sind für die richtigen Worte und nicht ständig erst im Nachhinein wissen, was wir hätten sagen sollen.

Und wir stehen vor dir und wir danken dir, Vater, dass du diesen Entscheid siehst, den Entscheid, dass wir aufstehen wollen, dass du uns noch einmal mit Kraft und Mut erfüllen kannst, dass du Türen auftust, Blockaden wegnimmst und Schlösser sprengst, wo wir noch unter Prägungen sind, auch von Generationen und Vorbildern. Wo wir vielleicht erzogen worden sind, wir sollen schweigen, uns besser nicht einmischen, wegsehen.

Vater, wir stehen da und wir sagen: Wir wollen noch einmal Menschen sein, die zu dir stehen. Nicht zuerst zu Kirchen oder Gemeinden oder zu Dogmen, sondern zu dir und sagen: „Es gibt einen Gott, und ich habe ihn erfahren. Und er wohnt in mir durch seinen Geist, und ich wüsste nicht wohin, wenn ich diesen Gott nicht hätte." Einfach als ein schlichtes Zeugnis.

Geist Gottes, komm uns zu Hilfe. Wir legen diese Feigheit ab, diese mangelnde Zivilcourage, auch diese Trägheit, wo wir denken, das müssten andere tun.

Vater, es sind nicht mehr die anderen. Wir sind deine Söhne und Töchter. Du sagst: „Der, der zu mir steht, wird mir Sohn sein, wird mir Tochter sein." Und im Namen und in der Autorität Jesu Christi breche ich diese Macht von Feigheit. Ich sage diesem Geist von Feigheit, von Verführung zur Lüge: „Weiche, weiche, geh weg von diesem Volk. Wir sind Menschen der Wahrheit, und wir lieben die Wahrheit, und auch da, wo wir wieder verleugnen und schwach werden, stehen wir wieder auf. Und wir ziehen den neuen Menschen Jesus in uns an und sagen: „Wir lieben die Wahrheit. Wir wollen diese Wahrheit aussprechen, weil die Wahrheit frei macht."

Komm, Geist Gottes, mit grosser Ermutigung, wenn wir zu dieser Wahrheit stehen. Wenn wir zu dir stehen, Gott, dann lass uns erfahren, dass Menschen nicht nur lachen oder witzeln, sondern dass sie plötzlich Respekt bekommen, dass sie plötzlich eine Achtung vor uns bekommen und sagen: „Dieser Mensch steht zu dem, was er denkt und sagt."

Vater, lass uns das erleben. Ermutige uns, komm auch mit Freude auf uns! Vater, das ist die beste Visitenkarte, wenn wir uns an dir freuen. Und wie sollten wir uns nicht freuen über einen Gott, der alles neu machen wird!

Ich danke dir, Geist Gottes. Füll uns, berühre einen jeden mit diesem Geist von Freimut. Mut, frei zu sein, nicht mehr zu den-

ken, was Menschen denken, nicht mehr von Menschen abhängig zu sein, sich nicht mehr zu fürchten.

Geist Gottes, du bist dieser Geist von Freimut, berühre unseren Geist, berühre unsere Herzen, verschliess diese alten Türen. Und ich danke dir, dass wir im Glauben, in der Freude an dir jetzt diese Schritte gehen dürfen, einen Schritt um den anderen, und dass du uns dabei hilfst und dass du uns wie dem Johannes auch immer wieder diese Worte in Erinnerung rufst. Und dass du uns immer wieder sagst: „Meine Worte sind wahr, sie sind zuverlässig."

Ich segne dich, Volk Gottes, geliebtes Volk Gottes, du teures Volk Gottes, erwähltes Volk Gottes, berufen, Zeuge zu sein für diesen gewaltigen Gott, Spiegel seiner Herrlichkeit zu sein. Ich segne dich, Volk Gottes, und du wirst einmal sein Volk sein. Hallelujah. Und Gott in unserer Mitte! Hallelujah. Er selbst, Gott mit uns! Hallelujah! Amen

Kapitel 20

Die Stadt Gottes

Vom himmlischen Jerusalem
Offenbarung 21,9-27

Und es kam einer von den sieben Engeln, die die sieben Schalen voll der sieben letzten Plagen [gehabt] hatten, und redete mit mir und sprach: Komm, ich will dir die Braut, das Weib des Lammes, zeigen! Und er entrückte mich im Geist auf einen grossen und hohen Berg und zeigte mir die heilige Stadt Jerusalem, wie sie von Gott her aus dem Himmel herabkam im Besitz der Herrlichkeit Gottes.

Ihre Leuchte ist gleich dem kostbarsten Edelstein, wie ein kristallheller Jaspis. Sie hat eine grosse und hohe Mauer, sie hat zwölf Tore und auf den Toren zwölf Engel, und Namen [sind] angeschrieben, die die [Namen] der zwölf Stämme der Söhne Israels sind; im Osten drei Tore und im Norden drei Tore und im Süden drei Tore und im Westen drei Tore. Und die Mauer der Stadt hat zwölf Grundsteine und auf ihnen die zwölf Namen der zwölf Apostel des Lammes. Und der (Engel, der) *mit mir redete, hatte als Messstab ein goldenes Rohr, um die Stadt und ihre Tore und ihre Mauer zu messen.*

Und die Stadt bildete ein Viereck, und ihre Länge ist so gross wie ihre Breite. Und er mass die Stadt mit dem Rohr [und bestimmte ihr Mass] auf zwölftausend Stadien; ihre Länge und Breite und Höhe sind gleich. Und er mass ihre Mauer: 144 Ellen nach Menschenmass, das [auch] Engelmass ist. Und ihre Mauer ist aus Jaspis gebaut, und die Stadt ist reines Gold gleich reinem Glas. Die Grundsteine der Mauer der Stadt sind aus Edelsteinen jeder Art köstlich bereitet; der erste Grundstein ist ein Jaspis, der zweite ein Saphir, der dritte ein Chalzedon, der vierte ein Smaragd, der fünfte ein Sardonyx, der sechste ein Karneol, der siebente ein Chrysolith, der achte ein Beryll, der neunte ein Topas, der zehnte ein Chrysopras, der elfte ein Hyazinth, der zwölfte ein Amethyst.

Und die zwölf Tore waren zwölf Perlen; je eins der Tore bestand aus einer einzigen Perle. Und die Strasse der Stadt war reines Gold, wie durchsichtiges Glas. Und einen Tempel sah ich nicht in ihr; denn der Herr, der allmächtige Gott, ist ihr Tempel, und das Lamm. Und die Stadt bedarf nicht der Sonne noch des Mondes, dass sie ihr scheinen, denn der Lichtglanz Gottes erleuchtete sie, und ihre Leuchte ist das Lamm.

Und die Völker werden in ihrem Lichte wandeln, und die Könige der Erde bringen ihre Herrlichkeit in sie. Und ihre Tore werden nicht geschlossen werden am Tage – denn dort wird es keine Nacht [mehr] geben – und man wird die Herrlichkeit und die Pracht der Völker in sie bringen.

Und nicht wird irgendetwas Unreines in sie eingehen, noch wer Greuel und Lüge übt, sondern nur die, welche im Lebensbuch des Lammes geschrieben stehen. (Off. 21,9-27)

Die Braut Jesu – in Gestalt einer Stadt

Die Braut, die der Engel hier dem Seher Johannes zeigt, wird nicht als eine Frau dargestellt, wie wir es kennen und es uns immer wieder ausmalen. Die Bibel gebraucht ja oft unterschiedliche Bilder, um die verschiedenen Seiten einer Wahrheit auszudrücken. Hier wird die Braut dargestellt als eine Stadt – und da schlägt mein Herz!

Das *„Weib des Lammes"* ist *ein* zentraler Aspekt der Braut Jesu. Aber das Bild der *„Stadt"* zeigt nochmals einen *anderen* Aspekt der Braut auf. Eine „Stadt" bedeutet das Vielfältige; etwas, das wir nicht mehr überblicken können, mit allen Überraschungen, bei denen wir nie auslernen. Die Braut Jesu Christi ist gleich dieser Stadt, in der wir nichts mehr im Griff haben.

Wir möchten gerne das Dorf, das überschaubare Ghetto; die Braut aber ist die Stadt! Und Jesus sagt: „Ich habe noch andere Schafe, die nicht aus diesem Stall sind, die gehören auch zu dieser Stadt." Und in dieser Stadt gibt es auch Stadtteile und Verbindungen quer hindurch.

Ein Herz für die Städte

Wenn ich durch eine Stadt gehe, dann schlägt mein Herz. Ich liebe Städte leidenschaftlich. Ich komme zwar vom Lande, und grün ist schön, und Bäume und Wälder mag ich auch – aber zu Hause bin ich in der Stadt. Als ich fünf Jahre in einer Gemeinde in *Frankfurt a. M.* war, habe ich diese Stadt geliebt. Es war für mich eine Stadt ähnlich dem Jerusalem Gottes – Frankfurt wurde ja das kleine Jerusalem genannt, weil so viele Juden darin gewohnt haben. In Frankfurt war auch *Philipp Jakob Spener*, dieser gewaltige Mann, ein Bahnbrecher der Erneuerung des Leibes Jesu.

Mein Herz war immer voll, wenn ich durch diese Stadt gegangen bin. Dort, wo sie mit Blaulicht und Sirenen rasen, wo die Coca-Cola Dosen herumliegen, wo ich eine Schulklasse im

Religionsunterricht hatte, die die Beine auf den Bänken hatte, vor sich ihre Zwischenverpflegung, und in der ich quasi mit Megafon schreien musste, damit sie mich verstanden; in einer Stadt, wo die Libanesen mit der Frankfurter Zeitung an den Kreuzungen in diesen Abgasen stehen – da ist mir wohl. Da ist Reich Gottes, da spüre ich die Welt, da bin ich am Puls. Die Städte Gottes, die noch dieses „Kainszeichen" tragen, weil Kain die Städte gegründet hat, das sind die Städte, die gewaschen wurden mit den Tränen Jesu Christi. Und Jesus hat über die Städte geweint.

Auf den Städten liegt heute ein ganz grosser Segen, und wenn die Amerikaner sagen: „Die Erweckung wird in Berlin und in London losgehen", dann heisst das auch, dass Gott heute immer noch die Städte meint. Durch Städte kann man nur noch betend gehen, durch Städte kann man nur noch segnend gehen, durch Städte kann man nur mit der Leidenschaft Jesu Christi gehen. Durch Städte kann man nur gehen, wenn man über Städte weint. Durch Städte kann man nur mit einer Vision vom Reich Gottes gehen. Und als ich die Jahre in Frankfurt war, war das für mich jedesmal bewegend, am Schluss des Gottesdienstes den Segen über die Stadt Frankfurt herabzubeten – eine Stadt zu segnen, über eine Stadt zu weinen, zu wissen, eine Stadt ist Bild der Braut Jesu Christi!

„Unsere Städte für Gott gewinnen", wie es ein Buch mit diesem Titel von *John Dawson* gibt, das ist Vision vom Reich Gottes. Gott ist ein Gott, der den Einzelnen liebt und sucht. Aber er ist gleichzeitig dieser Gott, der sich ein Volk sammelt und dieses Volk als Ganzes sieht. Und wir müssen uns daran gewöhnen, dass wir einmal ein ganzes Volk sein werden. Nicht mehr diese vielen Einzelnen, die getrennt sind voneinander, oder die verschiedenen Gemeinden, Kirchen, die getrennt sind voneinander, sondern wir werden eine einzige Braut darstellen!

Wir werden dann wieder einmal diese Ganzheit sein, *dieses eine Jerusalem*, auch wenn es viele, viele Völker sind. Aber Jerusalem steht für diesen einen Geist, für diese eine Seele, für dieses Gesamte, mit dem wir unseren Gott anbeten.

Warum so viel Gold und Edelsteine?

Vielleicht ist es etwas verwirrend, dass im Blick auf diese Stadt Gottes so viel von Edelsteinen und Gold die Rede ist. Früher hat man das ganz wörtlich genommen und hat die goldenen Gassen besungen, dieses Leuchten und Blinken der Edelsteine wie Jaspis, Topas, Amethyst und was immer da aufgeführt ist. Lassen wir uns davon nicht ablenken! Es geht jetzt nicht um Schmuckwaren, sondern es geht um etwas völlig anderes.

Das sind auch wieder Bilder, und es geht nicht um die goldenen Strassen. Davon können wir nicht leben. Wir glauben nicht an goldene Strassen in Jerusalem, so wenig wir an den goldenen Schein in dieser Stadt glauben. Es geht nicht um Gold, es geht nicht um Schmuckstücke. Es geht vielmehr um das Lamm, und es geht um die Braut! Das Gold und die Edelsteine sind ja nur ein Versuch, etwas von dem Wesenhaften darzustellen, das diese Stadt, diese Braut, einmal bedeuten wird. Und da sind wir überwältigt!

Die Herrlichkeit der Braut

Hier wird von der Herrlichkeit der Braut erzählt! Dieses himmlische Jerusalem, diese neue Stadt, das sind wir! Das, was da so funkelt wie reines Gold, das sind wir! Diese Grundsteine, die aus den Edelsteinen mit den Namen der Apostel darauf gemacht sind, das sind wir! Diese Tore, die aus den Perlen gefertigt sind, das sind wir! Das wird einmal das Wesen und der Charakter der Braut sein!

Vor kurzem war ich an einer Trauung und konnte im Haus der Braut „live“ miterleben, was Brautsein bedeutet. Ich kenne diese junge Frau schon lange, aber als sie dann in ihrer Kammer zurechtgemacht worden war und herauskam …! Es war nur eine Viereinhalb-Zimmer-Wohnung, aber diese Braut hat sämtliche Zimmer mit ihrem Riesenrock gefüllt! Ich kann das gar nicht alles beschreiben, es war überwältigend. Das ist das Wesen der

Braut. Das Schönste ist immer die Braut! Der Bräutigam sass dann vorne in der Kirche auf dem Stuhl. Er war auch schön angezogen, und er schielte immer nach hinten, ob sie jetzt komme. Und dann erschien sie an der Hand ihres Vaters. Und erst dann, als die Braut erschien, kam die Herrlichkeit und der Glanz.

So wird es sein, wenn die Braut auf die Erde herabkommt. Wir sind diese Braut, und der Bräutigam ist das Lamm. Stellen wir uns das einmal vor: Wir reden von Christus als diesem hellen Morgenstern, dem König der Könige, dem Herrn der Herren und dem, der mit dem scharlachroten Kleid, wie in Blut getaucht, auf dem weissen Pferd reitet, mit den vielen Kronen. Oder wir stellen uns Christus vor, wie ihn Johannes im ersten Kapitel gesehen hat: mit diesem Rauschen der Stimme wie viele Wasserfälle, mit diesen feuerlodernden Augen, mit diesem schneeweissen Haar, mit diesen glühenden Füssen. Und jetzt? Ausgerechnet an dieser Hochzeit kommt nicht der gewaltige Sohn Gottes, die Mitte des Universums, in dem alles zusammengefasst ist im Himmel und auf Erden, sondern da steht das *Lamm*.

Der Glanz des Lammes

Da steht das Lamm, wir sind die herrliche Braut und, wie es heisst, *„echusan ten doxan tou theou – im Besitz der Herrlichkeit Gottes“*. Wir in dieser Herrlichkeit Gottes „heiraten“ ein Lamm! Es ist die Hochzeit des Lammes, unvorstellbar!

Wenn wir mit dieser Herrlichkeit kommen und vor dem Lamm stehen, wie wird das noch einmal sein! Das Lamm trägt in sich einen ganz eigenen Glanz, den man nicht in Worte fassen kann. Es heisst hier: „In dieser Stadt, in dieser Welt, wird die Leuchte das Lamm sein.“ Das Lamm hat so einen Glanz, dass die ganze Welt erleuchtet werden wird und keine Sonne und kein Mond mehr nötig sein werden. Das ist die ganz besondere Herrlichkeit der Lammesnatur – ein unwahrscheinliches Licht und ein Glanz.

Die „verborgene" Herrlichkeit

Wir können das kaum glauben. Wir kommen ja alle aus Familien oder vielleicht aus Hausgruppen, Hauskreisen oder wo auch immer. Und wir wissen doch, wie wenig Glanz oft anzutreffen ist und wie schwer es in diesen Gemeinden und Gruppierungen ist.

Und da noch den Glauben und die Hoffnung zu haben, dass wir einmal in der Herrlichkeit Gottes sein werden, die Katholiken, die Reformierten, die Pfingstler, die Chrischonaleute – alle mit dieser Herrlichkeit Gottes, wenn wir zusammen die eine Braut sind? Diese Herrlichkeit ist nicht eine Herrlichkeit, die hier geschieht. Das ist eine verborgene Herrlichkeit. Es heisst bei Paulus im Kolosserbrief, dass unser Leben *„mit Christus in Gott verborgen ist" (3,3)*. Je älter ich werde, desto mehr entdecke ich diese verborgene Herrlichkeit des Leibes Jesu.

Wie oft lächeln wir über Menschen, die sich in christlichen Kreisen manchmal etwas merkwürdig bewegen. Aber je älter ich werde, desto mehr entdecke ich hinter all dem die Herrlichkeit, die Schönheit der Braut. Jesus besass die Fähigkeit, diese verborgene Herrlichkeit zu sehen. Genauso sieht uns auch der Vater im Himmel. Wir können oft gar nicht glauben, dass der Vater sich über uns freut. Wir haben doch ständig den Eindruck, er ist unzufrieden mit den Katholiken, er ist unzufrieden mit den Reformierten, er ist unzufrieden mit den Gemeinden, so wie sie sind. Aber dieser Vater im Himmel sieht die verborgene Herrlichkeit. Es gibt so viel verborgene Herrlichkeit, Herrlichkeit in Niedrigkeit. Es ist eine Herrlichkeit, die durch Tränen hindurch zu diesem Glanz gekommen ist. Herrlichkeit wird nur durch Tränen hindurch geboren! Nur durch Tränen und Zerbruch. Das ist die verborgene Herrlichkeit, und oft entdecken wir sie erst viel, viel später.

Neue Augen für das „verborgene Paradies“

Wie jener junge Mann in *Wolfgang Borcherts* kleiner Erzählung mit dem Titel „Die Küchenuhr“. Im zerbombten Deutschland geht ein abgewrackter junger Mann mit einer Küchenuhr in der Hand zu einem Paar, das auf einer Bank in einem Park sitzt, und hält ihm die Uhr hin. Er beginnt zu erzählen und sagt: „Seht mal diese Uhr! Um halb drei ist sie stehen geblieben. Ich habe sie in den Trümmern gefunden, und ausgerechnet um halb drei ist sie stehen geblieben. Wissen Sie, was um halb drei geschah? Da kam ich in der Regel nach Hause. Ich konnte die Treppe noch so leise hinaufsteigen, die Mutter kam immer. Verschlafen blinzelnd, mit blossen Füssen stand sie in der Küche und wärmte Essen auf für mich. Und dann sass sie auf dem Taburett neben mir und hat die Füsse aneinander gescheuert, weil sie fror. Und wenn ich dann im Bett lag, hörte ich, wie sie noch das Geschirr abräumte und spülte.“ Und dann sagte dieser Junge: „Und heute weiss ich, das war das Paradies!“

Man muss das Paradies und die Herrlichkeit sehen. Da war eine Mutter, die kam mit dem zerknüllten Nachthemd, und es roch nach Schlaf. Jeder weiss ja, wie man aussieht, wenn man nicht frisiert ist und einem die Strähnen ins Gesicht hängen und die Augen blinzeln, weil die Birne sie blendet. Und die blossen Füsse mit den Hühneraugen und dieses schweigende Dasitzen. Und der Junge sagt: „Um halb drei ist die Uhr stehen geblieben. Das ist für mich das Grösste, das Gewaltigste, das ich in diesen Trümmern gefunden habe. Es erinnert mich daran, dass es damals das Paradies war – eine solche Mutter!“

Vieles stinkt in dieser Welt, auch unter uns Christen. Vieles kommt barfuss und mit deformierten Füssen daher, und vieles ist unansehnlich. Aber vielleicht realisieren wir erst später, das ist das Paradies. Das war das Paradies, dass wir diese oder jene Menschen unter uns gehabt haben. Ich entdecke immer mehr diese verborgene Herrlichkeit. Und man kann durch alle Kirchen gehen, in jeder Kirche ist diese verborgene Herrlichkeit.

Ist das nicht wunderbar: diese *dreizehn Konfirmanden*, die wir hier im Gottesdienst erlebt haben – aus einer Kirche, die offiziell manchmal „neben den Schuhen steht“ und Gottes Ordnungen missachtet, einer Kirche, die offiziell für die vorgeschlagene Abtreibungslösung plädiert hat. Auch in dieser Kirche ist diese verborgene Herrlichkeit. Auch in der katholischen Kirche ist die verborgene Herrlichkeit. Und wir starren immer wieder auf die Fehler. Wir starren auf die Schwachseiten, auf das unmöglich Scheinende, auf festgefahrene Fronten, statt dass wir mit erleuchteten Augen des Geistes dieses Verborgene sehen.

Die Herrlichkeit kommt

Aber die Herrlichkeit kommt, und sie wird auch immer sichtbarer. Warum wohl greifen die Medien die *ICF-Kirche* in Zürich so intensiv an? Warum? Weil dort der Glanz der Liebe sichtbar wird, weil dort Menschen sind wie eine *Jeanette Meier* oder ein *Claudio Minder* (ein ehemaliger *Mister Schweiz),* die gesagt haben: „Kein Sex mehr vor der Ehe.“ Da wird Glanz sichtbar, Glanz einer Ehe, Glanz von dem, was Liebe effektiv heisst, dass man um der Liebe willen verzichten kann. Diesen Glanz will man kaputtmachen, weil es nicht ins Weltbild passt, wenn Liebe plötzlich wieder etwas Attraktives wird und nicht einfach so ein Wegwerfartikel ist, wo man sich jedem an den Hals wirft. Wenn Ehe wieder attraktiv wird ...! Bei der erwähnten Hochzeit habe ich zwei Trauversprechen von zwei jungen Menschen gehört, die einander ihr Ja-Wort gegeben haben. Sie haben die Ehe als diese gewaltige Ordnung Gottes gesehen, als diesen Glanz, als diese Herrlichkeit, welche die Ehe in allen Tränen, in allem Zerbruch ist. Ehe ist eine Herrlichkeit! Unter Tränen!

Ich propagiere nicht die Idealehe. Die gibt es überhaupt nicht. Ich propagiere eine Ehe, die auf dem Fundament von Wahrheit und Gnade aufgebaut wird und die davon lebt, dass man sich zwar verletzt, aber einander wieder vergibt. Aber die Ehe hat einen Glanz, und davor fürchten sich die Menschen, wenn dieser

Glanz wieder zu leuchten beginnt wie ein Jaspis und wenn Menschen wieder durchsichtig werden, klar wie Wasser.

Der Heilige Geist brütet wieder über den Ehen; und wir werden heulen, wenn wir diese Herrlichkeit in den Ehen sehen werden. Bei meiner Ansprache neulich konnte ich erst gar nicht beginnen, weil das, was meine Augen, mein Geist und mein Herz gesehen, gespürt und gehört haben, so gewaltig war! Und das gilt auch für Freundschaften. Gott schafft heute wieder Freundschaften, die einen Glanz haben, eine Herrlichkeit sind. Gott schafft auch wieder Familien mit diesem Glanz!

Kürzlich war ich in Jerusalem bei einer Familie eingeladen. Diese meine Freunde haben so „aufgestengelte" Teenies mit wilden Mähnen, vor denen du dich fürchten würdest, wenn du ihnen nachts auf der Strasse begegnest. Und da hockten sie um den Tisch, und aus ihrem Mund kam das Wort: „Vati!" Da war eine Herrlichkeit über diesem Tisch, die kaum zu fassen war. Wie bringst du das zusammen? All das Aufmüpfische, Rebellische, das auch im Leben eines solchen Jungen drin ist, der jetzt mit seinem Willen vorangehen und die Grenzen suchen muss, und gleichzeitig diese tiefe Ehrfurcht und Liebe: „Vati." Die Herrlichkeit kommt, sie kommt.

Geistliche Stadtmauern

Das, was von dieser Stadt gesagt ist, das ist Gemeinde Jesu. Die Mauern sind nicht einfach Mauern einer Stadt, sondern diese Mauern sind aus Jaspis, durchsichtig wie Kristall. Und das bedeutet: Das sind wir, in uns sind Mauern aufgebaut. Nicht Mauern des Stolzes, weil wir uns besser fühlen als andere und auf sie hinabsehen, sondern Mauern gegen das Böse, gegen die Sünde, gegen das, was Gott verletzt. Mauern, die verhindern, dass jeder einfach in unser Leben „reinlatschen" kann und jeder Film einfach seinen ganzen Schrott in uns deponieren kann. Das sind die Mauern, die wir um Jesu willen bilden! Es sind Mauern in uns, die uns nicht trennen von den anderen Menschen. Sie sind durchsichtig, und jeder kann in unser Herz hineinsehen, aber sie trennen uns vom Bösen, von diesen faulen Kompromissen, wo wir sagen können: „Nicht mit mir."

Geistliche Tore

Und dann überall diese Tore! Gemeinden sind per Definition Gemeinden, die Tore haben. Und es sind zwölf Tore in der Vollzahl. Das bedeutet: nicht einfach tolerant zu sein und zu sagen: „Kommt alle herein", sondern es bedeutet, dass über diesen Toren Engel sind. Und diese Tore haben Namen von den Stämmen, und jedes dieser Tore ist für eine ganz bestimmte Gruppe von Menschen bestimmt, die durch dieses Tor hineinkommen sollen. Eine katholische, eine reformierte oder eine orthodoxe Kirche wird andere Menschen ansprechen als eine Freikirche oder die Vineyard-Gemeinde oder die ICF-Kirche – das ist völlig gleichgültig, aber es sind alles Tore!

Und über diesen Toren die Engel und an diesen Toren die Namen der Stämme Israels. Wirkliche Tore hat man nur, wenn man durch die Tränen und die Trübsal gegangen ist. Da, wo wir uns noch abschotten gegen aussen, gegen andere Kirchen, andere Gemeinden, da sind wir noch nicht zerbrochen worden. Darum sind diese Tore aus einer einzigen Perle gebaut. Die Perlen entstehen in den Muscheln unter Druck. Und wie viel Druck brauchte es in meinem Herzen, damit diese Tore immer und immer wieder geöffnet wurden. Das wird nur unter Tränen geboren. Aber wir werden alle noch sehen, dass es zwölf Tore sind – zwölf ist die Vollzahl – und dass durch diese Tore hinein dann Völker und Könige kommen können.

Es ist wichtig, dass ausgerechnet einer der Engel, die die Zornesschalen getragen haben, sagt: „Komm, ich zeige dir jetzt die Braut in ihrer Herrlichkeit." Wir können es doch kaum glauben, dass die Braut herrlich ist. Jesus ist herrlich, Gott ist herrlich, die Engel sind herrlich, der Himmel ist herrlich – aber es heisst: „Die Braut ist herrlich." Dieser Engel steht sozusagen für unser

Herz, das uns immer wieder verurteilt. Ausgerechnet dieser Engel zeigt die Braut, die mit der Herrlichkeit Gottes kommt.

Keine Kirche mehr

Zum Schluss kommt noch eine Überraschung. Als Profichristen suchen wir ja zuerst immer die Kirche oder den Kirchturm in einer anständigen Stadt, es sei denn, man kommt aus einem Land, in dem keine Kirchen gebaut worden sind. Aber die Missionare haben ja immer zuerst Kirchen gebaut, weil eine Kirche einfach zu einem „anständigen" Christsein gehört.

Johannes stellt fest, dass es in dieser heiligen Stadt Jerusalem keine Kirche, keinen Tempel mehr gibt! Als ich zum ersten Mal in die Vereinigten Staaten kam, hatte ich grausame Entzugserscheinungen, weil dort keine Kirchenglocken läuteten – „déformation professionelle". Für mich gehörten Kirchenglocken zum Reich Gottes und selbstverständlich Kirchtürme, auf denen man auch die Zeit ablesen konnte, ebenso die Orgel, der Taufstein, der Altar – alles gehörte dazu.

Und in dieser neuen Stadt Gottes gibt es jetzt keine Kirche, keinen Tempel mehr; auch keine Vereinshäuser, keine Kapellen, nicht einmal wunderschöne Fabrikhallen, die mit Plexiglaskanzeln und schmissigen Audioanlagen versehen sind. Nichts, gar nichts! Was ist das für ein Leben ohne Kirchen, ohne Kanzeln, ohne all das? Nur Gott und wir! Wir brauchen keine Kirchen mehr. Jetzt ist Gott in unserer Mitte. Die Heirat ist geschehen. Wir und das Lamm, wir sind zusammen. Nur noch Gott und wir. Stellen wir uns das einmal vor! Die Kirche ist immer noch ein gewisser Schutz, da gibt es Bänke, und dann kann man sich hinten hinsetzen. Oder man kann auch zuhinterst, verdeckt von der Klapptüre, stehen und mithören oder eine Kassette kaufen. Aber jetzt gibt es nur noch Gott und uns! Gewaltig!

Das Lamm ist die Leuchte

Und es wird auch nicht mehr Sonne und Mond geben. Das ist verrückter als Kopernikus, der gesagt hat: „Die Sonne dreht sich nicht um die Erde, sondern die Erde dreht sich um die Sonne.“ Er wäre fast verbrannt worden. Und jetzt gibt es keine Sonne mehr. Um was soll sich die Erde drehen? Woher kommt das Leben? Es braucht keine Sonne mehr, keinen Mond mehr, damit man in Mondnächten Bohnen setzen kann. Es ist alles vorbei. Die Mitte ist Gott!

Und es wird sich alles nur noch um Gott drehen und um das Lamm! Die ganze Natur wird sich darauf einstellen. Alles dreht sich um Gott, und jetzt ist das Leben in der Mitte. Das Leben muss nicht mehr künstlich, ersatzweise durch die Sonne kommen, sondern das Leben ist jetzt gegenwärtig im Lamm und in Gott. Er ist jetzt unter uns das Leben! Es ist gewaltig.

Und jetzt können die Völker im Lichte dieses Lammes und im Lichte Gottes wandeln. Was wird das einmal sein! Das ist kein geschlossener Club mehr, wo wir nur in einer Stadt drin sitzen und die Engel auf den Toren Wache halten. Sondern die Völker werden in diesem Lichte wandeln, nicht mehr verführt vom Satan. Und es wird die Herrlichkeit, der Glanz, die Ehre und die Würde dieser Völker sein, in die Stadt hineinzukommen zur Ehre dieses Gottes.

Das sind Perspektiven, von denen wir kaum eine Ahnung haben. Wir können nur mit Furcht und Zittern und in dieser Hoffnung sagen: „Gott, lass es geschehen.“

Die Grundsteine der Apostel und Propheten

So wie auf den Toren der Sadt die Namen der Stämme Israels stehen, so sind die Fundamentsteine beschriftet mit den Namen der zwölf Apostel des Lammes. Diese Grundsteine, das sind die Apostel und die Propheten. Paulus hat das ganz klar gesagt: Die Gemeinde ist *„aufgebaut auf dem Grund der Apostel und der*

Propheten“ (Eph. 2,20). In unserem Kapitel der Offenbarung werden nur „die Apostel“ genannt; aber zu den Aposteln gehören immer auch Propheten..

Ich glaube, dass diese Grundsteine „Apostel wie du und ich“ waren, auch mit allen Ecken, Beschränkungen, Grenzen, Schwächen und Schuldhaftigkeiten. Es gibt nur solche Apostel. Wenn man an Paulus denkt, wie der „ausrasten“ konnte, als Jakobus und seine Leute von Jerusalem her Übergriffe in seine erweckten Gemeinden machten! Oder wie Petrus schwach wurde und sich mit den Judenchristen doch wieder vom gemeinsamen Essen mit den Heidenchristen zurückzog! Es gibt nur menschliche Apostel.

Aber auch da gilt diese verborgene Herrlichkeit. Jeder dieser Grundsteine ist ein Edelstein. Wir müssen noch dahin kommen, dass wir diese Grundsteine, die Gott gesetzt hat, ehren und achten. Es ist jedesmal so ein Schmerz in mir, wenn Freunde sich über ihre Pastoren oder ihre Pfarrerinnen und Pfarrer beklagen. Ich weiss, das ist oft ein Leiden, das ist oft Schmerz, das ist oft grausame Hungersnot, wenn Leute weit fahren müssen, um wieder Brot zu bekommen und genährt zu werden. Ich mache dieses Leiden nicht klein und ich will das auch nicht schönreden. Aber wir sind Überwinder, wir müssen durch und wir haben keine Wahl da, wo Gott einen Grundstein gesetzt hat. Entweder nimmt er ihn weg oder er verwandelt diesen Grundstein. Aber wir haben diese Grundsteine zu ehren und zu achten.

Von *Bruder Klaus* wird ein Wort überliefert, das er im Blick auf die Priester gesagt haben soll. Dabei wusste er wohl um diese tief marode Kirche von damals, als es z. B. mehrere Päpste gleichzeitig gab, oder wo das Kirchspiel von Sachseln, aus dem er stammte, über Jahrzehnte verwaist war und vergammelte, weil keine Priester gefunden werden konnten, oder wo in der Kirche auch Korruption herrschte. Bruder Klaus sagte: „Wenn ich einen Priester sehe, sehe ich in ihm einen Engel Gottes.“ Dieser Mann hat die Grundsteine geachtet. All dieses Anklagen, dieses Schuldzuweisen wird uns nichts helfen. Es bringt uns nicht weiter. Es bringt uns keinen Schritt näher zur Herrlichkeit.

Aber wenn du jemand bist, der rückwärts mit diesem Tuch der Söhne Noahs (1. Mose 9,23) die Blösse der Pastoren und Pfarrer bedeckst, nicht um das gut zu heissen, was sie sagen oder tun, sondern um Gottes willen – dann wird in deinem Leben diese verborgene Herrlichkeit aufleuchten. Gott sucht solche Menschen!

Auch wenn wir den Eindruck haben, es sei das Recht jedes Christen, über die Pastoren negativ zu reden, muss ich doch sagen: Dieses Recht müssen wir Jesus zurückgeben. Wir haben nur ein Recht, und es besteht darin, dass wir diesem Jesus stellvertretend alle Not sagen und für diese Menschen beten, die uns solchen Kummer bereiten und Lasten auflegen.

Gebet

Wir danken dir für alle Ermutigung, die wir heute schon greifbar, spürbar, riechbar, sichtbar vor unseren Augen sehen. Vater, Herrlichkeit, verborgene Herrlichkeit, die manchmal auch überschwappt, und wo wir spüren, es ist unterwegs, es kommt, es drückt durch. Die Herrlichkeit kommt, überall auf der Welt!

Vater, wir wollen dir heute noch mal Danke sagen für alle Tränen, für alle Trübsal, für alle Anfechtung, durch die wir hindurchmüssen, für alle Umstände, weil sie dazu führen, dass Perlentore entstehen. Dass unsere Tore sich öffnen gegenüber Menschen, mit denen wir in Feindschaft leben oder gegen die wir verbittert sind, weil es Perlentore sind, dass unsere Herzen sich wieder öffnen und dass solche Menschen wieder Eingang finden in unsere Herzen. Dass auch in Gemeinden Perlentore entstehen durch allen Zerbruch hindurch und Menschen, die äusserlich gesehen so gar nicht angepasst sind, dass sie wieder hineingehen können durch diese Perlentore.

Und ich segne euch mit diesem Glauben, ich segne euch mit diesen neuen Augen, ich segne euch, dass ihr verborgene Herrlichkeit sehen könnt, ich segne euch, dass ihr heimgehen könnt in eure Familien, Gruppen, Kirchen, Konfessionen, wo immer ihr seid, und dass ihr dort diese verborgene Herrlichkeit aufspürt und selber, selber ein Stück Herrlichkeit seid, im Namen Jesu. Amen

Kapitel 21

Die Kraft der Hoffnung

Die Vision vom Lebensstrom Offenbarung 22,1-5

Und er zeigte mir (dieser Engel mir, dem Johannes) *einen Strom des Wassers des Lebens, klar wie Kristall, der vom Throne Gottes und des Lammes ausging. Inmitten ihrer Strasse* (gemeint ist die Strasse in dieser Stadt Jerusalem) *und auf beiden Seiten des Stromes standen Bäume des Lebens, die zwölf Früchte tragen, indem sie jeden Monat ihre Frucht bringen; und die Blätter der Bäume [dienen] zur Heilung der Völker.*

Und nichts dem Fluche Verfallenes wird es mehr geben. Und der Thron Gottes und des Lammes wird in ihr sein, und seine Knechte werden ihm dienen, und sie werden sein Angesicht schauen, und sein Name wird auf ihren Stirnen sein. Und es wird keine Nacht mehr geben, und sie bedürfen nicht des Lichtes einer Lampe noch des Lichtes der Sonne; denn Gott der Herr wird über ihnen leuchten, und sie werden herrschen in alle Ewigkeit. (Off. 22,1-5)

Wir schauen hier in eine Vision, die sich völlig von all dem unterscheidet, was wir bis jetzt gelesen und gehört haben. Mir kommt sie vor wie eine Radierung von Rembrandt, in diesen Grau- oder Brauntönen, nur in Strichen. Diese Striche sind zwar auch klar, aber mehr in Andeutungen – keine Ausmalung, keine Schnörkel, nur das Allernotwendigste. Und so wird hier in kurzen Strichen diese grandiose, letzte Vision skizziert, welche zusammenfassend nochmals das Ziel zeigt, auf das wir als Christen zuleben und zugehen.

Kein Leben ohne Hoffnung

Ohne Hoffnung kann man nicht leben! Wir zitieren zwar oft dieses Prophetenwort: „Ein Volk ohne Vision geht zugrunde." Aber man kann letztlich auch von Visionen allein nicht leben, denn allen Visionen übergeordnet ist die Hoffnung! Paulus hat einmal gesagt, dass letztlich, unter dem Strich, nur drei Dinge bleiben: *„Glaube, Hoffnung, Liebe, diese drei; am grössten aber unter diesen ist die Liebe." (1. Kor. 13,13)* Ohne Glaube, ohne Hoffnung und ohne Liebe kann ein Mensch nicht leben. In irgendeiner Art und Weise glaubt jeder, an irgendetwas hängt jeder sein Herz, und in irgendeiner Art und Weise muss jeder hoffen.

Wir haben doch alle Hoffnung! Wir laufen im Winter durch die Natur und sehen lauter kahle Bäume – Kirschbäume, wunderbare Kirschbäume, aber völlig kahl. Kahle Sträucher, kahle Laubbäume, kahle Eichen. Aber wir wissen und hoffen und glauben es zutiefst, dass irgendwann die Schlüsselblumen wieder blühen werden, der Flieder wieder duften wird, die Bienen wieder summen werden, dieses zarte Apfelrot in seinem Weiss drin wieder erscheinen wird, der Seidelbast blühen und duften wird, die Schwalben wieder kommen und ihre Nester bauen werden. Das ist Hoffnung! Nicht einmal, weil es immer so war – es könnte ja auch einmal anders sein –, sondern weil Gott gesagt hat: *„Solange die Erde steht, soll nicht aufhören Saat und Ernte, Frost und Hitze, Sommer und Winter, Tag und Nacht." (1. Mose 8,22)*

Wir leben von dieser Hoffnung, dass es wieder Frühjahr wird. Ich freue mich jetzt schon wieder auf die Sonne. Ich freue mich wieder auf diesen milden Frühlingswind, und ich freue mich noch mehr auf die Hitze im Sommer. Es kann nicht warm genug sein. Das ist Hoffnung. Da ist zunächst nur so ein Zweiglein in meinen Händen, nichts weiter; aber es hat bereits so ein paar komische braune „Dinger“; und die Hoffnung ist, dass aus diesen „Dingern“ einmal Blätter werden.

Wie haben wir doch dieses depressive Gedicht von *Hermann Hesse* immer wieder rezitiert: „Seltsam, im Nebel zu wandern, einsam ist jeder Busch und Stein, kein Mensch kennt den andern, jeder ist allein ....“ Freunde, die Hoffnung besteht darin, dass der Nebel sich wieder erhellt! Wir gehen da nicht einfach nur durch den Nebel, sondern irgendwann wird die Sonne wieder einmal durchbrechen. Irgendwann wird es wieder einmal blau am Himmel. Wunderbar, die Hoffnung! Wenn die Hoffnung nicht wäre!

Der „Helm der Hoffnung“

In der Schrift wird die Hoffnung gerühmt als das, was *„nicht zuschanden werden lässt“(nach Röm. 5,5).* Wir können nur aus Glaube und Hoffnung und Liebe leben. Paulus ist sogar so weit gegangen, dass er dieses wunderbare Bild in Epheser 6 von der Waffenrüstung im 1. Thessalonicherbrief etwas anders aufgezogen hat. Er spricht dort nicht vom *„Helm des Heils“ (Eph. 6,17)*, sondern vom *„Helm der Hoffnung auf das Heil“ (1. Thess. 5,8; Luth.),* dieser Hoffnung, die unsere Gedanken bedeckt. Wenn wir diese Hoffnung nicht haben, dann können wir nicht leben.

Es gibt einen Klosterbruder, der Jahrzehnte seines Lebens nur in der Küche und schliesslich auch noch ein wenig in der Schuhmacherwerkstatt verbracht hat. Das war das, was er als Laienbruder in diesem Kloster tun konnte. Von ihm ist eine Handvoll Briefe erhalten. Er lebte im 17. Jahrhundert, und noch heute werden seine Briefe und Gedanken gedruckt, *Nicolas Hermann.* In der kalten Jahreszeit ging er einst durch die Landschaft. Er sah in all diesem Frost drin einen Baum. In seinem Herzen stieg der Gedanke auf: „Da wird es ja bald wieder einmal Blätter geben, und dann wird die Blüte kommen, und dann kommen später die Früchte." Und plötzlich, übernatürlich, verwandelt sich dieser Baum mitten im Winterfrost vor seinen Augen in einen blühenden Baum. Durch dieses Wunder Gottes zeigt ihm sein Schöpfer: „Sieh mal, so wird es einmal sein mit dieser Hoffnung, auf die ihr zulebt. Ihr seht vielleicht nur Dunkel, nur Kälte, ihr geht durch schwierige Situationen, ihr geht durch Krankheit oder durch Anfechtung, und in einem Moment, in einem Moment wird alles verwandelt werden."

Die „Vision der Hoffnung"

Die Vision der Hoffnung, wie wir sie am Ende der Offenbarung lesen, das ist Realität. So wird es sein. Diese Realität wird für uns in einem Augenblick erfahrbar werden. Darf ich das noch einmal kurz zusammenfassen, diese paar Striche, worauf wir zuleben und „zuhoffen"?

„Er zeigte mir einen Strom des Wassers des Lebens, klar wie Kristall, der vom Throne Gottes und des Lammes ausging." Dann sieht Johannes Bäume des Lebens, die zwölfmal im Jahr Früchte tragen, jeden Monat bringen sie ihre Frucht. Es gibt nichts, was dem Fluche verfallen wäre, es ist nur Segen. Der Thron Gottes und des Lammes ist mittendrin, in der Mitte dieser Stadt. Gott ist wieder die Mitte von allem! Die Knechte werden ihm dienen. Sie werden ihn schauen von Angesicht zu Angesicht, und der Name dieses Gottes wird auf ihren Stirnen geschrieben sein. Schliesslich gibt es keine Nacht mehr. Sie bedürfen nicht des Lichtes einer Lampe oder der Sonne, Gott selber wird sein Gesicht über ihnen leuchten lassen. Und das Letzte: Alle werden sie herrschen in Ewigkeit!

Freunde, wir können unser Christsein nur in dieser lebendigen Hoffnung leben. Hoffnung ist die Quelle von Freude, von Friede, von Freimut – so steht es in der Bibel.

Der „Gott der Hoffnung“

„Der Gott der Hoffnung aber (hier wird Gott sogar ausdrücklich als „Gott der Hoffnung“ bezeichnet) *erfülle euch mit aller Freude und allem Frieden durch den Glauben, damit ihr reich seid in der Hoffnung durch die Kraft des heiligen Geistes!“ (Röm. 15,13)* Also: Alle Freude, aller Friede durch den Glauben, wird uns durch diese Hoffnung zuteil werden. Paulus sagt darum auch: *„Seid fröhlich in der Hoffnung ...“ (Röm. 12,12)*

Er sagt dann noch: *„Weil wir nun solche Hoffnung haben, verwenden wir viel Freimut.“ (nach 2. Kor. 3,12)*. Freimut heisst Kühnheit, Freimut heisst Unbekümmerheit, Freimut heisst, die „Ohren anzulegen“ und durchzugehen. Freimut heisst, Dinge zu tun, die zu tun man sich sonst gar nicht getrauen würde. Hoffnung setzt Freude, Friede und Freimut frei.

Märtyrer der Hoffnung

Wir kennen dieses berühmte *Glaubenskapitel* aus dem Hebräerbrief, wo es dann am Schluss heisst:

> *... Andre aber liessen sich foltern und nahmen die Befeiung nicht an, um eine herrlichere Auferstehung zu erlangen. Wieder andre erfuhren viel Verspottung und Geisselung, dazu noch Fesseln und Gefängnis; sie wurden gesteinigt, verbrannt, zersägt, mit dem Schwert erschlagen, gingen in Schafpelzen, in Ziegenfellen umher unter Mangel, Trübsal, Ungemach – sie, deren die Welt nicht wert war –, umherirrend in Einöden und Gebirgen und Höhlen und den Klüften der Erde. Und diese alle erlangten, obschon sie durch den Glauben [ein gutes] Zeugnis besassen, die Verheissung nicht, weil Gott für uns etwas Besseres vorgesehen hat, damit sie nicht ohne uns zur [himmlischen] Vollendung gelangen sollten. (Hebr. 11,35-40)*

Durch solches kann man nur in dieser lebendigen Hoffnung gehen.

Die Geschichte der Täufer

Wir sind dabei, die *Geschichte der Täufer* in unserem Land aufzuarbeiten. Es klingt geradezu makaber, aber dem letzten Berner Märtyrer aus den Reihen der Täufer, einem Bauern namens *Hans Haslibacher*, der durch das Schwert in Bern bei der Nydeggkirche hingerichtet worden ist, hat Gott vorher im Geiste gezeigt, dass sein Kopf, wenn er abgeschlagen sei, wieder in den Hut zurückspringen und lachen werde. Das ist die makabere Seite dieser Hoffnung, die lacht sogar noch im Tod. Den Berichten zufolge hat Haslibacher zum Scharfrichter gesagt: „Ich lege jetzt meinen Hut dahin, aber nimm ihn ja nicht weg." Der abgehauene Kopf sprang, rollte wieder zurück in diesen Hut, und man hörte ein Lachen daraus. Das ist Hoffnung, Freude und Friede.

Im Zürcher Oberland, hier in der Nähe, gibt es eine mächtige Höhle, in der im 16. Jahrhundert Hunderte von Wiedertäufern gelebt und Zuflucht gesucht haben. Wie ein Vorhang floss Wasser vor dem Eingang von oben herab; und dahinter sassen Familien mit ihren Kindern, oft in Nässe und Kälte. Nächtelang haben sie durchgeharrt, um ihren Häschern zu entgehen. Dort haben sie Gott angebetet mit ihren Hymnen, zu diesem Gott gebetet und geschrien. Freunde, so etwas kann man nur mit einer lebendigen Hoffnung!

Gott sehen von Angesicht zu Angesicht

Wir sind *„wiedergeboren zu einer lebendigen Hoffnung" (1. Petrus 1,3);* und wenn wir unser Wort aus der Offenbarung lesen, so ist das unsere Hoffnung, auf die wir zugehen. Wir alle werden diesen Gott einmal von Angesicht zu Angesicht schauen. Wir haben geglaubt, gehofft, geliebt, gelitten, gekämpft, geweint, gelacht; wir gingen durch Täler des Todesschattens, und er hat uns immer wieder den Tisch gedeckt im Angesicht unserer Feinde. Aber wir möchten diesen Gott einmal von Angesicht zu Angesicht sehen. Und das Ziel ist es tatsächlich, dass wir diesem Gott einmal ins Gesicht sehen und dieses Gesicht unseres Gottes über uns leuchtet, dass es keine Sonne und keinen Mond und keine Lampe mehr braucht, weil dieses Leuchten eines Gottes über seine Kinder so gewaltig ist, grösser als jedes Sonnenlicht. Das ist doch unsere Hoffnung, nicht goldene Gassen irgendwo! Das Ziel ist, dass wir diesen Gott und das Lamm endlich einmal sehen. Darauf gehen wir zu.

Die „Nägel" in der Hoffnung

Im Herbst ist uns ein junger Mann begegnet, der an einer schweren Krankheit gelitten hat und inzwischen zum Herrn heimgegangen ist. Er hat vor einer Gruppe junger Leute Zeugnis abgelegt, und am Schluss hat er jedem einen Nagel gegeben, damit wir den in unser Portemonnaie hineinlegen. Dieser junge Mann wusste darum, dass es immer wieder Nägel geben wird.

Nägel, durch die unser Leben behindert wird, mit denen wir vielleicht auch angenagelt sind. Da sind Menschen, die sitzen in Rollstühlen oder sind auf andere Weise behindert oder einfach alt. Es gibt immer wieder solche Nägel. Wenn ich nachts am *Adlergarten*, einem Alters- und Pflegeheim hier in Winterthur, vorbeigehe, sehe ich diese ganze, hell erleuchtete Fensterfront mit den vielen, vielen Zimmern dahinter, in denen die Bettlägerigen und die Pflegebedürftigen leben, die mit dem Löffel gefüttert werden, die vielleicht gar nicht mehr bei sich sind und deshalb darauf angewiesen sind, dass man sie umbettet und ihnen im Wechseln von Windeln behilflich ist.

Freunde, es gibt immer wieder diese Nägel; aber wir gehen darauf zu, dass wir diesen Gott sehen werden. Das ist unsere Leidenschaft, und dafür leben wir, dafür überwinden wir, dafür werden wir – wenn es sei muss – unser Leben hingeben, dafür werden wir hinter diesem Jesus hergehen und dort sein, wo er ist.

Oder ich denke an einen Freund, der einen Herzinfarkt hatte und den ich noch mit blauen Lippen gesehen habe. Trotzdem bricht er immer wieder auf in den Osten. Er kennt die fremden Sprachen nicht; aber inzwischen ist diese Sprache des Herzens und auch die Verbindung zu Übersetzern so stark geworden, dass er sich durchkämpfen und diese Botschaft von Gott in viele Städte und Gemeinden bringen kann.

Aber jeder, jeder hat seinen Nagel. Darum heisst es: *„Wir rühmen uns auch der Trübsale, da wir wissen, dass die Trübsal Geduld wirkt, die Geduld aber Bewährung, die Bewährung aber Hoffnung; die Hoffnung aber lässt nicht zuschanden werden, weil die Liebe Gottes ausgegossen ist in unsre Herzen durch den heiligen Geist ...“ (Röm. 5,3-5)*

Der Lebensstrom vom Gnadenthron – das Geheimnis der Dreieinigkeit

In unserer Vision vom Lebensstrom erkennen wir das Geheimnis der göttlichen Dreieinigkeit in wunderschöner Vollendung. Das ist das kostbarste Bild der Dreieinigkeit, das es gibt. *Hier der Schöpfergott, dieser Vater auf dem Thron, davor das Lamm, und von beiden fliesst der Lebensstrom des Heiligen Geistes.* Geist und Leben, das ist identisch – dieser Geist, der über dem Chaos gebrütet hat. Aus diesem Chaos heraus wurde durch das schöpferische Wort Gottes das Leben geschaffen. Dies geschah durch den Geist, der auch in uns hineinkommt als das Leben Gottes, um in uns diese neue Schöpfung hervorzubringen. Geist ist immer Leben.

Wenn dieser Geist nicht in den Gemeinden ist, herrscht Tod. Nur der Geist ist Leben. Wenn der Geist nicht in den Ehen ist, dann ist das Leben nicht wirklich da. Wenn der Geist nicht in Freundschaften ist, ist das Leben nicht wirklich drin. Wenn in den Staatsgefügen, in Wirtschaft, in Bildung und in Wissenschaft der Geist nicht drin ist, dann spinnen wir viele Hirngespinste, „suchen viele Künste und kommen weiter von dem

Ziel", wie es *Matthias Claudius* gesagt hat. Es ist immer der Geist. Ich finde dieses Bild so gewaltig: der Vater und das Lamm – und jetzt kommt von diesem Thron, von ihrem Herzen her, dieser Strom des Lebens, dieser gewaltige, kristallklare Strom des Geistes!

Bäume des Lebens und Blätter der Heilung

Und jetzt ist alles Leben! An den Ufern des Stromes, der mitten durch diese Stadt hindurchgeht, stehen Bäume des Lebens. Freunde, da gibt es keinen Baum der Erkenntnis mehr. Unsere Welt ist übersät von Bäumen der Erkenntnis. Jede Konfession, jeder Gemeindeverband hat seinen eigenen Baum der Erkenntnis, was gut und böse ist. Überall sind diese Bäume der Erkenntnis, und vor lauter Bäumen sieht man den Wald schon nicht mehr.

In dieser Strichzeichnung gibt es keinen Baum der Erkenntnis mehr. Was soll denn Erkenntnis? Wir sind jetzt zum Schauen gekommen. Wir sehen in das Gesicht dieses Gottes, wir sehen in das Gesicht dieses Lammes, das „verheiratet" ist mit der Braut. Wir sehen diesen gewaltigen, kristallenen Strom des Geistes, der alles belebt. Da sind nur die Bäume des Lebens. Manche Ausleger tun sich schwer, weil es in der ursprünglichen Paradiesgeschichte nur *einen* Baum des Lebens gab. Aber diese Probleme hat Johannes nicht, und Gott hat dieses Problem auch nicht. Gott ist das Leben, da kann es nicht genug Bäume an dem kristallenen Strom geben – lauter Leben, lauter Bäume des Lebens! Und zwölfmal bringen sie ihre Frucht, jeden Monat wieder neu, damit die Leute essen können. Da gibt es keine Dürrezeiten und keine Wüstenzeiten mehr, in denen man den Eindruck hat, Gott sei weg und man höre ihn nicht mehr. Zwölfmal im Jahr, einfach durchgehend – immer, immer, immer die Früchte. Das sind natürlich Bilder, aber uns soll diese Hoffnung vor Augen gemalt werden.

Und nur schon die Blätter! Von den Früchten reden wir überhaupt noch gar nicht oder was es bedeutet, diese Früchte zu essen, allen voran diese gewaltige Frucht des Geistes, in der alles enthalten ist: alles, das ganze Wesen Jesu, das ganze Wesen des Vaters, die ganze Kraft des Vaters. Doch nur schon die Blätter dienen zur *Heilung der Völker*, damit die Völker in ihre Bestimmung, Kraft und Herrlichkeit hineinkommen. Freunde, wie gewaltig ist das!

Das Gesicht Gottes leuchtet über uns

Und dann wird noch einmal gesagt: *„Eine Nacht gibt es nicht mehr.“* Was bedeutet das? Denken wir an die Dunkelheit in den Unterführungen, den Tiefgaragen, diesen schlecht beleuchteten Quartierstrassen, wo man nachts mit eiligem Schritt versucht, so rasch wie möglich in Sicherheit zu kommen. Auch dieses Schnarchen in den Nächten. Freunde, es gibt kein Schnarchen mehr! Und wir zählen auch nicht mehr die Stunden in der Nacht, wenn die Glocke schlägt.

Das Gesicht unseres Gottes leuchtet über uns. Freunde, was ist das! Kein Erkennen mehr, kein Glauben mehr – jetzt schauen wir von Angesicht zu Angesicht. Und wir werden den Namen unseres Gottes auf der Stirn tragen; ein Zeichen dafür, dass wir verwandelt sind in das Bild Jesu und dass die ganze Herrlichkeit Gottes auf und in unserem Leben ist. Und wir alle werden diesem Gott dienen.

Das ist unsere Bestimmung und Berufung! Da wird es nicht mehr die grossen Leiter und das Fussvolk geben. Alle, alle, alle werden ihrem Gott dienen. Der Hinterste und Letzte wird diesen Gott schauen, der Hinterste und Letzte wird den Namen Gottes auf der Stirn tragen, und der Hinterste und Letzte wird herrschen. Es geht nicht darum, über jemanden zu herrschen, sondern unserer Berufung gemäss wieder Verantwortung zu übernehmen – in einem neuen Himmel, in einer neuen Erde, die Werke Gottes mit diesem Gott zusammen zu tun.

Freunde, das ist lebendige Hoffnung. Wenn wir diese Hoffnung von dem Gott der Hoffnung haben, dann können wir wirklich erfüllt werden mit aller Freude, mit allem Frieden, und dann sind wir reich in Hoffnung. Auch die Geschwister mit finanziellen Nöten. Wir müssen über all diese Zahlungstermine hinaussehen! Ich weiss, diese Zahlungstermine drücken. Aber wir müssen wissen, dass wir das Gesicht unseres Gottes, der Himmel und Erde gemacht hat, schauen werden. Du wirst das Gesicht des Lammes schauen, das all deine Gebrechen, deine Schuld, deine Schmerzen getragen hat. Dieses Lamm, das Mensch geworden ist, um in alle Bedrängnis des Lebens hineinzukommen, das deine Haut angezogen hat; dieser Jesus von Nazareth, der nichts hatte, der ein Wanderprediger war. Diese Hoffnung müssen wir haben, und diese *„Hoffnung lässt nicht zuschanden werden"*.

Gebet

Vater, ich danke dir für diese Strichzeichnung ohne Schnörkel, ohne glühende Farbe, sondern einfach in dieser Schlichtheit, Vater, wo die grosse Ruhe einsetzt. Da ist nur noch dein Gesicht und Jesus und der Strom des Geistes – Friede wie ein Strom.

Vater, und keine Erinnerung mehr an das, was krumm gelaufen ist, an das, was wir versäumt haben. Jedem wird dieser Name auf der Stirne stehen, jeder wird dir dienen, diesem gewaltigen Vater, der mit uns zusammen lebt.

Danke, Vater, danke, Jesus, wir ehren dich, heiliger Geist. Und wir wollen jetzt auch all das, wo wir immer noch schreien „more power, more love" in deine Hände geben. Vater, wir wissen, du gibst dieses „mehr", du gibst es in der finanziellen Versorgung, du gibst es in mehr Zeichen und Heilungen, du gibst es in mehr Autorität, in mehr Auferstehungskraft, mehr Auferweckung, mehr Befreiung. Aber einmal, Vater, wird dieses „mehr, mehr, mehr" in Erfüllung gehen, wenn von dir aus, vom Thron Gottes und des Lammes dieser kristallene Strom kommt; wenn diese Fülle des Lebens ist, wo man hinschaut – alles Leben,

Leben, Leben, alles Licht, alles Klarheit! Und wenn jeder von uns, Vater, mit dir herrschen wird. Jeder, Vater, jeder, weil er Jesus gleich ist und weil wir wieder in unserer Berufung, in unserer Würde drin sind, deine Töchter, deine Söhne, deine Kinder! Oh Vater, danke! Amen

Kapitel 22

Jesus kommt bald

Der Geist und die Braut
Offenbarung 22,6-21

Und er sprach zu mir (gemeint ist der Engel, der Johannes in diesen Visionen hier begleitet): *Diese Worte sind zuverlässig und wahr, und der Herr, der Gott der Geister der Propheten, hat seinen Engel gesandt, seinen Knechten zu zeigen, was in Bälde geschehen soll. Und siehe* (hier spricht Jesus), *ich komme bald. Selig ist, wer die Worte der Weissagung dieses Buches festhält. Und ich, Johannes, bin es, der dies hörte und sah; und als ich es gehört und gesehen hatte, warf ich mich nieder, um anzubeten vor den Füssen des Engels, der mir dies zeigte. Und er sagte zu mir: Siehe zu, tu es nicht! Ich bin dein und deiner Brüder, der Propheten, Mitknecht und derer, die die Worte dieses Buches festhalten. Gott bete an!*

Und er sagte zu mir: Versiegle die Worte der Weissagung dieses Buches nicht! denn die Zeit ist nahe. Wer Unrecht tut, der tue weiter Unrecht, und wer unrein ist, verunreinige sich weiter, und der Gerechte übe weiter Gerechtigkeit, und der Heilige heilige sich weiter! Siehe (hier spricht wieder Jesus), *ich komme bald und mein Lohn mit mir, um jedem zu vergelten, wie sein Werk ist. Ich bin das A und das*

O, der Erste und der Letzte, der Anfang und das Ende. Selig sind, die ihre Kleider waschen, damit sie Macht über die Bäume des Lebens erlangen und durch die Tore in die Stadt eingehen. Draussen sind die Hunde und die Zauberer und die Unzüchtigen und die Mörder und die Götzendiener und alle, die die Lüge lieben und üben.

Ich, Jesus, habe meinen Engel gesandt, euch dies für die Gemeinden zu bezeugen. Ich bin der Wurzelspross und das Geschlecht Davids, der glänzende Morgenstern. Und der Geist und die Braut sprechen: Komm! Und wer es hört, der sage: Komm! Und wer dürstet, der komme; wer will, der nehme Wasser des Lebens umsonst!

Ich bezeuge jedem, der die Worte der Weissagung dieses Buches hört: Wenn jemand zu ihnen [etwas] hinzufügt, wird Gott ihm die Plagen zufügen, die in diesem Buche beschrieben sind. Und wenn jemand [etwas] hinwegnimmt von den Worten des Buches dieser Weissagung, wird Gott seinen Anteil an den Bäumen des Lebens und an der heiligen Stadt hinwegnehmen, die in diesem Buche beschrieben sind.

Es sagt der, welcher dies bezeugt: Ja, ich komme bald. Amen. Komm, Herr Jesus! Die Gnade des Herrn Jesus sei mit allen! (Off. 22,6-21)

Wie kann man ein Buch mit einem so unfassbaren, gewaltigen Inhalt überhaupt abschliessen? Für mich ist es etwas vom Unfasslichsten, dass Johannes dieses gewaltige Dokument seiner Schauungen, dieser offenen Visionen, mit dem schlichten Satz – und schlichter geht es nicht mehr – beschliesst: *„Die Gnade des Herrn Jesus sei mit allen!"*

Wäre Johannes nicht versucht gewesen, jetzt seinerseits etwas beizutragen, um diesem Buch einen würdigen Schluss zu geben? Wenn wir als Gemeindeleiter, als Männer oder Frauen mit grauen Haaren irgendwo in einem Plenum sind, werden wir ja ab und zu aufgefordert, zum Abschluss einen Segen und ein Gebet zu sprechen, damit ein besonders würdevolles Gebet diesem ganzen Anlass nochmals die Weihe und Würde gibt. Das sind für mich immer wieder schwierige Momente, weil der Raum gefüllt ist mit Erwartungen, was man jetzt noch alles Kluges, Vollmächtiges, Prophetisches und seelsorgerlich Zusammenfassendes sagen sollte. Und Johannes, dieser Mann Gottes, sagt schlicht und einfach: *„Die Gnade unseres Herrn Jesus sei mit allen!“* Das gibt uns einen tiefen Blick in das Herz dieses Mannes, in die Heiligkeit, die Jesus in ihm hervorgebracht hat, in die tiefe Demut, die mehr ist als nur Demut, nämlich das, was Jesus nannte *„von Herzen demütig“ (Mat. 11,29*).

Diese Worte sind wahr!

Wir wollen in diesem abschliessenden Kapitel der Offenbarung noch einige *Marksteine* festmachen. *Das Erste* ist das tiefe Ringen von Jesus, dem Engel und Johannes um *die Wahrheit dieser Botschaft: „Diese Worte sind zuverlässig und wahr.“* Es ist, als wollte Johannes nochmals sagen: „Ich lege die Hand ins Feuer, dass alles, was hier gesagt, gehört und geschrieben worden ist, wirklich so von Gott gesagt und gegeben worden ist! Diese Worte sind zuverlässig und wahr!“ Was hat Gott für eine Not, uns immer wieder klar zu machen, dass seine Worte nicht einfach Worte sind wie Menschenworte oder Versprechungen, die dann – Glück gehabt – eintreffen oder auch nicht. Oder die wir zurechtbiegen, wie Abraham das mit dem Wort Gottes gemacht hat und von der Magd der Sarah den Ismael bekam, um diesen Gott und auch sein eigenes Unvermögen einigermassen auf die Reihe zu bringen.

Gott demütigt sich immer wieder, um uns zu sagen: „Mein Wort ist wahr. Himmel und Erde werden vergehen, meine Worte werden nie vergehen!“ Darin lag die gewaltige Autorität Jesu begründet, weil er daran glaubte, dass jedes Jota, jedes Strichelchen in dieser heiligen Schrift, vom Vater erfüllt werden wird. Kein Wort wird leer zu Boden fallen oder leer zurückkommen. Diese Worte sind wahr!

Vielleicht kommt daher auch dieses Merkwürdige, dass man beim Lesen dieser Verse nicht genau versteht, wer denn jetzt spricht. Darum heisst es ab und zu: „Ich, Jesus", damit es klar wird, dass Jesus jetzt spricht; oder Johannes sagt: „Jetzt bin ich dran, ich, der Johannes", oder dann spricht wieder der Engel. Aber wir suchen vergebens nach einem eindeutigen Aufbau. Wir spüren nur diese Leidenschaft wie einen Schrei: „Nehmt diese Worte ernst!"

Es ist, als möchte Johannes dieses Buch ganz fest an den Kanon der biblischen Bücher binden, bei dessen Festlegung lange überlegt worden ist, ob man diese Offenbarung überhaupt in die Bibel aufnehmen solle. Noch heute ist dieses Buch bei vielen Menschen eine Art „Stiefkind", weil sie den Eindruck haben, man verstehe es nicht.

Dabei sagt der Engel: *„Versiegle die Worte der Weissagung dieses Buches nicht!"* Das ist nicht ein Buch für Theologen oder für ein paar Mystiker oder für prophetisch begabte Menschen, sondern es ist ein Buch für alle. Jeder kann Zugang dazu haben; sogar Kinder, die zusammen mit Sonntagsschullehrerinnen oder Religionslehrern, mit Vater, Mutter oder Freunden darüber brüten, was Gott uns durch dieses gewaltige Wort sagen will.

Johannes geht so weit zu sagen: „Untersteht euch, etwas wegzunehmen, und untersteht euch, etwas zuzufügen, sonst werdet ihr Konsequenzen erleben." Es ist, als müsste Johannes nochmals dieses Flammenschwert des Geistes erheben, indem er betont: „Überlegt es euch, gebt Acht, das ist nicht einfach so ein Wort für prophetische Spiele und ein Tummelfeld für Interpreten, sondern zieht die Schuhe aus: Denn hier ist *heiliger Boden*." Johannes spricht geradezu von einem Fluch, den wir auf uns laden können: *„Wenn jemand zu ihnen* (diesen Worten der Weissagung) *[etwas] hinzufügt, wird Gott ihm die Plagen zufügen, die in diesem Buch beschrieben sind."*

Dies erinnert uns an Paulus: Als er im 1. Korintherbrief im 11. Kapitel über das Abendmahl schreibt, spricht er von der unwürdigen Praxis des Abendmahls in dieser Gemeinde und fügt dann hinzu: *„Deshalb sind unter euch viele Kranke und Schwache und ein gut Teil sind entschlafen." (11,30)*

Dasselbe gilt auch hier. Es könnte ja sein, dass es auch Plagen unter uns gibt, weil wir zu den Worten der Weissagung etwas dazutun oder etwas wegnehmen, weil unsere Seele den Eindruck hat, wir müssten Anstössiges etwas zurechtbiegen, damit die Menschen nicht abgestossen werden. Dabei heisst es hier glasklar: Es gibt ein Drinnen und ein Draussen. *„Draussen sind die Hunde und die Zauberer und die Unzüchtigen und die Mörder und die Götzendiener und alle, die die Lüge lieben und üben."* Und dazu sagt Johannes: „Wer etwas dazutut und dies seelisch einwickelt mit falschem Mitleid oder im Schielen auf Menschen, damit sie nicht abgestossen werden, der wird selber etwas von diesem Leiden mitbekommen."

Dabei geht es nicht darum, dass Gott uns Leiden zufügen will, sondern es geht um das, was Gott selber leidet. Gott leidet, weil dieses Wort immer noch so willkürlich gehandhabt wird. Aber diese Worte sind wahr, und diese Worte werden uns auch einmal richten.

„Siehe, ich komme bald!"

Das Zweite: Während Johannes oder der Engel sprechen, fährt Jesus dreimal dazwischen – wie mit diesen Zwischenrufen, die wir auch aus dem Parlament kennen. Dreimal ruft er: *„Idou, erchomai tachü – siehe, ich komme schnell, ich komme bald."* Beim dritten Mal sagt er nicht mehr „siehe", sondern „ja, ja, ja – ich komme bald!"

Dieses dreimalige Dazwischenrufen Jesu bedeutet: „Freunde, Freunde, es ist wirklich ernst. Ich werde bald kommen!" Und wir spüren, das ist keine Drohung, sondern hinter diesem Ruf steckt die Freude, die Erwartung eines Bräutigams nach seiner Braut, seine Sehnsucht, sie zu sehen: „Ich komme bald, ich komme bald, ich komme bald.“ Jesus will es dieser Braut nochmals sagen: „Weisst du, in mir brennt es; ich will aufbrechen“, obwohl er weiss, dass niemand, nicht einmal er selber, der Sohn des Menschen, die genaue Stunde kennt, die nur der Vater weiss.

Aber es ist, als würde Jesus jetzt dazwischenrufen, um diese Braut zu ermutigen und in allen Anfechtungen zu trösten. „Ich komme bald; ich fiebere, etwas in mir zerreisst mich fast vor Verlangen, dich zu sehen!“ Wenn wir das wissen, dann gibt es auch von unserer Seite her nur ein Rufen.

Es gab dieses Rufen in der Urgemeinde: *„Maranatha – komm, Jesus; komm, Jesus!“* Das war nicht nur eine schöne, liturgische Floskel am Schluss des Gottesdienstes. Dieses Rufen kommt aus dieser Leidenschaft, aus dieser Liebe heraus: „Komm, komm, komm endlich!“ Es ist die Braut und der Geist, der in uns ist, die zusammen rufen: „Maranatha! Komm!“

Ganze Sache machen

Darum ist es – *drittens* – die Zeit, wo wir *ganze Sache machen* müssen. *„Sei ganz Sein – oder lass es ganz sein!“* Und das meint ja der Engel, wenn er sagt: „Wer Unrecht tut, tue weiter Unrecht, und wer rumsurft in diesem ganzen ‚Porno-Dschungel‘, soll weiter rumsurfen. Und wer Gerechtigkeit übt, soll weiter Gerechtigkeit üben. Und wer heilig ist, soll sich weiter heiligen.“

Der Engel meint damit die Christen, die beides noch miteinander verbinden. Man kann ja Christ sein und trotzdem Unrecht tun; man kann Christ sein und trotzdem herumsurfen. Aber es ist nicht mehr die Zeit, auf beiden Seiten zu hinken, sondern jetzt muss ganze Sache gemacht werden. Es ist ein ganz ernstes Wort, und im Grunde genommen spüren wir das alle. Es ist jetzt die Zeit, wo wir ganz gefordert sind.

So wie Gott ganz gefordert war: *„Als aber die Zeit erfüllt war, sandte Gott seinen Sohn ...“(Gal. 4,4; Luth.)* Vorher konnte er noch seine Engel schicken, in diesem schönen Tempel mit lauter Gold und Edelsteinen wohnen, und er hatte die vielen Propheten. Aber dann war Gott ganz gefordert, wenn man den Satz auch einmal auf Gott anwenden darf: „Entweder sei jetzt ganz Gott – oder lass es ganz sein." Und Gott gab sich in seinem Sohn ganz in diese Welt hinein. Er wurde Fleisch, liess sich ans Kreuz schlagen, ist mit einem Schrei gestorben und dann hinabgestiegen in die Hölle, um dort die Schlüssel der Hölle und des Totenreiches zu holen. Gott hat es sich alles kosten lassen. Das war nicht mehr der Gott im fernen Himmel! Und er lässt es sich nochmals alles kosten, indem er seinen Geist in uns hinein ausgiesst und durch seinen Geist in uns wohnt.

Gott steht vor uns und sagt: „Ich habe alles gegeben; mehr kann ich nicht mehr geben." Darauf gibt es nur eine Antwort. Auch wir wollen uns ganz geben; wir wollen alles geben für diesen Gott – nicht mit falschen Opfern, aber indem wir gehorsam sind, das zu tun, was er sagt, und indem wir dieses Wort in unseren Herzen drin bewahren.

Die Kleider waschen

Das Vierte: *„Selig sind, die ihre Kleider waschen, damit sie Macht über die Bäume des Lebens erlangen und durch die Tore in die Stadt eingehen."*

Hier ist nicht von den normalen Kleidern die Rede, sondern von den *Stolen*. Die Katholiken unter uns wissen, was eine Stola ist, die Lutheraner zum Teil auch. Eine Stola ist so eine Binde, ein langer Schal mit verschiedenen Farben, den man umhängt; und er bedeutet das Priesterliche, er bedeutet: „Ich komme nicht in meinem Namen, sondern ich komme im Namen Jesu." Die Stolen hier bedeuten also unsere *priesterlichen Gewänder* – egal, ob du Hebamme, Diakonissin, Diakon oder Mutter bist. Es bedeutet unseren Dienst, unseren Auftrag – der Talar, der Priesterrock und was immer es alles sein mag. Diese Röcke haben wir zu waschen, sonst haben wir keine Vollmacht über den Baum des

Lebens, haben auch nicht den freien Zugang zum Reich Gottes, zu der heiligen Stadt.

Auch dies gilt ganz! Wenn wir unsere Stolen, unsere priesterlichen Abzeichen, diese Kennzeichnungen als Väter, Mütter – z. B. das Ein-Kind-auf-dem-Arm-Tragen – nicht immer waschen, haben wir keine Vollmacht in dem, wozu wir berufen sind, und es fehlt uns der Blick für das Reich Gottes, für die himmlische Stadt und für den Leib Jesu.

Es ist eines, Pfarrer zu sein, aber wir müssen diesen Pfarrerkittel ständig, immer und immer wieder waschen; wir müssen diese Mütterschürze immer und immer wieder waschen, sonst kommt Stolz hinein oder Ärger oder irgendwelche Erwartungen oder die Unfähigkeit loszulassen. Die weissen Kittel der Ärzte, der Schwestern, des Pflegepersonals müssen immer und immer wieder gewaschen werden, sonst haben wir keine Vollmacht. Wir können Dienste immer nur wieder so tun, als wäre es zum ersten Mal; und immer wieder als die Lernenden und immer wieder als diejenigen, die es nicht können, die es eben nicht wissen und keine reiche Erfahrung haben.

Und zu dem Waschen der Kleider hinzu kommt der ständige Durst nach lebendigem Wasser: *„Wer dürstet, der komme; wer will, der nehme Wasser des Lebens umsonst!"* Bis zum letzten Atemzug werden wir diesen Durst haben, und hier ist nochmals die Aufforderung zu trinken. Wenn wir so verstrickt sind in unsere Aufgaben, in unsere Dienste, in unsere Pflichten, in unsere Terminkalender, dass wir uns keinen Durst mehr erlauben können, dass Jesus nicht mehr der Erste und der Letzte am Tag ist, dass er nicht der Anfänger und das Ende ist, Alpha und Omega, dann werden wir keine Vollmacht haben. Wirkliche Vollmacht und wirkliche Sicht für das Reich Gottes, diese göttliche Stadt in ihrer Vielfalt, die gibt es nur, wenn wir immer und immer wieder kommen und trinken und unsere Kleider waschen.

Bete Gott an!

Und schliesslich *das Letzte*: Johannes fällt noch einmal nieder, um vor den Füssen des Engels anzubeten. Aber die Engel, das wird uns hier noch mal ganz klar gesagt, sind Mitknechte, die keine spezielle Aufmerksamkeit verdienen; sie sind einfach die Diener Gottes, um seine Befehle auszuführen. Sie arbeiten mit uns zusammen – Mit-Knechte, Mit-Arbeiter, wie wir auch, nur in einem anderen Stand. Daher sagt der Engel zu Johannes: *„Tu es nicht! Ich bin dein und deiner Brüder, der Propheten, Mitknecht ... Gott bete an!"*

Ich finde es so schön, dass an diesem Schluss der Offenbarung noch einmal diese Worte stehen: Knecht, Diener, Bruder. Das, was *Dietrich Bonhoeffer* einmal ausgedrückt hat, gilt heute in besonderem Mass: „Was die Gemeinde Jesu braucht, das sind nicht hervorragende, glänzende Persönlichkeiten, sondern was sie braucht, sind treue Dienerinnen und Diener des Herrn Jesus und der Brüder." Und dann fügt er an: „An glänzenden Persönlichkeiten mangelt es der Gemeinde nicht, aber es mangelt ihr an treuen Dienerinnen und Dienern des Herrn Jesus und der Brüder."

Ist das nicht wundervoll? Wir haben hineingesehen in die Himmel, wir haben die Heerscharen gesehen. Wir haben hineingesehen in die Abgründe der Finsternis, wir haben diese Frau gesehen mit den zwölf Sternen, diesem Strahlenkranz, die den Jungen geboren hat, der dann entrückt worden ist zum Thron Gottes. Wir haben den Drachen gesehen, diese Tiere aus dem Abgrund. Wir haben die Propheten gesehen, wir haben diese Reiter gesehen, die mit einem „Komm'" losgeschickt werden. Alles haben wir gesehen. Wir haben den Tempel im Himmel und die Bundeslade gesehen. Wir haben die Blitze gesehen, die in dem Rauchfass auf die Erde geworfen werden, die Fürbitte der Heiligen und, und, und – und jetzt heisst es zum Schluss: Es gibt eigentlich – Engel und Menschen hin oder her – nur Knechte, nur Dienerinnen und Diener; und es gibt nur Brüder und Schwestern, die alle eines gemeinsam haben: *Sie beten Gott an.*

Gebet

Jesus, mach uns treu. Wir wissen, du bist treu, auch wenn wir untreu sind. Aber irgendwo möchten wir über eine Schwelle hinüberkommen. Wir möchten zu Menschen werden, auf die du dich verlassen kannst. Wir möchten entschiedene Menschen sein, die nicht länger auf zwei Seiten hinken. Menschen, die diesen Bund mit dir immer wieder erneuern und sagen: Jesus, ich habe nichts anderes mehr, ich habe die Brücken abgebrochen. Ich habe nur noch eines, das bist du! Und ich habe nur noch die eine Möglichkeit, hinter dir herzugehen! Und ich habe nur noch eine Leidenschaft, das zu tun, was du mir sagst – die kleinen Dinge des Alltags, im Beruf, wo immer es ist, im Altersheim, im Spital, in der Schule.

Aber Jesus, wo immer ich bin, da will ich Diener sein, da will ich Knecht sein, da will ich ganz sein, damit du in mir Raum bekommst; und dass es nicht ein paar wenige sind, in deren Spiegel man etwas von deiner Heiligkeit sieht, sondern wo die Kinder, die Teenies, die Greise und Greisinnen, wo junge und starke Männer und Frauen Spiegel dieser Herrlichkeit sind, der Heiligkeit dieses Gottes; Briefe, geschrieben nicht auf steinerne Tafeln oder mit Tinte, sondern geschrieben durch den Geist Gottes.

Und ich gebe dir jetzt auch dieses Buch wieder in deine Hand. Vater, danke für alles, was du uns damit geschenkt hast. Amen

Prophetisches Bulletin

NUMMER 9 / DEZEMBER 2001

STIFTUNG SCHLEIFE

FRIEDE AUF ERDEN

Gedanken zum Zeitgeschehen

Geri Keller

Niemand ist glücklich über die Bomben, die in Afghanistan fallen, im Gegenteil. Wir empfinden darüber tiefen Schmerz. Und dies nicht etwa, weil wir in den Chor blauäugiger Pazifisten mit einstimmen. Die Amerikaner haben keineswegs blindwütig zurückgeschlagen, sondern ihr Vorgehen wohl überlegt und gleichzeitig eine Lebensmittelhilfe in Millionenhöhe für die betroffene Bevölkerung beschlossen. Und doch ist jede Bombe zuviel. In unsern Herzen lebt jene Vision eines Jesaja: «Er (Gott) wird Recht sprechen zwischen den Völkern und Weisung geben vielen Nationen; und sie werden ihre Schwerter zu Pflugscharen schmieden und ihre Spiesse zu Rebmessern. Kein Volk wird wider das andre das Schwert erheben, und sie werden den Krieg nicht mehr lernen» (Jesaja 2, 4).

Auch der Prophet Micha träumte diesen Traum von einem Friedensreich: «Er (Gott) wird Recht sprechen zwischen vielen Völkern und Weisung geben starken Nationen bis in die Ferne; und sie werden ihre Schwerter zu Pflugscharen schmieden und ihre Spiesse zu Rebmessern. Kein Volk wird wider das andere das Schwert erheben, und sie werden den Krieg nicht mehr lernen» (Micha 4, 3).

INHALTSVERZEICHNIS

PROPHETISCHES BULLETIN

DAS PROPHETISCHE BULLETIN IST EINE ZENTRALE PUBLIKATION DER STIFTUNG SCHLEIFE. ES HAT ZUM ZIEL, PROPHETISCHES REDEN UNSERER ZEIT AUFZUNEHMEN UND WEITERZUGEBEN, CHRISTEN ZU ERMUTIGEN UND ZU INSPIRIEREN UND DAS HERANWACHSEN EINES PROPHETISCHEN VOLKES ZU FÖRDERN. ES ERSCHEINT DREIMAL JÄHRLICH MIT BEITRÄGEN VON GERI UND LILO KELLER, DEM SCHLEIFE-TEAM UND WEITEREN AUTOREN.

NR.: 150.000 JAHRESABO

Weiteres aus dem Schleife Verlag

Der Letzte Aufbruch

Rick Joyner

Der Letzte Aufbruch schildert den letzen Kampf zwischen Licht und Finsternis. Es ist eine breitangelegte Vision, die Rick Joyner bekommen hat; eine Vision über die gewaltigen geistlichen Auseinandersetzungen, die auf uns zukommen. Dieses Buch ist ein Aufruf zur Demut, Liebe und zu der enschlossenheit, das Kreuz auf sich zu nehmen und die Festung des Feindes niederzureissen.

Nr.: 120.001

Die Macht des Bösen brechen

Rick Joyner

Rick Joyner entlarvt in diesem Buch die heimtückische Grausamkeit des Bösen, wie sie unter anderem in Neid und Eifersucht, in Ängsten, in einem Geist der Armut und in religiösen Geistern offenbar wird.
Gott will uns mit dem nötigen Handwerkszeug ausrüsten, um eine Schutzmauer zu errichten, die den weiteren Zutritt des Bösen in unsere Welt verhindert. Es geht aber auch darum, eine Tür in die himmlische Welt hinein zu öffnen. Mit prophetischer Treffsicherheit lässt Joyner ein Licht aufleuchten, das die Finsternis vertreibt.

Nr.: 120.022

SCHLEIFE VERLAG

Zu beziehen im Schleife Verlag

Pflanzschulstrasse 17 ▪ Postfach 85 ▪ CH-8411 Winterthur
Tel.: ++41 (0)52 232 24 24 ▪ Fax: ++41 (0)52 233 60 82
E-Mail: publications@schleife.ch ▪ www.schleife.ch

Weiteres aus dem Schleife Verlag

Vater Geri Keller

In der Ratlosigkeit und Not unserer Zeit, wie wahre Vater- oder Mutterschaft überhaupt aussehen kann, ist Geri Kellers umfassende Sicht dieses «Vaters aller Vaterschaft» grundlegend: voller Barmherzigkeit und Klarheit, voller Annahme und Herausforderung, eine Liebe voller Zartheit und zugleich Strenge, welche Gottes Kinder zu erwachsenen Söhnen und Töchtern heranzieht.

Nr.: 120.017

Israel und die Nationen
Eine neue Partnerschaft

Geri Keller

Israel ist zum Brennpunkt der Weltgeschichte geworden, und wir kommen nicht darum herum, Stellung zu beziehen. Geri Keller entfaltet in dieser Schrift eine umfassende Sicht von «Israel und den Nationen»: Die Nationen sind Schöpfungen Gottes, und Israel ist der Schlüssel für das Verständnis der anderen Völker. Es geht heute um eine neue Partnerschaft zwischen den Gläubigen aus den Juden und aus den Völkern. Nur zusammen werden wir der Welt das Herz und Heil Gottes vermitteln können.

Nr.: 120.021